数字广告策划与设计

主　编　刘瑞琴　王贵能

副主编　陈　强　赵　渊　庄海萌

参　编　高　翔　樊　瑾　刘瑞祺　陈　默

北京理工大学出版社
BEIJING INSTITUTE OF TECHNOLOGY PRESS

内容提要

本书详细讲解了数字广告创意、策划、执行与整合营销的方法。项目一为数字媒体与数字广告的发展与应用；项目二为数字广告技术分类；项目三为数字广告创意策划；项目四为数字广告：从创意到执行；项目五为电商设计基础；项目六为营销推广图设计；项目七为电商海报设计；项目八为活动专题页设计；项目九为网店商品短视频制作；项目十为产品广告短视频制作。

本书可作为高等院校数字媒体艺术类专业和电子商务专业课程的教材，也可供电商设计初学者自学参考。

图书在版编目（CIP）数据

数字广告策划与设计 / 刘瑞琴，王贵能主编 .
北京：北京理工大学出版社，2025.6.
ISBN 978-7-5763-5496-6
Ⅰ. F713.8-39
中国国家版本馆 CIP 数据核字第 2025YX3984 号

责任编辑：王晓莉　　**文案编辑**：王晓莉
责任校对：周瑞红　　**责任印制**：王美丽

出版发行 / 北京理工大学出版社有限责任公司
社　　址 / 北京市丰台区四合庄路6号
邮　　编 / 100070
电　　话 / （010）68914026（教材售后服务热线）
（010）63726648（课件资源服务热线）
网　　址 / http：//www.bitpress.com.cn

版 印 次 / 2025年6月第1版第1次印刷
印　　刷 / 河北鑫彩博图印刷有限公司
开　　本 / 787 mm × 1092 mm　1/16
印　　张 / 18
字　　数 / 338千字
定　　价 / 89.00元

前言

PREFACE

在当今数字化时代，数字广告已成为商业营销中不可或缺的重要组成部分，深刻地影响着人们的消费行为和企业的市场策略。随着互联网技术的飞速发展，数字广告领域呈现出日新月异的变化，新的广告形式、技术手段和创意理念不断涌现，为广告行业带来了前所未有的机遇与挑战。为了满足数字广告行业对专业人才的需求，帮助读者系统地掌握数字广告策划与设计的核心知识与技能，我们精心组织编写了这本《数字广告策划与设计》教材。

数字广告领域发展迅速，其形式和技术不断创新，在商业营销中发挥着关键作用。然而，行业的快速发展也凸显出专业人才培养的紧迫性，而现有教材存在内容滞后等问题，这就促使我们编写更贴合行业需求的教材。

本书具有鲜明的特色。其一，注重理论与实践紧密结合，在全面阐述数字广告相关理论知识的基础上，精心设计了丰富多样的实训项目，使读者能够在实际操作中深化对理论的理解，熟练掌握数字广告策划与设计的实际技能，从而更好地适应行业的工作需求。其二，强调案例教学，书中广泛收录了国内外大量极具代表性的数字广告成功案例，通过深入剖析这些案例，读者能够直观地领略到不同类型数字广告的策划思路、创意亮点及设计技巧，进而汲取宝贵的经验，激发自身的创新思维。其三，突出前沿性和创新性，紧密跟踪数字广告领域的最新发展趋势，详细介绍了各种新兴技术在广告中的应用，如人工智能、虚拟现实等，助力读者拓宽视野，掌握行业前沿动态，提升自身的创新能力。

本书共分为十个项目，内容涵盖数字广告的各个关键领域。

项目一，深入剖析数字媒体与数字广告的发展历程、相互关系，以及数字广告相对于传统广告的优势，并详细讲解了数字广告媒体选择的策略和方法，为读者奠定了坚实的理论基础。

项目二，聚焦于数字广告技术分类，全面介绍了非编程式和编程式创意技术的类型及其应用，使读者了解各类技术的特点和适用场景，为实际创作提供技术支持。

项目三，重点阐述数字广告创意策划，深入探讨数字广告思维、策划思路流程及品牌策略和产品定位等核心内容，培养读者的创意策划能力。

项目四，围绕数字广告从创意到执行的全过程，详细讲解创意的概念、方法、流程及多方整合的策略，引导读者掌握创意执行的关键环节。

项目五至项目八，分别针对电商设计基础、营销推广图设计、电商海报设计和活动专题页设计进行了深入且系统的讲解，使读者熟练掌握不同类型数字广告设计的规范、技巧和要点，能够独立完成高质量的设计作品。

项目九和项目十，专注于网店商品短视频制作和产品广告短视频制作，全面介绍了短视频制作的剪辑思路、技巧及特效处理等方面的知识，帮助读者掌握短视频制作的全流程技能。

在教材编写过程中，我们参考了众多权威资料，借鉴了行业内的优秀案例和最新研究成果，在此向所有为本书编写提供帮助的专家、学者和从业者表示衷心的感谢。同时，我们也希望读者能够在学习过程中积极思考、勇于实践，将所学知识灵活运用到实际工作中，为数字广告行业的发展贡献自己的力量。

本教材由云南旅游职业学院刘瑞琴、云南文化艺术职业学院王贵能担任主编，由武汉伟创聚赢科技有限公司陈强、云南旅游职业学院赵渊、云南旅游职业学院庄海萌担任副主编，重庆旅游职业学院高翔、滁州城市职业学院樊瑾、云南文化艺术职业学院刘瑞祺、滁州城市职业学院陈默参与编写。具体编写分工如下：刘瑞琴负责编写项目一、项目十，王贵能负责编写项目二，陈强负责编写项目三，赵渊负责编写项目四，庄海萌负责编写项目五，高翔负责编写项目六，樊瑾负责编写项目七，陈默负责编写项目八，刘瑞祺负责编写项目九；陈强提供企业案例；庄海萌、赵渊负责制作整理全书配资源。

由于数字广告行业发展迅速，新的理念和技术不断涌现，加之编者水平有限，书中难免存在不足之处，恳请广大读者批评指正，以便我们不断完善本书内容，提高教材质量。

编　者

目录

CONTENTS

项目一 数字媒体与数字广告的发展与应用

项目介绍

本项目旨在为学生提供数字媒体与数字广告的发展与应用基础知识的全面理解，包括数字媒体的定义及发展、数字广告的定义和发展、数字广告相对传统广告的优势以及数字广告的媒体选择。通过理论学习，学生能够全面了解和掌握数字媒体与数字广告的相关理论知识。

在实践环节，我们将组织学生进行数字媒体专业主要就业岗位的调研和职业规划设计。通过实际操作和实训任务，学生将能够深入了解数字媒体专业的就业前景和职业发展路径，同时建立起对数字媒体专业的系统认知。

学习目标

1. 理解数字媒体的明确定义、分类及其传播特性。
2. 掌握数字媒体的发展趋势以及数字广告的起源和发展过程。
3. 了解数字广告相对于传统广告的优势及数字广告的内容丰富性。
4. 具备评估不同数字媒体平台的特征，并根据需求进行媒体选择的能力。

知识结构

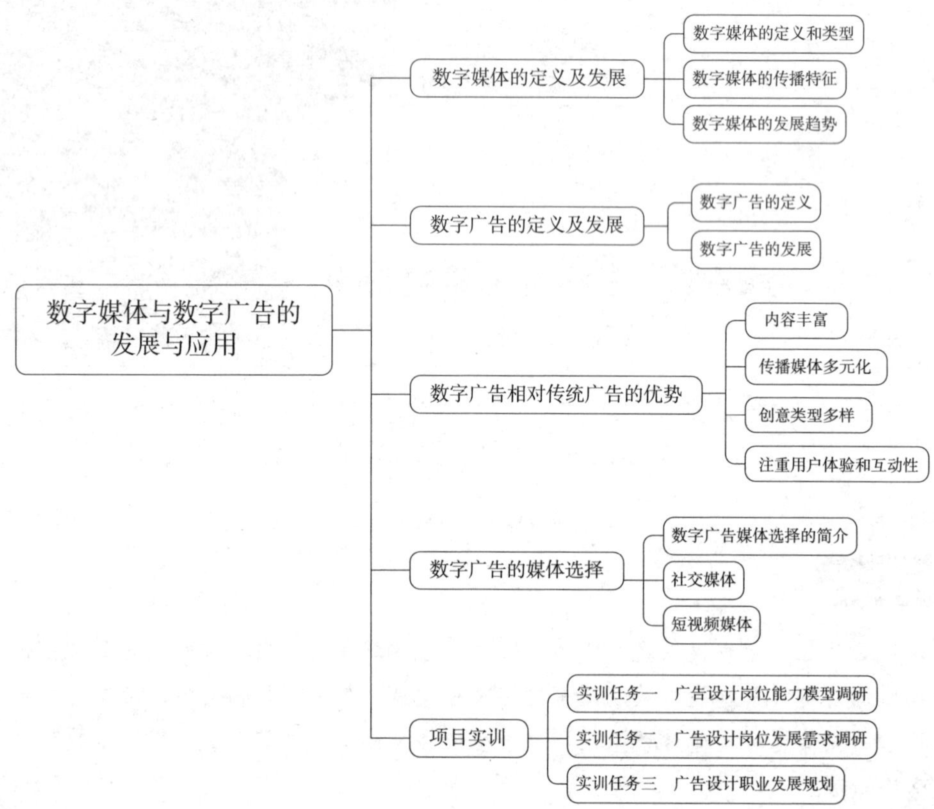

学习计划

小节内容		数字媒体的定义及发展	数字广告的定义及发展	数字广告相对传统广告的优势	数字广告的媒体选择
课前预习	预习时间				
	预习自评	难易程度　□易　□适中　□难 问题总结：			
课后巩固	复习时间				
	复习自评	难易程度　□易　□适中　□难 问题总结：			

知识储备

知识点一　数字媒体的定义及发展

数字媒体的发展源于计算机和互联网的普及，它们改变了传统媒体的传播方式和消费习惯。数字媒体对传统媒体产业和用户行为产生了深远影响，它使得信息获取更加便捷、丰富，同时也对传统媒体的盈利模式和传播方式提出了新的挑战。随着技术的进步和用户需求的变化，数字媒体将继续不断发展和演变。

一、数字媒体的定义和类型

数字媒体是指以数字技术为基础的媒体形式，它使用计算机、互联网和其他数字设备将信息以数字方式传播、处理和存储。数字媒体包括但不限于在线新闻、电子杂志、数字电视、电子书、数字音乐和电影等。

1. 数字媒体的定义

数字媒体是指利用数字化技术手段，将信息以数字形式存储、传输、处理和呈现的媒体形式。它涵盖了多种形式的内容，包括文字、图像、音频、视频等，以及它们在计算机、互联网和其他数字设备上的传播和交互方式。

数字媒体的定义基于对数字技术的应用和数字化内容的特征。数字技术使得媒体信息可以以数字信号的形式进行编码和处理，包括数字化存储、传输和处理等过程。数字化的特点使得信息可以更加快速、精确地存储和传播，同时也为创作者和用户提供了更多参与和交互的方式。

知识拓展

数字技术（Digital Technology），是一项与电子计算机相伴相生的科学技术，它是指借助一定的设备将各种信息，包括图、文、声、像等，转化为电子计算机能识别的二进制数字后进行运算、加工、存储、传送、传播、还原的技术。它也称为数码技术、计算机数字技术等。

按时间属性分，数字媒体可分成静止媒体（Still media）和连续媒体（Continues media）。静止媒体是指内容不会随着时间而变化的数字媒体，比如文本和图片。而连续媒体是指内容随着时间而变化的数字媒体，比如音频、视频、虚拟图像等。

按来源属性分，数字媒体则可分成自然媒体（Natural media）和合成媒体（Synthetic media）。自然媒体是指客观世界存在的景物、声音等，经过专门的设备进行数字化和编码处理之后得到的数字媒体，比如数码相机拍的照片，数字摄像机拍的影像，MP3 数字音乐，数字电影电视等。合成媒体则指的是以计算机为工具，采用特定符号、语言或算法表示的，由计算机生成（合成）的文本、音乐、语音、图像和动画等，比如用 3D 制作软件制作出来的动画角色。

按组成元素来分，数字媒体则又可以分成单一媒体（Single media）和多媒体（Multi media）。顾名思义，单一媒体就是指单一信息载体组成的载体；而多媒体则是指多种信息载体的表现形式和传递方式。

简单来讲，“数字媒体”一般就是指“多媒体”，是由数字技术支持的信息传输载体，其表现形式更复杂，更具视觉冲击力，更具有互动特性。

2. 数字媒体的类型

数字媒体可以根据媒体形式、媒体内容和媒体平台等多个维度进行分类。以下是数字媒体的一些常见类型，如图 1-1 所示。

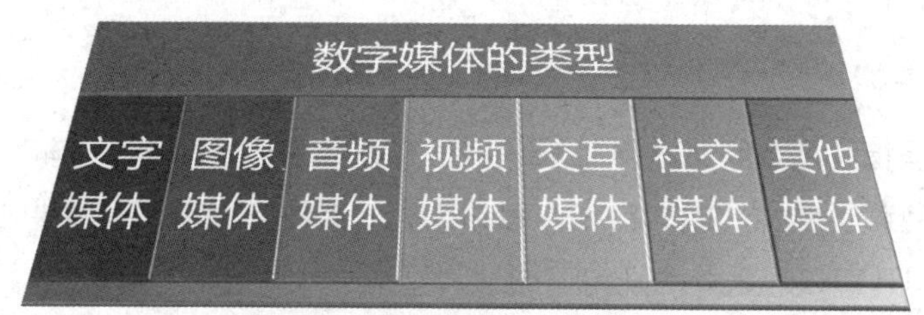

图 1-1　数字媒体的类型

（1）文字媒体。文字媒体的存在从文字被发明出来的那一天便开始了，一直延续到现在，而且还将一直延续下去。文字媒体是以文字形式传递信息和意义的数字媒体形式，包括电子书、新闻文章、博客、社交媒体上的文字帖子等。文字通过排版和组合形成语句和段落，传递具有逻辑和感染力的信息和思想。文字媒体是最早的数字媒体之一，也是最重要的数字媒体之一，在智能手机和平板电脑的普及和移动互联网的流行下，文字媒体得到了更广泛的应用和传播。

文字媒体也有其缺点，例如无法直观地传递视觉信息，受特定群体的识字能力水平的局限，但文字媒体仍然是必不可少的基础形式之一，其在学术研究、新媒体营销、信息交流等方面有特殊作用。

文字媒体的应用非常广泛，以下是一些常见的文字媒体应用领域。

①新闻和媒体：新闻机构和媒体广泛使用文字媒体来报道新闻、撰写报道和评论

等，传递最新信息。

②出版业：文字媒体在印刷出版物中占有重要地位，如书籍、杂志、报纸等，用来传播知识、文化和娱乐内容。

③网络和社交媒体：文字媒体在网络和社交媒体平台上被广泛使用，如微博、微信、Facebook 等，用户通过文字进行个人表达、交流和讨论。

④教育和培训：文字媒体在教育和培训领域得到了广泛应用，如教科书、学术论文、在线教育课程等，提供知识传授和学习资源。

⑤商业和宣传：文字媒体在广告、宣传和商业领域中起到重要作用，通过文字的组合和排版来传递品牌信息、推广产品和进行市场宣传等。

（2）图像媒体。图像媒体是指以数字形式呈现的静态图片内容，包括各种类型的图片，如照片、插图、海报和图表等。图像媒体在数字化时代得到了广泛的应用和发展，成为人们日常生活和工作中不可或缺的一部分。

图像媒体的发展也受益于数字技术的进步和创新。通过数字化处理和存储技术，图像可以被轻松地编辑、压缩、传输和共享，使得图像的使用更加方便和灵活。同时，数字媒体还带来了新的形式，如虚拟现实（VR）、增强现实（AR）等，为图像媒体的应用带来了更多的可能性。

图像媒体的应用非常广泛，以下是一些常见的图像媒体的应用领域。

①媒体和出版业：图像媒体在报纸、杂志、书籍等印刷媒体中经常使用，用来增添视觉效果、辅助说明和吸引读者。

②广告和宣传：图像媒体在广告和宣传活动中起到重要的作用，能够吸引目标受众的注意力，传达品牌信息和产品特点。

③艺术和设计：图像媒体在艺术创作和设计领域有广泛应用，包括绘画、摄影、插画等形式，用来表达创作者的想法和情感。

④网络和社交媒体：图像媒体在网页设计、社交媒体平台和网络分享中经常使用，为用户提供视觉上的吸引力和互动体验。

⑤教育和培训：图像媒体在教育和培训领域被广泛应用，如教科书、教学课件、培训材料等，用来辅助教学和让学习更加生动有趣。

（3）音频媒体。音频媒体是一种数字媒体形式，指以音频数据形式储存的媒体内容，如音乐、广告、广播电视节目、播客、语音导航等。相对于其他数字媒体形式，音频媒体可以提供具有强烈感染力和情感传递能力的声音体验。音频媒体的传播方式也多样，可以通过网络、广播电视、音乐演唱会和在线流媒体平台等多种方式进行。

音频媒体在信息传播、文化传承、艺术表现等方面都发挥了重要作用，随着人们对音频体验需求的不断提高，其应用领域和价值也会不断提升和拓展。

音频媒体的应用范围很广，主要包括以下几个方面。

①音乐和娱乐：音频媒体在音乐产业和娱乐领域中扮演着重要的角色。音频媒体的娱乐形式包括曲艺小品、电视广告、影视配乐、广播电台、网络播客、在线音乐和音频综艺等。

②广播电台：音频媒体是广播电台传播信息的主要形式，丰富了广播电台节目的形式和内容。广播电台可以是传统的电波广播电台，也可以是网络广播的方式，通过互联网实现传播。

③播客和语音节目：播客是一种以音频形式制作并在线发布的分类日志，它是向听众传递信息和娱乐的最常见方法之一。语音节目指的是一系列在线收听优质内容的服务，例如语音阅读、语音听书、故事讲解、语音新闻等。

④教育和培训：音频媒体在教育和培训领域得到了广泛应用，它可以用于各类课堂教育、在线学习和教育资源共享。

⑤语音助手和智能音频设备：音频媒体在语音助手和智能音频设备中得到了广泛应用。用户可以通过语音与设备进行交互和控制，这为我们方便实现专属化需求带来了很多便利。

（4）视频媒体。视频媒体是指以数字形式呈现的媒体内容，在视频中通过图像和声音来传递信息和表现事物，包括电影节目、电视节目、视频广告、短视频以及网络上的视频内容。视频媒体通过多种技术手段制作和传播，例如摄影、后期剪辑、云视频传输等。由于是图像、声音和时序的复合，视频媒体更能够引起观众强烈、直观的情感反应。

视频媒体在当代人们的日常生活中发挥着至关重要的作用，不仅丰富了人们的娱乐生活和学习体验，也改变了人们获取信息和交流的方式。

视频媒体应用广泛，主要包括以下几类。

①电影和电视节目：视频媒体被广泛用于制作电影和电视节目，在娱乐、文化传承和艺术表现等方面发挥着重要作用。

②广告和营销：视频媒体在广告和营销领域得到了广泛采用，通过图片和声音等手段为产品宣传和品牌营销提供更生动、更直观的体验。

③教育和在线学习：视频媒体在教育和在线学习领域也得到了广泛应用。通过视频制作，可以实现教育资源的共享和线上课程的开展。

④社交媒体和短视频：视频媒体在短视频和社交媒体中得到了广泛使用。例如抖音、快手、TikTok 等，这类应用让用户可以制作和分享自己的短视频，形成互动性，大幅提升了在线社交的活力。

⑤监控和安全：视频媒体在监控和安全领域也得到了广泛采用。例如在公路监控、安防监控等领域，利用音频图像传感器将视频信息传输到管理系统中。

（5）交互媒体。交互媒体是指与用户进行双向交互的数字媒体形式。它结合了多种媒体元素，如文本、图像、音频和视频，并使用户能够主动参与并影响媒体内容的展示和发展。交互媒体可以通过计算机、移动设备、游戏平台等实现用户与媒体的互动，例如，游戏、虚拟现实、网络社交等。

交互媒体的发展使得用户体验更加个性化，互动性更强。它为用户提供了更多自主选择和参与的机会，同时也对媒体制作和设计者提出了更高的要求，需要注重用户体验、参与度和反馈。随着科技的进步和创新，交互媒体的应用前景将会更加广阔。

交互媒体的应用范围非常广泛，包括以下几个方面。

①互动娱乐：交互媒体在游戏、虚拟现实、增强现实等娱乐领域得到了广泛应用。用户可以与虚拟世界进行互动，体验身临其境的游戏、沉浸式娱乐和互动娱乐。

②用户界面和应用程序：交互媒体在用户界面和应用程序的设计中起着重要作用。通过交互式设计，用户可以直观地与应用程序或设备进行交互，提高用户。

③网络交互和社交媒体：交互媒体在社交媒体平台上得到了广泛应用。用户可以通过评论、点赞、分享等互动功能与其他用户进行交流和互动。

④电子商务和在线购物：交互媒体在电子商务和在线购物领域具有重要作用。用户可以通过交互式界面进行选择商品、支付和评价等操作，实现愉快的在线购物体验。

⑤教育和培训：交互媒体在教育和培训领域广泛应用。通过互动媒体技术，学习者可以主动参与学习过程，自主选择学习内容和方式，提高学习效果。

（6）社交媒体。社交媒体是指通过互联网和移动互联网等数字技术平台，让用户可以在虚拟社区中创建、共享、交流和参与的在线平台。社交媒体允许用户创建个人资料、建立联系、发布消息、分享照片和视频、进行互动等，从而促进人与人之间的社交和交流。常见的社交媒体平台包括 Facebook、Instagram、Twitter、LinkedIn、微博、抖音等。

社交媒体在当代社会发挥着重要作用，它改变了人们获取信息、交流和社交的方式。它不仅在个人生活中扮演着重要角色，也对新闻传播、政治参与、商业营销等领域产生了深远影响。然而，社交媒体的使用也有一些挑战和问题，如隐私保护、信息泄露、虚假信息传播等。因此，在使用社交媒体时，用户应保持警觉，合理利用其功能，在网络空间中保护好个人信息，确保信息安全。

社交媒体的应用范围非常广泛，包括以下几个方面。

①个人社交：社交媒体平台提供了个人社交的机会，使人们能够与朋友、家人和其他人建立联系、分享生活动态、互动和交流。人们可以通过社交媒体了解他人的动态、评论、点赞和分享等，并通过即时通信进行互动。

②网络营销和品牌建设：企业和品牌可以利用社交媒体平台进行市场推广、宣传和品牌建设。通过发布内容、与用户互动、提供优惠和推广活动等，企业可以吸引潜在客户、增加品牌知名度和塑造良好的企业形象。

③新闻传播和舆论引导：社交媒体平台成为新闻传播和舆论引导的重要渠道。新闻机构和记者们借助社交媒体来发布新闻、报道事件，并通过用户的转发和评论等影响舆论和话题的讨论。

④政治参与和社会动员：社交媒体为公民提供了参与政治和社会问题讨论的平台。人们可以通过社交媒体表达自己的意见、参与在线投票、组织社会运动和声援活动等。

⑤教育和学习：教育机构和教师可以利用社交媒体平台扩展教学和学习的范围。通过创建在线社群、分享学习资源、在线讨论等方式，提供更丰富的学习体验和教学资源。

⑥协作和项目管理：社交媒体平台也可以用于协作和项目管理。团队成员可以在社交媒体平台上分享文档、交流想法、设置任务和进度等，提高团队协作效率。

（7）其他媒体。除了上述提到的数字媒体之外，还有虚拟媒体、数字艺术、数字出版、虚拟现实、增强现实、数字电视、3D 打印等常见的数字媒体。

总之，数字媒体的类型在不断变化和演进，随着技术和市场的不断发展，新的数字媒体形式和平台也将不断涌现。

二、数字媒体的传播特征

数字媒体具有许多特征，使其在传播过程中与传统媒体有所区别。以下是数字媒体的几个传播特征。

（1）实时性（Real-time）。数字媒体可以实现即时传播和实时更新。通过互联网等数字通信网络，信息可以实时传输到全球各地，使信息传播更加迅速和及时。

（2）互动性（Interactivity）。数字媒体鼓励用户参与和互动。用户可以通过评论、分享、点赞等方式与内容互动，甚至产生用户生成内容（UGC）。

（3）高度个性化（Highly Personalized）。数字媒体能够根据用户的兴趣和偏好提供个性化的内容推荐。通过技术算法和用户数据分析，数字媒体能够向用户呈现相关和针对性的内容。

（4）多样性（Versatility）。数字媒体涵盖了多种形式和类型的媒体内容，如文本、图片、音频和视频等。这种多样性使得信息传播更加全面和丰富。

（5）可追溯性（Traceability）。数字媒体的传播路径可以被追踪和分析。通过网络分析工具和用户行为跟踪，媒体机构和广告主可以了解信息传播的效果和受众反馈。

（6）覆盖全球（Global Reach）。数字媒体的传播不受地域限制，可以覆盖全球范围的受众。通过互联网，人们可以轻松获取来自世界各地的数字媒体内容。

（7）低门槛（Low Barrier to Entry）。数字媒体的创作和传播相对较为简单和低成本。个人和小团体也能够使用普通的设备和软件进行媒体创作和传播。

（8）多平台传播（Multi-platform Distribution）。数字媒体可以跨越不同的媒体平台进行传播，如互联网、移动应用、社交媒体等。这种无处不在的传播形式使得数字媒

体更加易于接触和分享。

这些特征和优势一方面使数字媒体成为当代信息传播和普及的重要媒介，对经济、文化和社会等领域产生了广泛的影响，另一方面使数字媒体成为当今信息社会中广泛使用的媒体形式，是人们获取信息、娱乐和社交交流的重要渠道。

三、数字媒体的发展趋势

随着数字技术的不断变化和发展，数字媒体也在不断演进和拓展。图 1-2 所示是数字媒体的几个发展趋势。

图 1-2　数字媒体的发展趋势

（1）移动化（Mobile）。随着移动设备的普及和发展，数字媒体正在快速地向移动端转移。数字媒体将进一步融入移动设备，为人们提供更加便捷的信息获取、社交交流和娱乐方式。

（2）个性化（Personalized）。随着人工智能和数据技术的不断进步，数字媒体也会更加具有个性化和定制化的特点。数字媒体可以根据用户的历史浏览记录、购物行为和兴趣偏好来推荐相关的和个性化的内容。

（3）社交化（Social）。数字媒体已经成为社交交流的重要途径，在未来社交媒体将进一步成为人们分享信息、沟通互动和社交交流的主要场所。

（4）多媒体（Multimedia）。未来数字媒体将更加多样化和丰富化，包括图文、音频、视频等。多媒体形式将会成为数字媒体的重要特点。

（5）互联网 +（Internet Plus）。数字媒体将与互联网融合得更加紧密，与其他产业融合共生，共同推动数字化经济和社会的发展，推动数字化产业的升级和智能化改造。

（6）虚拟和增强现实（VR/AR）。虚拟和增强现实技术将逐渐应用于数字媒体领域，为人们提供更加沉浸式、交互式和生动的体验。

（7）5G 技术（5G）。5G 技术的发展将给数字媒体带来更快、更稳定、更智能的网络连接，更好地满足数字媒体对网络传输速度和效率的需求。

（8）区块链技术（Blockchain）。区块链技术的应用将增加数字媒体内容的版权保护和交易的透明性。区块链技术可以防止数字媒体内容的篡改和盗用，维护数字媒体内容的版权和知识产权。

以上是数字媒体的几个发展趋势，在未来的发展过程中数字媒体将不断拓展和变革，不断创新出新的模式、工具和技术，更好地满足人们对数字化社会生活的需求和期望。

课堂讨论

小明是一名大学生，对数字媒体领域非常感兴趣。他学习了本课程后，对数字媒体的传播能力和影响力有了更深入的了解。然而，在课程学习中，他意识到数字媒体在信息传播和社会引导方面也存在一些问题。

在课堂上，小明注意到数字媒体的广泛应用对社会产生了重大影响，包括塑造舆论、影响政治、引导消费等。然而，一些不负责任的媒体机构和个人存在滥用数字媒体的力量，传播虚假信息、侵犯他人隐私等不良行为。小明开始思考，作为数字媒体从业人员，他要如何应对这些问题，以及如何履行自己的社会责任？

讨论：

（1）分组讨论数字媒体对社会的影响，并列举相关案例，包括正面和负面的影响。

（2）探讨数字媒体所面临的伦理和道德问题，例如信息真实性、隐私保护、舆论引导等，以及相关的案例和影响。

学有所思

根据你对数字媒体的定义和发展的学习，请你想一想数字媒体如何推动了全球化和跨文化交流？

知识点二　数字广告的定义及发展

案例分析

华为 Mate 60 系列手机在未开发布会的情况下直接上架，这一举措极具话题性。华为希望通过数字广告策略，提升新品的流量热度与品牌形象。

华为在各大社交媒体上积极发布 Mate 60 系列的信息，如产品特性、外观和性能参数，迅速扩大曝光度。同时，与知名科技博主、“网红”合作，通过测评、开箱视频展示产品真实表现，借助他们庞大的粉丝群体提升产品知名度和口碑。

华为还根据用户兴趣和行为数据进行个性化广告推送，通过分析用户浏览记录、购买历史等信息，准确把握用户需求，提供定制化广告体验。在广告中，华为强调“遥遥领先”的品牌理念，激发用户情感共鸣，并通过讲述品牌故事、展示研发过程等方式，增强用户对品牌的认同感和归属感。

华为 Mate 60 系列的成功案例展示了数字广告在品牌推广中的重要作用。通过精准的目标定位、个性化推送及情感化营销，数字广告有效提升了品牌知名度和美誉度。这一系列举措不仅扩大了华为 Mate 60 系列的市场影响力，也为其他企业在数字广告领域的发展提供了有益借鉴。

一、数字广告的定义

数字广告是指利用数字媒体平台（如互联网、移动设备和社交媒体等）进行的广告投放和传播方式。它通过各种数字技术和工具（如广告网络、搜索引擎营销（SEM）、社交媒体广告、视频广告等）将广告内容展示给受众，并通过用户的互动和转化行为（如点击广告、购买商品或关注品牌）来实现品牌宣传和销售目标。相比传统广告媒体，数字广告具有更精确的目标定位、实时互动和效果追踪等特点，能够更好地满足广告主的需求和受众的个性化需求。

数字广告具有以下特点，如图 1-3 所示。

图 1-3　数字广告的特点

（1）定位精准：数字广告可以通过广告平台和工具实现准确的目标定位，根据用户的兴趣、行为、地理位置等多维度数据进行广告投放，将广告展示给具有相关需求和潜在购买意愿的用户。

（2）互动性强：数字广告提供了与受众互动的机会，用户可以通过点击、分享、评论等方式与广告进行互动，从而与品牌建立更紧密的关系，并参与到品牌的活动和社区中。

（3）实时反馈和优化：数字广告平台提供了实时的广告效果监测和数据分析工具，广告主可以及时了解广告的展示量、点击率、转化率等指标，并根据数据反馈进行广告优化和调整，提高广告的效果和回报。

（4）多样化的广告形式：数字广告具有多种形式，包括横幅广告、原生广告、视频广告、搜索引擎广告、流媒体广告、社交媒体广告等，可以根据不同的需求和平台选择合适的广告形式进行投放。

（5）弹性投放和预算控制：数字广告平台提供了弹性的广告投放方式，可以根据广告主的预算和需求进行灵活的调整和控制，可以选择按点击付费、展示付费或达成目标付费等多种付费模式。

知识拓展

搜索引擎营销（Search Engine Marketing，SEM）是指通过搜索引擎平台投放广告的一种数字营销方式。SEM通过在搜索引擎（如Google、Bing）上投放广告，来为品牌或产品吸引目标用户并促进转化行为，例如点击广告、提高转化率或购买行为等。

二、数字广告的发展

1. 数字广告的发展历史

数字广告是随着互联网、移动设备和社交媒体等数字技术和媒介的发展而逐渐发展的。从 20 世纪 90 年代起，随着互联网的兴起，数字广告开始出现，诸如静态图像、动画和 flash 广告等。随着互联网用户数量和在线时长的不断增加，数字广告开始成为品牌推销的主要方式。

2000 年后，搜索引擎营销逐渐成为主流的数字广告形式，广告主可以在搜索引擎上进行广告的展示和投放。随着移动设备的普及，移动广告开始受到关注，移动应用、社交媒体和数据聚合等业务也逐渐兴起。近几年来，视频广告和原生广告等新兴数字广告形式也受到更广泛的关注和应用。

数字广告也在不断地改变和进化着，主要包括以下几个方向。

（1）更精准的目标定位：数字广告通过数据采集和分析，可以实现更精准的目标定位，帮助品牌向具有更高潜力的受众投放广告，提高广告效果和转化率。

（2）互动性的提升：随着数字技术的发展，数字广告的互动性和多样性也在不断提高和丰富，例如，用户可以通过互动式广告、视频广告、原生广告等方式与广告进行互动。

（3）多渠道的覆盖：数字广告可以通过多种数字媒介平台进行投放，例如搜索引擎、社交媒体、应用程序、视频网站等，使覆盖的受众范围更广。

（4）实时反馈和优化：数字广告投放平台提供了实时反馈和效果监测工具，广告主可以了解广告的展示量、点击率、转化率等指标，有助于调整和优化广告投放策略。

总的来说，数字广告以其定位精准、互动性高和效果可追踪等特点在数字媒体领域不断发展，广告形式也在不断地改变和丰富，将为品牌推广和商业营销带来更多可能性和机遇。

2. 影响数字广告发展的因素

除了数字技术和媒介的不断发展，数字广告的发展还受到以下因素的影响。

（1）用户体验：随着广告形式和方式的多样化，广告体验成为品牌推广的重要因素，广告主需要将用户体验放在首位，制作符合用户需求和利益的广告内容。

（2）隐私保护：在数字广告中，隐私保护是一个重要的问题，广告主和数字广告平台需要遵守相关法律法规和规范标准，保护用户信息的隐私。

（3）社会责任：数字广告的发展需要品牌和数字广告平台承担一定的社会责任，例如防止虚假宣传、消费欺诈、侵害用户利益等现象的发生。

（4）尊重个性化需求：数字广告应该尊重用户的个性化需求，例如对广告定位、投放时间和地点的要求等，以满足用户的个性化需求。

（5）数据需要保护：广告主需要遵守相关法律法规，对收集到的用户数据进行合理使用和保护。

数字广告在不断发展中，它不仅是品牌推广的主要手段，还促进了数字技术和媒介的发展。数字广告的发展需要广告主和广告平台共同努力，积极探索和应用新的数字技术和媒介，同时还需要关注用户体验、隐私保护和社会责任等问题。

3. 数字广告的发展方向

数字广告的发展需要关注的趋势和方向有以下几方面。

（1）数据驱动的广告投放：随着大数据和人工智能技术的发展，数字广告将更加依赖数据分析和智能算法，以实现精准的目标定向和个性化的广告投放。广告主将借助数据分析来了解消费者的行为、兴趣和需求，从而优化广告创意和投放策略。

（2）人工智能和自动化：人工智能技术的应用将进一步推动数字广告的发展。自动化广告购买和投放平台的出现，使广告主能够更有效地管理和优化广告活动，减少人为干预和提高广告运营效率。

（3）视频和流媒体广告：随着流媒体服务的普及和移动设备的广泛使用，视频广告将继续蓬勃发展。视频广告能够吸引用户的注意力，传达更丰富的信息，因此品牌广告商将更加注重在在线视频平台和流媒体服务上进行广告投放。

（4）跨设备和跨平台的广告体验：由于用户在不同设备和平台上的互动性增加，跨设备和跨平台的广告体验将成为关键。品牌将致力于提供一致和无缝的广告体验，无论用户是在计算机、手机还是智能电视上进行互动。

（5）虚拟和增强现实广告：虚拟和增强现实技术的发展为数字广告带来了新的机遇。品牌可以利用虚拟和增强现实技术来创建沉浸式广告体验，与用户进行更深入的互动和参与。

（6）可持续性和社会责任：越来越多的用户关注品牌的社会责任和可持续性。品牌在数字广告中将更注重传达社会价值观、环境保护和可持续发展等方面的信息，以获得用户的认同和忠诚度。

这些趋势和发展方向都将影响数字广告行业的发展，并为品牌提供更多的机遇来创新和推广产品与服务。同时，随着技术和消费者行为的变化，数字广告也需要适应和应对新兴的挑战和变化。

课堂讨论

数字广告是通过互联网和数字媒体平台进行的广告投放和传播的一种营销手段。它利用数字技术以及用户数据和行为分析来实现精准定向、个性化传播和实时效果监测。数字广告的发展与数字化媒体和移动互联网的普及紧密相连，已经成为现代营销中不可或缺的一部分。

然而，数字广告的迅速发展也带来了一系列的伦理、社会和政治问题。我们需要思考数字广告对消费者隐私的侵犯、信息泛滥和虚假宣传的可能性，以及对社会价值观和文化多样性的影响。

讨论：

（1）数字广告如何平衡商业利益与消费者权益保护之间的关系？如何确保广告内容的真实性和合法性？

（2）数字广告在用户的个人隐私和数据安全方面存在潜在风险，企业应该如何加强数据保护和透明度？

（3）数字广告在传播信息和价值观方面有着巨大的影响力，广告主应该如何负责任地进行广告宣传，避免对社会价值观的冲击？

学有所思

根据你对数字广告的定义及发展的学习，请你说一说，数字广告在未来的发展中可能面临的问题和挑战有哪些？应该如何应对广告屏蔽、广告失效等问题？

知识点三　数字广告相对传统广告的优势

随着互联网和数字技术的快速发展，数字广告已经成为品牌营销中不可或缺的重要手段之一。相比传统广告，数字广告具有诸多优势，包括内容丰富、传播媒体多元、创意类型多样、注重用户体验和互动性等。这些优势使得品牌能够更生动、直观地传达信息，吸引用户的注意力，让品牌能够更广泛地触达目标受众，吸引用户的兴趣，进一步提升品牌的影响力，增强用户与品牌之间的情感连接。

一、内容丰富

数字广告相对传统广告的优势之一是内容丰富。相比传统广告形式，数字广告可以通过多种媒体形式呈现内容，包括文字、图片、音频、视频等。这使得品牌能够以更生动、直观的方式传达信息，吸引用户的注意力。

在数字广告中，品牌可以通过文字描述产品特点、优势和使用方法，用图片展示产品外观和功能，通过音频传递品牌声音和情感，以及通过视频展示产品的真实使用场景和体验。这样的多媒体呈现能够更好地激发用户的兴趣，提高信息吸收和记忆的效果。

另外，数字广告还提供了更多展示和交互的方式。品牌可以在广告中加入可滑动、可点击、可动画等元素，增加用户与广告的互动性，让用户更深入地了解产品、品牌或服务。有时甚至可以通过游戏、问答等形式将品牌信息巧妙地融入广告，使用户参与感更强。

总的来说，数字广告的内容丰富性使得品牌能够以更多样化、有趣的方式传达信息，提高用户的参与度和品牌记忆度。这是数字广告相对传统广告的一个显著优势。

数字广告的内容丰富是其非常重要的优势，下面是一些具有代表性的案例。

（1）视频广告：例如，在 YouTube 上的一些品牌广告利用视频形式展示产品的特点、使用场景和品牌故事。这种形式可以更好地吸引用户的注意力并激发情感共鸣。例如，美妆品牌 Sephora 利用视频广告展示其产品的使用方法和效果，通过真实案例和美丽的视觉效果吸引目标消费者。

（2）互动广告：互动性是数字广告的一大特点，品牌可以通过丰富的互动元素与用户进行更深入的互动，提升用户参与感。例如，汽车品牌 Audi 推出了一款互动广告，用户可以通过点击屏幕上的按钮控制汽车在不同环境下的驾驶方式，体验驾驶的乐趣和 Audi 品牌的独特魅力。

（3）移动应用广告：移动应用广告是数字广告的重要形式之一，它可以通过丰富的内容来吸引用户。例如，游戏开发商 Supercell 在其游戏 Clash Royale 中通过内嵌广告的形式向用户展示其他游戏的预告片和玩法介绍，以此吸引用户的兴趣。

（4）社交媒体广告：社交媒体平台如 Facebook、Instagram 等为品牌提供了展示丰富内容的机会。品牌可以在这些平台上发布包含文字、图片、视频和链接的广告，以吸引用户的目光并推动用户与品牌互动。例如，时尚品牌 Gucci 利用 Instagram 广告展示其最新产品系列的照片和视频，引起用户的关注并驱动购买意愿。

这些案例展示了数字广告在内容丰富方面的优势，通过多媒体、互动和社交等元素有效地吸引用户的注意力和参与度，促进品牌传播和消费者互动。

二、传播媒体多元化

数字广告相对传统广告的又一优势是传播媒体的多元化。相比传统广告，数字广告可以在更多的平台、渠道和设备上进行广告投放，以吸引更多的目标用户。

数字广告的投放渠道包括搜索引擎、社交媒体、视频平台、移动应用、游戏媒体等，覆盖用户的日常使用场景和兴趣爱好。品牌可以根据不同的广告目标和用户需求选择不同的投放渠道，以提高广告的精准度和效率。

例如，品牌可以通过搜索引擎广告在搜索引擎结果页面（SERP）中投放广告，吸引那些正在寻找相关信息的用户。而在社交媒体广告中，品牌可以将广告投放在用户最活跃的社交媒体平台上，例如 Facebook、Instagram 和 Twitter 等。通过在这些传播媒体上投放广告，品牌可以将信息传递给更广泛的用户群体，并实现精准投放，以达到更好的广告效果。

此外，数字广告还支持多种广告格式和主流设备。品牌可以对广告格式进行多种选择，例如图片、文字、视频、动态广告、原生广告、应用内广告等。这使得品牌可以调整广告类型以适应不同的平台和用户需求。同样，数字广告也可以投放在多种主流设备上，包括手机、平板电脑、电视、计算机等，覆盖用户日常使用的主流设备。

总之，数字广告相比传统广告在传播媒体方面具有更多元化的优势。它能够在不同的媒体渠道和设备上投放广告，以实现更好的广告效果和用户覆盖率。

以下是数字广告多元化传播媒体的典型案例。

（1）搜索引擎广告：当用户在搜索引擎中搜索相关关键词时，会显示与其搜索相关的广告结果。品牌可以利用搜索引擎广告，在用户最有可能寻找相关信息的时候进行广告投放。例如，当用户搜索“旅游度假”时，旅游公司可以投放相关的广告，吸引用户的注意力。

（2）社交媒体广告：社交媒体平台如 Facebook、Instagram、Twitter 等，为品牌提供了展示广告的机会。品牌可以在这些平台上投放广告，根据用户的兴趣、地理位置等进行精准定位，吸引目标用户。例如，时尚品牌可以在 Instagram 上投放美丽的照片和视频广告，引起用户的兴趣，并提供购买链接。

（3）视频广告：数字广告可以通过视频平台（如 YouTube、TikTok）投放广告。品牌可以选择在相关视频内容前、中或后投放广告，吸引用户的注意力并传达品牌信息。例如，汽车品牌可以选择在汽车测评视频中投放广告，以吸引对汽车感兴趣的用户。

（4）移动应用广告：移动应用广告是数字广告的重要形式之一。品牌可以选择在广受欢迎的手机应用中投放广告，吸引用户的注意力。例如，一款健身应用可以在其他相关健康、美容类应用中投放广告，以找到对健身感兴趣的用户。

（5）原生广告：原生广告是一种与平台内容形式相符的广告。品牌可以在新闻网站、博客、应用等平台上投放原生广告，使其与平台内容融为一体。这种形式的广告可以更加无缝嵌入用户的浏览体验，提高广告的接受度。例如，品牌可以在某个健康生活网站上发布一篇与健康相关的原生广告文章。

以上是数字广告在多元传播媒体方面的一些案例，利用不同的平台和渠道，品牌可以将广告传递给更广泛的用户群体，并实现更好的广告效果和用户覆盖率。

三、创意类型多样

数字广告相对传统广告的又一优势是创意类型多样。数字广告可以通过多种形式、格式展示品牌的创意和故事，更加灵活和多样化。

数字广告的创意类型包括图片广告、视频广告、互动广告、动态广告、原生广告、应用内广告等多种类型。品牌可以根据不同的广告目标、受众特征和平台环境，选择最合适的创意类型和格式，通过有趣、惊艳的视觉和互动元素引起受众的注意和兴趣。

例如，以视频广告为例，品牌可以通过视频展示产品使用场景、品牌故事和品牌形象，更生动地表达品牌的核心价值和核心信息，吸引用户的注意和情感共鸣。Oreo 饼干就曾经在 YouTube 上制作了一系列有趣的短视频广告，展现饼干在不同场景下的使用方式，并以此带给消费者愉悦的情感体验。

互动创意广告可以在用户与品牌之间增加更多的互动体验，提高用户的参与度和共鸣度。一个著名案例是 Volvo 大卡车的互动广告，在这个广告中用户可以用键盘控制大卡车行驶，体验卡车的视觉效果和驾驶乐趣，同时还了解到了 Volvo 大卡车的特点和品牌理念。

总之，数字广告相对于传统广告的一个重要优势是创意类型多样化。品牌可以通过多种创意形式和互动元素，让广告更具吸引力和影响力，提高受众的参与度和品牌忠诚度。

数字广告有如下创意形式。

（1）互动广告：这种广告形式涉及与用户的实时互动，例如游戏、投票、问卷调查等。它可以增加用户参与度，并通过互动体验促使用户更深入地了解品牌或产品。例如，某个汽车品牌可以设计一个在线汽车试驾游戏，让用户感受驾驶体验，并在游戏中了解品牌车型的特点。

（2）动态广告：动态广告是指可以在广告展示过程中实时改变内容的广告形式。这种广告可以根据用户的兴趣、位置、行为等因素进行个性化定制，提供更为精准和相关的广告内容。例如，一个电子商务网站可以在用户浏览过一款产品后，通过动态广告持续展示该产品的相关信息，提醒用户继续关注和购买。

（3）原生广告：原生广告是一种与媒体平台内容形式相符合的广告，它可以融入用户正常的浏览体验中。它可以以文章、博客、音乐等形式呈现，与周围的内容高度融合。这种广告形式不会打断用户的阅读体验，同时能够更好地传递品牌信息。例如，一个健康与美容的网站可以在其平台上发布一篇与健康生活方式相关的原生广告文章。

（4）应用内广告：应用内广告是在移动应用程序中出现的广告形式。移动应用程序通常会在用户使用过程中显示广告，以获取收入。这种广告形式有多种类型，例如横幅广告、插页广告、视频广告等。应用内广告通常可以利用应用特定的功能和用户数据进行更为精准的定向投放。

这些创意形式可以通过数字广告平台以及各种在线渠道进行投放，以更好地传达品牌信息，吸引用户注意，并提高广告的效果和用户参与度。通过合理选择适合品牌和目标受众的创意类型，品牌可以将广告创意发挥到极致，以实现更高的营销效果。

四、注重用户体验和互动性

另一个数字广告相对传统广告的优势是注重用户体验和互动性。数字广告可以通过各种技术手段提供更丰富、更个性化的用户体验，并促进用户与广告内容的互动。以下是数字广告在用户体验和互动性方面的一些优势。

（1）个性化定制：数字广告可以根据用户的兴趣、地理位置、行为等多种因素进行个性化定制。通过分析用户数据和使用高级技术，数字广告能够向特定用户投放最相关、最感兴趣的广告内容。这使得广告更具针对性，提高了用户与广告之间的相关性和互动性。

（2）交互和参与：数字广告提供了各种与用户互动和参与的机会，从而创造更丰富、更动态的用户体验。用户可以通过点击、滑动、触摸等方式与广告内容进行互动，参与到广告故事、游戏或调查中。这种互动和参与形式不仅提高了用户对广告的注意力和兴趣，还增加了用户在广告中的时间和互动次数。

（3）及时反馈和测量：数字广告可以提供即时反馈，品牌可以实时了解广告效果、用户反映和行为数据。通过及时反馈和测量，品牌可以根据数据进行迭代优化，从而提高广告效果和用户参与度。例如，品牌可以根据广告点击率、观看时长等指标来评估广告的效果，并根据结果进行调整。

（4）跨平台和多渠道：数字广告可以在多个平台和渠道上进行投放，包括搜索引擎、社交媒体、视频平台、移动应用等。这种跨平台和多渠道的投放使得品牌能够更广泛地触达用户，并提供更多种类的用户体验和互动机会。

总的来说，数字广告注重用户体验和互动性，通过个性化定制、交互和参与、及时反馈和测量以及跨平台和多渠道投放，为用户提供更好的广告体验，同时也提高了广告的效果和用户参与度。这些优势使得数字广告成为品牌推广和营销的重要手段。

课堂讨论

（1）数字广告通过定向投放和精准营销，能够更好地与目标受众沟通，减少了资源的浪费和环境的负担。在这方面，数字广告是如何体现可持续发展原则的？

（2）数字广告能够通过社交媒体平台、用户生成内容等方式，向用户进行更加具有互动性和参与性的传播。数字广告如何通过鼓励用户创造和分享有价值的内容，促进社会价值观的传播和共享？

学有所思

根据你对数字广告相对传统广告的优势的学习，请你说一说，如何利用数字广告的互动性来建立品牌与用户之间的连接？

知识点四　数字广告的媒体选择

数字广告作为一种重要的营销方式，需要在广告媒体的选择上做出合适的决策，以实现最佳的广告效果。媒体选择的范围广泛，包括社交媒体、视频平台等多个领域。在媒体选择过程中，品牌需要考虑如何实现最佳的投资回报和最佳的用户体验。

一、数字广告媒体选择的简介

数字广告的媒体选择是指在数字广告中选择合适的在线平台、渠道、媒体或社交网络等，以达到最佳的广告效果。

1. 媒体选择的因素

媒体选择涉及多个因素，包括广告目标、受众特征、媒体类型、预算、竞争形势等，如图 1-4 所示。

图 1-4　媒体选择的因素

以下是在媒体选择过程中需要考虑的几个关键因素。

（1）广告目标：首先要明确广告的具体目标，是增加品牌认知度、推动销售、提高转化率还是其他目标。不同媒体可能更适合于实现特定的广告目标。

（2）受众特征：了解目标受众的特征，包括年龄、性别、地理位置、兴趣爱好等，以便选择能够准确到达受众的媒体平台或渠道。

（3）媒体类型：数字媒体涵盖了搜索引擎广告、社交媒体广告、视频广告、原生广告、应用内广告等多种类型。根据广告目标和受众特征，选择适合的媒体类型。

（4）预算：预算是决定广告投放范围和方式的重要因素。根据预算，应选择适当的媒体平台和渠道，平衡广告投放的覆盖面和效果。

（5）竞争形势：考虑行业竞争形势和竞争对手的广告投放情况。了解竞争对手选择的媒体平台和渠道，可以帮助确定自己的数字媒体选择策略。

在数字媒体选择过程中，需要结合以上因素进行综合权衡，选择出最适合品牌需求和目标的媒体平台和渠道。此外，要定期进行数据分析和评估，根据广告效果做出调整和优化，以实现最佳的广告效果。

2. 媒体选择的原则和策略

媒体选择的原则和策略可以帮助品牌在选择媒体时能够做出正确的决策，实现最佳的广告效果。媒体选择的原则包括以下几点，如图 1-5 所示。

图 1-5　媒体选择的原则

（1）目标定位原则：广告的目标、受众特征等都是影响数字媒体选择的因素，品牌应该根据自身目标和受众特征等要素来进行媒体选择，确保广告能够针对目标受众投放。

（2）多元投放原则：品牌应该在不同的媒体平台、渠道进行多元化的投放，覆盖更广泛的受众群体，提高广告效益。

（3）数据评估原则：进行广告投放后，品牌应该对效果进行分析和评估，根据数据进行调整和优化，最终达到最佳广告效果。

（4）注意品牌安全原则：在选择数字媒体时，品牌需要注重媒体平台的品牌安全问题，确保不会投放到不良平台上，保护品牌声誉。

（5）协同营销原则：数字媒体营销是一个综合性的过程，品牌需要在不同的媒体平台、渠道之间进行协同营销，以实现最佳的效益。

数字媒体选择的策略可以包括以下几点。

（1）了解不同媒体平台和渠道的特征和受众人群特点，进行综合比较，选择适合的平台进行广告投放。

（2）根据广告目标、受众特征、媒体类型等因素进行分类选择，比如选择搜索引擎或社交媒体平台，或者将精力集中用于原生广告的投放等。

（3）选择具有相关性的媒体平台和渠道，以确保广告与平台的内容和主题相符。

（4）在进行广告投放后开展数据监测和评估，根据数据进行调整和优化，提高广告效果。

综上所述，数字媒体选择策略需要根据品牌的具体需求和情况进行调整和优化，同时要结合数字媒体选择原则，对合适的媒体平台和渠道进行选择和投放。

二、社交媒体

社交媒体是数字广告中极为重要的渠道之一，社交媒体可以让品牌和消费者之间建立更密切的联系，提高品牌认知度和客户忠诚度。

1. 社交媒体选择因素

在选择社交媒体进行数字广告投放时，品牌需要考虑以下几个因素，如图1-6所示。

图1-6　社交媒体选择因素

（1）受众群体：不同的社交媒体平台有着不同的用户群体。品牌需要选择适合自己产品或服务的社交媒体平台，并在该平台上针对目标受众群体投放广告，提高广告效果。

（2）广告形式：社交媒体上的广告形式包括图片广告、视频广告、原生广告等。品牌需要根据广告目标和预算选择适合自己的广告形式。

（3）广告内容：社交媒体上的广告需要与平台的内容和主题相符，同时要注意广告内容的合法性和可信度。品牌需要制作符合平台规范的广告内容，并鼓励用户互动和参与。

（4）运营成本：品牌需要考虑各个社交媒体平台的广告投放成本，并根据预算合理分配不同的广告投放资源。

（5）竞争形势：品牌需要考虑自己在社交媒体上的竞争状况，了解竞争对手的广告投放情况，以便制定更优秀的广告策略和计划。

2. 国内常见的社交媒体平台

在我国，有一些常见的社交媒体平台被广泛用于数字广告的投放，具体如下。

（1）微信（WeChat）：微信是我国最大的社交媒体平台之一，拥有数以亿计的用户。它不仅提供即时通信功能，还具有丰富的社交功能和内容分享功能。品牌可以通过微信朋友圈广告、公众号推广等方式在微信上进行数字广告投放。

（2）微博（Weibo）：微博是一个类似于推特的社交媒体平台，在我国非常受欢迎。微博用户可以分享文本、图片、视频等内容，并进行互动和评论。品牌可以通过微博广告和微博认证账号等方式在微博上进行数字广告投放。

（3）抖音（TikTok）：抖音是一个短视频社交平台，用户可以通过录制和分享短视频来展示自己。抖音在年轻用户中非常流行，品牌可以通过抖音广告和合作达人等方式在抖音上进行数字广告投放。

（4）快手（Kuaishou）：快手是一个以短视频为主的社交平台，与抖音类似。它在我国乡村地区和下沉市场用户中较为流行，品牌可以通过快手广告和内容合作等方式在快手上进行数字广告投放。

（5）QQ 空间（Qzone）：QQ 空间是腾讯旗下的社交媒体平台，用户可以在自己的空间分享日志、图片、音乐等内容，并与好友互动。虽然在年轻用户中的影响力有所下降，但在一些特定领域和用户群体中仍有一定影响力。

以上是一些国内常见的社交媒体平台，品牌在选择数字广告媒体时，需要结合自身的目标受众、广告目标和预算等因素，选择合适的社交媒体平台进行广告投放。同时，定期监测和评估广告效果，并根据数据进行优化和调整，以获得最佳的广告效果。

三、短视频媒体

近年来，短视频平台成为数字广告投放的一个重要媒介。短视频具有视觉效果强、内容简洁易懂、互动性强等特点，吸引了越来越多的用户。

1. 短视频媒体选择因素

选择适合的短视频媒体进行数字广告投放时，需要考虑以下因素，如图 1–7 所示。

图 1–7　短视频媒体选择因素

（1）受众特征：了解目标受众的特征是选择适合媒体的重要因素。短视频平台的用户群体可能在年龄、性别、地域、兴趣爱好等方面存在差异，需要根据目标受众的特征，选择与其特点相符的短视频平台。

（2）广告目标：明确广告目标对选择短视频媒体至关重要。不同的短视频平台拥有不同的广告形式和效果。例如，某些平台更适合品牌宣传，而其他平台可能更适合推销产品或驱动用户行为。在选择时，需要根据广告目标来确定适合的短视频媒体。

（3）广告预算：广告预算也是选择媒体的重要考虑因素。不同的短视频平台可能具有不同的广告定价和投放方式。一些热门平台可能需要更高的投放费用，而一些新兴平台的价格可能更具竞争力。在选择时，需要根据预算限制来确定合适的短视频媒体。

（4）平台特点和用户行为：了解每个短视频平台的特点和用户行为对广告投放至关重要。例如，某些平台可能更加注重个人原创内容，而其他平台可能更加侧重于明星达人合作。同时，要了解用户在平台上的行为习惯和互动方式，以选择适合的媒体进行广告投放。

（5）数据监测和优化：选择具有有效的数据监测和广告优化功能的短视频媒体能够帮助品牌更好地评估广告效果并进行调整。在选择时，可以通过平台提供的广告数据和报告等工具，对广告投放效果进行分析和优化。

综合考虑上述因素，品牌可以选择适合的短视频媒体进行数字广告投放，以实现最佳的广告效果和投资回报。

2. 国内常见短视频媒体

以下是一些常见的国内短视频媒体。

（1）小红书（rednote）：小红书是一个以用户生成内容、购物和社交为主的短视频平台。其用户群体倾向于年轻、时尚和消费水平高的用户，大量明星和意见领袖也在平台上发表内容，具有较高的影响力。品牌可以通过品牌合作、明星代言等方式在小红书上进行数字广告投放。

（2）火山小视频（Huoshan）：火山小视频是字节跳动旗下的短视频应用，以娱乐化内容为主，也有一定的互动性。火山小视频在年轻人和下沉市场群体中占有较高的用户份额，品牌可以通过火山小视频广告、明星代言等方式在平台上进行数字广告投放。

（3）微视（Weishi）：微视是腾讯旗下的短视频应用，拥有多功能后期制作，以及可爆表的热门话题等功能，在年轻用户中非常受欢迎。品牌可以通过微视直播、微视广告等方式在微视上进行数字广告投放。

（4）除了以上短视频媒体之外，抖音与快手也属于此类别，作为行业头部应用非常值得关注，已在前文详细介绍。

以上是国内常见的短视频媒体，这些平台在用户群体、广告形式、投放价格和效果等方面存在差异，品牌需要根据自身的目标受众和业务需求选择适合的平台进行广告投放。同时，品牌需要借助平台提供的数据监测和效果优化等功能，对广告效果进行监测和优化，以取得更好的广告效果。

课堂讨论

探索数字广告的媒体选择原则，并思考在进行媒体选择时如何平衡商业利益与社会责任，推动信息传播的健康发展。

讨论：

（1）数字广告媒体选择的范围十分广泛，包括搜索引擎、社交媒体、视频平台、应用程序等。在这个过程中，如何避免信息过载和广告泛滥的问题？如何保护广告内容的真实性、合法性和质量？

（2）数字广告的媒体选择不仅涉及商业利益，还涉及文化传播和社会认知。在进行媒体选择时，广告主应该如何推广多元文化，鼓励文化创新和价值观传播？

学有所思

根据你对数字广告的媒体选择的学习，谈一谈，如何根据目标受众选择合适的数字广告媒体？

知识总结

数字媒体是指利用数字化技术手段，将信息以数字形式存储、传输、处理和呈现的媒体形式。其类型包括文字媒体、图像媒体、音频媒体、视频媒体、交互媒体、社交媒体和其他媒体。数字媒体的传播特征包括实时性、互动性、高度个性化、多样性、可追溯性、低门槛、覆盖全球范围、多平台传播。数字媒体的发展趋势包括移动化、个性化、社交化、多媒体、互联网+、虚拟和增强现实、5G技术、区块链技术。

数字广告是指利用数字媒体平台（如互联网、移动设备和社交媒体等）进行的广告投放和传播方式。数字广告的特点包括定位精准、互动性强、实时反馈和优化、多样化的广告形式、弹性投放和预算控制。数字广告的发展趋势包括更精准的目标定位、互动性的提升、多渠道的覆盖、实时反馈和优化。相比传统广告，数字广告具有内容丰富、传播媒体多元化、创意类型多样、注重用户体验和互动性的优势。在选择数字媒体时，需要考虑广告目标、受众特征、媒体类型、预算和竞争形势等因素。

项目实训

广告行业是一个富有创意和挑战的领域，对于大一新生来说，了解广告岗位的基本情况和发展前景是非常重要的。本项目旨在帮助学生初步了解广告岗位的工作内容、技能要求和职业发展路径，为未来的职业规划提供参考和启发。

实训任务一　广告设计岗位能力模型调研

任务描述

研究广告岗位的分类，介绍与广告相关的典型岗位，如广告策划、创意设计、媒介策划等，了解不同岗位的职责和要求。

操作指南

搜索主流招聘网站，查看岗位描述说明。

主要岗位	岗位主要职责	岗位能力要求

实训任务二　广告设计岗位发展需求调研

任务描述

调研就业市场需求，通过查阅招聘信息、行业报告等，了解广告岗位的就业市场需求和发展趋势。

操作指南

利用互联网资源，收集广告岗位的信息。

主要岗位	就业市场需求	发展趋势

实训任务三　广告设计职业发展规划

任务描述

设计个人职业规划。职业规划让大学生们有充分的自我认知，对自己有充分的了解，包括性格、兴趣、价值观、行业发展环境、行业发展规律、职业职能等。

实操步骤

步骤 1：自我性格分析（运用 MBTI 性格类型测试方法）。

分析角度	
兴趣爱好	
性格特征	
价值观	

步骤 2：职业倾向分析（运用霍兰德职业兴趣测试方法）。

分析角度	
职业倾向	
职业能力	
职业价值观	

步骤 3：撰写职业规划书。

（1）自我分析 (45%)。结合职业测评及其他自我分析方法，对自己进行全方位、多角度的分析。

（2）职业分析 (20%)。参考职业测评建议以及通过生涯探索的途径，对影响职业选择的相关外部环境进行较为系统的分析。

（3）职业定位（15%）。综合自我分析及职业分析的主要内容得出本人职业定位的 SWOT 分析。

（4）计划实施（10%）。说明计划名称、时间跨度、总目标、分目标、计划内容、策略和措施，计划分为短期、中期和长期。

（5）论证（10%）。制定完大学生涯规划书后，从个人职业发展规划必须性和可行性两个方面论证。

项目总结

通过对本项目内容的学习，参考项目总结模板，对本项目学习情况进行总结。

项目总结模板

项目二
数字广告技术分类

项目介绍

数字广告技术能够以创新的方式将产品或服务信息传达给目标受众，从而增强品牌影响力。它涵盖了各种类型的技术，如二维码技术、HTML5 技术、动态化平面广告技术、动态化表情包技术、故事性微电影技术、短视频技术、互动装置技术、图像识别与虚拟现实技术、LBS 位置服务技术、温度感应技术、重力感应技术、视频编程技术、触屏感应技术、小程序游戏互动技术等。这些技术均具有广泛的应用领域，如在线购物平台、在线游戏平台、品牌官网以及影视制作领域等。随着数字技术的不断发展，我们有理由相信数字广告技术将会不断创新和发展，为现代广告业注入新的活力。这些技术将帮助企业更好地了解客户需求，精准地传递产品或服务信息，从而提高营销效果和市场竞争力。同时，数字广告技术还将继续推动广告业的创新和发展，为现代社会的营销活动注入更多的活力和创新。

学习目标

1. 掌握数字广告主要的技术类型与应用方向。
2. 掌握编程式数字广告创意的技术类型与应用方式。
3. 掌握数字广告常用的编程技术应用类型。
4. 掌握分析主流广告平台的技术应用特点。
5. 理解数字广告的常见平台与特点。
6. 理解数字广告使用的技术类型。
7. 了解使用互联网获取目标信息的方法。
8. 具备互联网思维意识。

知识结构

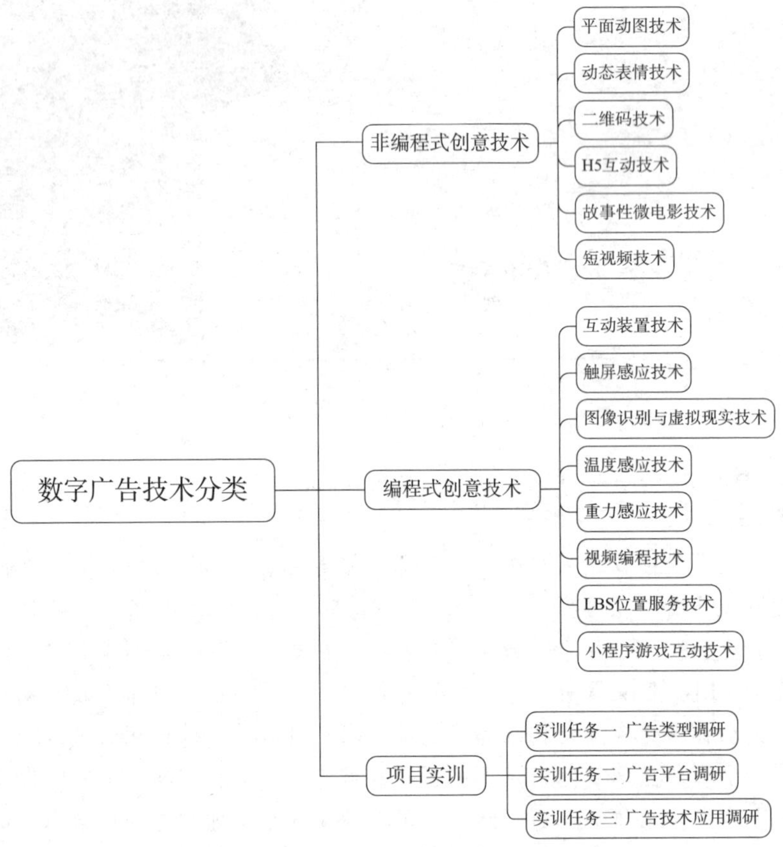

学习计划

小节内容		非编程式创意技术	编程式创意技术
课前预习	预习时间		
	预习自评	难易程度 □易 □适中 □难 问题总结：	
课后巩固	复习时间		
	复习自评	难易程度 □易 □适中 □难 问题总结：	

知识储备

知识点一　非编程式创意技术

随着数字媒体的崛起，新媒体模式、形态和传播方式正在不断演变，从而根本性地改变了广告的形式与内容。从渠道角度来看，新技术拓宽了广告传播的路径，丰富了广告创意形式，带来了更加出色的效果。

一些常见的数字广告媒体创意技术包括二维码技术、HTML5 技术、动态化平面广告技术、动态表情技术、故事性微电影技术、短视频技术、互动装置技术、图像识别与虚拟现实技术、LBS 位置服务技术、温度感应技术、重力感应技术、视频编程技术、触屏感应技术、小程序游戏互动技术等。这些技术通过数字化媒体与创意形式的融合创新，既是一种平台媒介、传播媒体，同时也是一种创意内容，使得广告变得更加有趣味性和互动性。在传播过程中，它们与用户进行沟通，提高了用户的忠诚度，增强了用户黏性，加快了信息传播的速度，并给用户带来了丰富的视觉体验和身心体验。在广告构思过程中，我们会思考选择使用何种媒体技术与创意进行配合，以充分发挥这些技术点亮创意的作用。

为了方便大家对数字创意技术的理解和应用，我们将不需要复杂编程或者可借用的平台模板的创意技术归类为非编程式创意技术。这类技术门槛低，方便理解，例如二维码技术、HTML5 技术、动态化平面广告技术、故事性微电影技术等。另外一种需要结合创意进行后台开发的称为编程式创意技术，例如互动装置技术、重力感应技术、图像识别与虚拟现实技术等。虽然这种创意技术需要一定的成本和技术投入，但带来的效果更加直观，互动性更强。

非编程式创意技术一般直接运用平台资源，以创意、视觉技术为主。这些技术以其独特的魅力，在当今这个信息爆炸的时代大放异彩。其中，一部分技术顺应新的媒体创新，成为热门的技术，如平面设计。通过加入动态技术，平面设计摇身一变，成为动态化平面广告，成为现在社交化的热门平面广告。它们在吸引用户眼球的同时，也传递着品牌价值和活动信息。

再如微电影，这是一种以微小的短故事赢得用户喜爱的技术。通过精心的剧情设计和对视觉效果的运用，微电影能够让观众在短时间内体验到一种情感共鸣和故事情节的吸引力。这种技术以其简短、精悍、富有创意的特点，已经成为现代广告和品牌传播的重要手段。

再如 HTML5 技术，这种技术通过借用新的媒体技术进行融合创新，将网站的技术与视觉设计相结合，使得视觉设计变得生动有趣。HTML5 技术的运用使得网页设计更加富有创意和互动性，为用户提供了更加优质的浏览体验。

再如短视频，这种技术通过平台传播让很多人互动起来。短视频以其简短、有趣、富有创意的特点，迅速成为现代人的一种生活方式。用户可以通过拍摄和分享短视频来表达自己的想法和情感，同时也可以通过观看短视频来获取信息和娱乐。短视频已经成为一种非常流行的社交媒体形式，为人们提供了一个全新的互动平台。

一、平面动图技术

平面动画技术，也叫二维动画，指每秒 24 张的动画，需要手绘一张一张的画，在制作过程中也分为一拍二、一拍三、一拍一，一拍一就是每秒 24 张，这种动画相当流畅，人物的动作很自然，典型的就是迪士尼动画。一拍二也就每秒 12 张，它没有 24 张的动画顺畅，但是节约了一倍的时间，日本动画常常采用一拍二。现在很多动画都是采用两者结合的方式，即一拍一加一拍二。

在社交营销中，单一的平面视觉效果已经难以满足品牌广告的需求，平面动图技术通过动态化的视觉效果引发人们的注意，达到对品牌信息的传播效果。随着电子计算机技术和信息技术的快速发展，视觉传达设计的表现形式和设计语言也发生了巨大变化。数字信息时代的视觉传达设计，体现着科技性、交互性、动态化以及人性化等特点。数字化的广告画面从静态发展为动态的视觉表现，就是让图形、文字信息等一切动起来。

案例分析：电影《盗墓笔记》《终结者 5》和《分歧者 2》的动态海报应用如图 2-1 所示。

《盗墓笔记》《终结者 5》《分歧者 2》的动态海报应用各有亮点。《盗墓笔记》动态海报以神秘的古墓场景动态展示，配合主角的动作，吸引原著粉丝与探险爱好者，营造紧张刺激氛围。《终结者 5》动态海报聚焦于终结者的金属质感与强大火力呈现，其动态效果凸显科幻与战斗气息，勾起观众对经典系列的情怀与对新作的期待。《分歧者 2》的动态海报则展示主角在分歧世界中的惊险瞬间，以动态增强视觉冲击力，吸引年轻观众群体关注影片中的独特世界设定与人物命运走向。

图 2-1　电影动态海报

数字媒体技术应用于视觉设计，让广告更加动态地传播着信息，让一切基于纸媒传播的视觉作品都可以从一维到二维，从静态到动态。例如，我们设计一个 Logo 可以通过故事性的动态演绎，把 Logo 的寓意表现得淋漓尽致。画面中强调的主体信息或者重要的图形，也可以通过动态化、有节奏感的方式进行表现，使画面变得生动有趣，吸引用户停留、观看以及转发。传统视觉设计加入动态化技术，会更加形象生动，可以带来很强的互动性，加深用户的记忆。

动态化平面广告应该结合产品内涵，洞察用户心理，利用动态素材让画面更有“动”感，助推产品或品牌传播。动态化平面广告的形式必然会成为社会化互动营销的趋势和未来。

平面动态技术是一种应用于计算机图形学和计算机动画的技术。它可以用来模拟和呈现物体在二维平面上的运动和变形。下面列举了平面动态技术案例，以说明该技术在不同领域的应用。

（1）平面游戏动画：平面动态技术广泛应用于游戏开发中，可以实现游戏角色的移动、攻击、特效等动画效果。通过平面动态技术，游戏开发者可以创建逼真的游戏世界，提升游戏的沉浸感和娱乐性。

（2）平面广告制作：平面动态技术可以用于制作动态广告，通过绘制和变换平面图形，实现广告内容的生动展示和宣传效果的提升。例如，在电子屏幕上播放的动态广告，通过平面动态技术可以实现文字、图片和视频的动态切换和变换。

（3）平面教育动画：平面动态技术在教育领域中有着广泛的应用。通过平面动态技术，教育机构可以制作生动的教育动画，用于教学示范和知识传授。例如，通过平面动态技术可以展示物理实验的过程，模拟化学反应的变化等。

（4）平面交互界面：平面动态技术可以应用于交互界面的设计，通过动态的平面图形和按钮，提升用户体验和界面的吸引力。例如，在手机应用程序中，通过平面动态技术可以实现按钮的动态变换和界面的平滑切换。

（5）平面数据可视化：平面动态技术可以用于将大量的数据以动态的方式展示出来，帮助用户更好地理解和分析数据。例如，在金融领域中，通过平面动态技术可以实现股票走势图的动态显示和交互式的数据筛选。

（6）平面设计艺术：平面动态技术可以应用于平面设计艺术中，通过绘制和变换平面图形，创造出丰富多样的艺术效果。例如，在艺术展览中，通过平面动态技术可以实现艺术品的动态展示和互动体验。

（7）平面建筑模拟：平面动态技术可以应用于建筑设计和模拟中，通过动态的平面图形，可以模拟建筑物在不同时间段的外观变化和光影效果。例如，在城市规划中，通过平面动态技术可以模拟城市的日夜变化和交通流量的变化。

（8）平面医学模拟：平面动态技术可以应用于医学教育和模拟中，通过动态的平面图形，可以模拟人体器官的运动和变化。例如，在手术模拟中，通过平面动态技术可以模拟手术过程和器官的变形。

二、动态表情技术

数字广告的视觉特点就是让一切“动”起来，除了动态化平面广告、动态化 Logo 设计，还有更为活跃的动态表情技术。动态表情包通过对 IP 形象设计的动态演绎，进行动态表情设计，让 IP 形象传播品牌形象和态度，提升品牌价值。

案例分析：LINE FRIENDS 动态表情包，如图 2-2 所示。

LINE FRIENDS 家族形象深入人心，其动态表情包涵盖了日常交流的各种场景，如布朗熊挥手打招呼、可妮兔害羞地捂着脸等。这些动态表情动作流畅、细节丰富，色彩搭配明快活泼，充分展现出角色的可爱与个性。通过在通信软件中的广泛传播，不仅提升了用户对 LINE FRIENDS 形象的喜爱度，还将其品牌的萌趣、友好形象深深植入用户心中，成功吸引了大量粉丝购买周边产品，进一步拓展了商业价值。

图 2-2 LINE FRIENDS 动态表情包

案例分析：腾讯企鹅动态表情包，如图 2-3 所示。

腾讯企鹅作为腾讯品牌的经典 IP 形象，其动态表情包应用广泛。在一套日常办公主题的表情包中，有企鹅认真工作、比心加油、疲惫打盹等动态表情。设计上，企鹅形象圆润可爱，动作过渡自然，色彩沿用腾讯品牌蓝白主色调，简洁且具辨识度。当用户在工作交流场景使用这些表情包时，腾讯企鹅活泼、亲切的形象跃然眼前，既缓解了沟通氛围，又强化了腾讯在用户心中的品牌印象，提升了品牌的亲和力，有助于在社交互动中加深用户与品牌的情感连接，且在一定程度上推广了腾讯旗下的办公软件等产品，吸引了更多用户使用。

图 2-3 腾讯企鹅动态表情包

三、二维码技术

二维码，又称二维条码，是一种非常高效的信息存储和传递方式。它使用特定的几何图形在平面上按一定规律分布，形成黑白相间的图案，以此记录数据符号信息。二维码技术的独特之处在于，它使用与二进制相对应的几何形体来表示文字数值信息，使得信息存储和传递的效率大大提高。通过图像输入设备或光电扫描设备，二维码可以被自动识读，实现信息自动处理。它具有条码技术的共性，如特定的字符集、每个字符占有的宽度和一定的校验功能等，同时也具有对不同行信息的自动识别功能以及处理图形旋转变化点的能力。

二维码技术始于20世纪80年代末，经过多年的发展，全球现在有250多种二维码，其中常见的有PDF417、QRCode、Code16K、CodeOne等20余种。在日常生活中，我们最常扫描的二维码是QR码，它因为具有识读速度快、信息容量大、占用空间小、保密性强、可靠性高的优势，成为使用最为广泛的一种二维码。QR码呈正方形，只有两种颜色，在四个角落的其中三个印有像“回”字的小正方形图案，属于开放式的标准。

从1997年到2012年，我国陆续发布了5个二维码国家标准，包括PDF417、QRCode、汉信码、GM码和CM码，如图2-4所示。其中，QRCode因为其独特的优势，成为最受欢迎的二维码类型。在WPSAI的帮助下，用户可以轻松地理解和解析二维码中的信息，进一步提高了信息处理的效率。

二维码的工作原理为：二维码内的图案代表二进制代码，这些二进制代码可以通过特定的软件进行解释并显示相应的数据。这些软件可以识别二维码的特定形状和设计，从而确定二维码所代表的数据类型和内容。

图2-4　二维码标准

二维码通常由黑白方块组成，这些方块按照特定的规律排列和组合。当二维码阅读器扫描二维码时，它会识别二维码外侧的三个较大方块，这三个方块是标准二维码的标志。一旦识别出这三个形状，阅读器就知道整个方块内包含的内容是一个二维码。

二维码阅读器随后将整个二维码分解到网格进行分析。它查看每个网格方块，并根据方块是黑色还是白色来为其分配一个值。这个过程称为“解码”。然后，阅读器将网格方块组合在一起，创建更大的图案。这个图案可以是文字、图像、音频、视频或其他类型的数据。

动态二维码（活码）及其原理：动态二维码也称为活码，是指内容可变但二维码图案不变的二维码。这意味着，用户可以随时修改二维码的内容，但二维码的图案保持不变。活码可以跟踪扫描统计数据，例如扫描次数、扫描时间等。活码支持存储大量文字、图片、文件、音频、视频等内容。同时，生成的图案简单易扫，方便用户进行扫描操作。

实际上，二维码是按照指定的规则编码后的一串字符串。通常情况下，二维码代表一个网址。在二维码出现之前，用户需要在浏览器中输入网址来访问相应的网站。然而，有了二维码之后，用户只需扫描二维码即可访问相应的网站。扫描二维码后，会先进行一次从二维码到文本的解析和转换。然后，根据解析出来的文本结果判断是否是链接。如果是链接，则会自动跳转到这个链接。虽然操作方式改变了，但其原理与输入网址相同。

对于二维码对外暴露的网址，服务端只需要对这个网址做个二次跳转即可。这个对外暴露固定不变的网址也称为“活址”。这意味着，无论用户扫描哪个活码，服务端都会自动跳转到相应的链接或内容。

静态二维码和动态二维码的区别可参见表 2-1。

表 2-1　静态二维码和动态二维码的区别

比较项	静态二维码	动态二维码（活码）
内容修改	不支持	可以随时修改
内容类型	支持文字、网址、电话等	支持文字、图片、文件、音频、视频等内容
二维码图案	内容越多越复杂	活码图案简单
数据统计	不支持	支持
样式排版	不支持	支持

案例分析：菲律宾宿务航空“雨代码”，如图 2-5 所示。

案例分析：吉尼斯啤酒的 QR 码啤酒杯，如图 2-6 所示。

图 2-5　菲律宾宿务航空印在地面的二维码

图 2-6　印在啤酒杯上的二维码

为了吸引用户扫码，设计师绞尽脑汁地进行色彩丰富、场景化和动态化的二维码设计，各种二维码可以说是创意新颖，个性突出，如图 2-7 所示。位于洛杉矶的 Ayara 泰国美食，你能看到二维码中大象的鼻子吗？HBO 新剧 *True Blood* 的宣传广告二维码血流不止。啤酒公司 Magic Hal 通过一些富有创意的瓶盖设计的二维码，让用户扫码后可以链接到其 Facebook 上的推广页面。还有玛氏糖果公司设计的巧克力二维码，令人垂涎三尺。

图 2-7　设计新奇有趣的二维码

四、H5 互动技术

HTML5（简称 H5）是 Web 前端开发的一种编程语言，广义的 H5 技术是指包括 HTML、CSS 和 JavaScript 在内的一套技术组合。H5 技术制作的页面在移动端能够让应用程序回归到网页，并对网页的功能进行扩展，用户不需要下载客户端或插件就能够观看视频、玩游戏。这使得操作更加简单，用户体验更好。随着互联网和微信的发展，H5 寄生朋友圈以文章形式出现，点开后可以通过滑动翻页，带有动画效果，并且配合音乐进行穿插。那么，H5 是怎么发展起来的呢？

2014 年，面对微信用户被大量同质信息淹没、备感疲乏、抵触营销信息的情况，H5 用一年的时间破局，攻克了“注意”和“社交”两个底层壁垒。让内容“动”起来，从“单页翻动”到“元素联动”再到“与你互动”，用户的注意力在一次次的动态升级中被不断聚焦。H5 还可以开发小游戏，不仅让互动升级，还有了反馈，游戏战绩成了人们平淡生活中的炫耀资本，“营销”悄然化身“社交”的一部分。

2015 年是 H5 行业飓风般崛起的一年，众多的广告商开始将目光转移到 H5 这种成本低、传播效果好的品牌宣传和营销推广手段上来。H5 成为数字广告传播的重要技术，可以适配各种视觉设计进行信息传播，提升了创意效果、传播效果。对于数字广告来说，H5 技术提升了用户体验和视觉体验，带来了强烈的人机视觉互动。

案例分析：VR 召唤擎天柱，腾讯通过 VR 展示 QQ 的 VR 交互技术，如图 2-8 所示。

整个作品通过视频的制作展示出虚拟现实的新技术，展示了人在现实中如何打破次元壁垒的同时获得交互的不同乐趣。完全实物、真人场景的画面制作更加有身临其境的感觉，吸引用户对 VR 进行进一步的探索。

案例分析：UC 浏览器与《明星大侦探》合作对 UC 浏览器进行推广，如图 2-9 所示。

这个复合型作品拥有视频、图文以及场景互动内容，但是都围绕着同一个主题——侦探。通过分析能够引起用户共鸣的朋友圈内容视频，拉近了亲切感；再用具有神秘且体验流畅的密室逃脱互动效果加强了用户的侦探角色代入感；不止一个故事的 H5 轻游戏令人意犹未尽、欲罢不能，瞬间提升了对 UC 侦探季的兴趣。加之《明星大侦探》的口碑效应，这个 H5 营销作品完整而精彩。

图 2-8　VR 召唤擎天柱

图 2-9　UC《明星大侦探》

从内容创意形势来看，H5 作为一种综合性极高的内容展示方式，对品牌故事演绎、新政策的解读、重大新闻事件的报道、重要节日庆典的推广和展示都能起到非常好的传播作用。H5 的内容创意形式会从纯粹的广告营销模式向故事性内容产品转型，形成一种崭新的样貌，融合传统意义的数字广告和传统意义的互联网产品，达到二者的相互结合。

五、故事性微电影技术

利用故事性微电影技术制作的微电影视频广告是新兴的广告传播形式，是为了宣传某个特定的产品或品牌而拍摄的有情节的、以电影为表现手法的广告，时长一般在 5~30 分钟。微电影视频广告的本质依旧是广告，具有商业性和目的性。

微电影视频广告采用了电影的拍摄手法和技巧，增加了广告信息的故事性，能够更深入地实现品牌形象、理念的渗透和推广，更好地达到“润物细无声”的效果。微电影广告也是电影，不同的是，产品成为整个电影的第一角色或者线索。在时间上微电影远比电影短得多。

微电影视频广告一般分为两类，一类是影视内容的微小版，制作之初并未想过商业属性，如《一个馒头引发的血案》，腾讯视频快女微电影系列等；另一类是商业广告的电影版，将广告做成电影，天然具有商业属性，如可爱多的《这一刻，爱吧！》，益达的《酸甜苦辣》，这些广告更具有故事性，受众更喜欢观看。讲故事、讲情怀、讲态度和传递正能量成为当下数字广告微电影的主流。广告《梦骑士》是个关于梦想的故事，根据真实故事改编，讲述 5 位平均年龄 81 岁的老人，在他们一个共同的老伙伴去世后，一起骑摩托车环岛的故事。短片追问观众：人为什么活着？结尾打出一个字：梦。之后是大众银行的广告语：不平凡的平凡大众。这个广告打动了很多人，激起了大家的共鸣。

微电影视频广告比传统广告更具吸引力、亲和力、可观看性和传播力。每个人都可能因为对微电影内容的好奇而播放、欣赏。相比而言，普通的企业宣传片很难吸引到不相关观众的目光。

案例分析：九号公司《记忆奇旅》，如图 2-10 所示。

故事梗概：影片以一生的遗憾为主线，通过四个不同故事展现了在面对遗憾时如何勇敢出发、寻找奇妙人生。易烊千玺在微电影中饰演主角，带领观众一同探索不同的人生经历和情感世界，引发了众多年轻人的共鸣，激励他们直面过去的自己，成长为新的自己。

图 2-10 《记忆奇旅》

《记忆奇旅》这部微电影具有以下成功之处。

（1）强大的传播效果：2024 年 4 月 19 日发布后，短短不到三天的时间里，全网播放量就超过了 1.4 亿次，还引发了 12 个微博热搜话题，在微博电影影响力榜上连续 3 天蝉联第一和第二的位置，在爱奇艺评分高达 9.5 分，成为爱奇艺史上第一支进入飙升榜的品牌微电影。

（2）深度的情感共鸣：这部微电影没有直白地展示产品，而是以高水准的制作和触动人心的故事传递深层情感，让观众在欣赏故事的同时，感受到品牌所传达的积极向上的生活态度和勇于探索的精神，进而提升了品牌在年轻用户群体中的好感度和认同感。

（3）明星效应助力：易烊千玺作为品牌全球代言人，拥有庞大的粉丝群体和极高的人气，他的参演为微电影吸引了大量粉丝的关注和支持，进一步扩大了影片的传播范围和影响力。

案例分析：中国平安《三省风云Ⅱ》，如图 2-11 所示。

故事梗概：影片一开始呈现挪威突发暴风雪，购买了平安 24 的客户失踪，平安 24 的内部工作人员紧急处理，此时三省调查组前来兴师问罪，质问一系列问题。但当紧张气氛达到高潮时，剧情突然反转，插入三省调查组陆正平主任偷偷向妻子推荐买平安 24 的剧情，前后形成强烈反差。

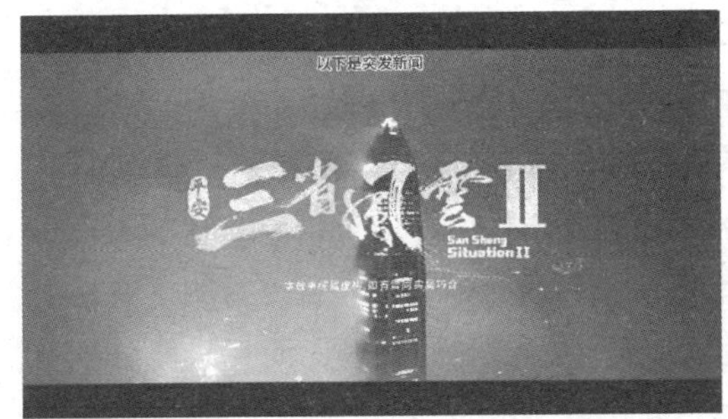

图 2-11 《三省风云 Ⅱ》

《三省风云Ⅱ》这部微电影的成功之处如下。

（1）创意反转吸引眼球：通过制造情节前后的巨大反差，前半段紧张刺激，后半段轻松搞笑，这种反转的剧情设置极大地吸引了观众的注意力，激发了他们的好奇心和观看欲望，使广告在众多同类作品中脱颖而出。

（2）年轻化的营销方式：迎合了“90”“00”后等年轻消费群体的喜好，以一种新颖、有趣的方式呈现广告内容，摒弃了传统老旧、刻板的植入方式，让年轻人更容易接受和传播，从而为品牌打造了年轻潮流的形象，增加了品牌的亲和力和吸引力。

（3）有效传递产品卖点：在剧情中巧妙地融入了平安 24 的产品信息，如即时响应与高效服务等关键卖点，通过故事的发展自然地展示产品的优势和价值，使观众在欣赏故事的过程中深刻记住了产品的特点，达到了良好的营销效果。

微电影是表现品牌理念的形式与营销手段之一，现如今，广告与微电影融合的趋势愈发明显。对商家而言，将制作和传播成本较低的微电影作为一种新的营销方式，这呼应了新的媒介生态环境。但大部分影片在表达产品信息与表现故事性内容之间难以取舍，究其原因是商家对于传播者身份与宣传目的认知的缺失，微电影营销改变了简单粗暴的信息表达方式，能够降低受众的抵触与排斥心理，但我们不能只拘泥于微电影的传播形式，满足产品诉求才是不变的核心。如果一则微电影广告将其中的产品去除还不影响故事完整性，那么这就仅仅是一部娱乐性的电影短片。“酸甜苦辣”系列成功的重要因素是讲述消费者身边的真实故事，品牌理念深入人心仅仅是宣传成功的体现，微电影对产品本身的宣传效果才是企业最为注重的。拥有好的创意并将其巧妙地融入剧情之中是微电影营销中的核心课题，也是今后发展的趋势。

六、短视频技术

短视频即短片视频，是一种互联网内容传播方式，一般在互联网新媒体平台上传播，时长在 5 分钟（短视频）或 10 秒（微短视频）以内。随着移动终端的普及和网络的提速，短平快的大流量传播内容逐渐获得各大平台、粉丝和资本的青睐。

短视频适合在移动状态和短时休闲状态下观看，推送频率高，内容融合了技能分享、幽默搞怪、时尚潮流、社会热点、街头采访、公益教育、广告创意、商业定制等主题。由于内容较短，短视频可以单独成片，也可以组合成为系列栏目。

随着网红经济的出现，视频行业逐渐崛起一批优质 UGC 制作者。到了 2017 年，短视频行业竞争进入白热化阶段，内容制作者也偏向 PGC（Professional Generated Content，专业生产内容、专家生产内容）化专业运作，而当下数字广告流行的主要是 10 秒微短视频，微信 IOS 的 6.5.1 版本可以在朋友圈分享相册中的视频，而且只能分享 10 秒以内的视频内容。

不同于微电影和直播，短视频制作并没有像微电影一样具有特定的表达形式和团队配置要求，它具有生产流程简单、制作门槛低、参与性强等特点，又比直播更具有传播价值。超短的制作周期和趣味化的内容对短视频制作团队的文案以及策划功底有着一定的挑战。优秀的短视频制作团队通常依托于成熟运营的自媒体或 IP，除了高频稳定的内容输出外，也有强大的粉丝渠道；短视频的出现丰富了新媒体原生广告的形式。

另外，短视频中还有一种形式是互动视频，当然，互动视频也有长度较长的。互动视频在国外很早就出现了，人们印象深刻的是 Netflix 的《黑镜 · 潘达斯奈基》和《LATE SHTIT》互动剧，以黑镜为例，观众可以在观影中通过选择 12 个不同的结局影响剧情走向，产生令观众满意的结局，这种互动模式揭开了视频的又一新潮玩法，而这种模式的缺陷是剧情太长，黑镜传统剧情走完一遍需要 90 分钟左右，如果开启其他分支剧情，看完影片需要 300 多分钟。

国内各家互联网大厂也推出了自家的互动视频方案。

国内第一支探索交互视频的 H5，就是 2016 年由 dopemine 出品的《活口》，当时业内几乎没有见过类似的沉浸式、带交互的视频 H5 案例。后面腾讯 TGideas 出品的《忘忧镇》（图 2-12）简直是打开了视频的新玩法，它是以剧情模式加互动游戏相结合的交互视频模式。

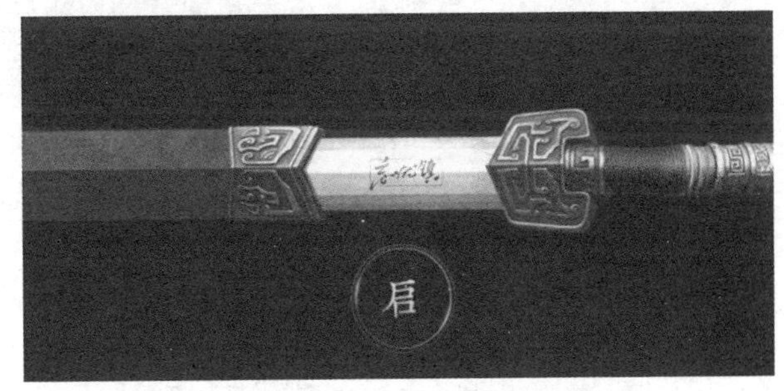

图 2-12　《忘忧镇》交互视频截图

随着 HTML5 技术的发展以及各种可产出交互视频的设计工具的出现，交互式视频开始逐渐在移动端兴起，其中最重要的载体形式便是 H5，个人设计师借助专业交互工具，成功打造一批爆款的交互视频案例，如《Dr. 魏的这波操作我赌你破解不了！》，燕之屋《匠系女神林志玲向你发出了求助电话》等。

这种将交互体验融入线性的视频的新型视频，最初主要是由广告商赞助的广告视频，借用各种新奇的交互方式来吸引人们点击观看，增加产品的曝光度，可以认为是病毒营销的一种。继第一支交互视频 H5 的刷屏走红之后，各大品牌与创意商们也都开始争相探索交互视频在 H5 上的运用，并产出了一系列优秀行业案例，如图 2-13 所示。

图 2-13　H5 交互视频截图

学有所思

根据本知识点学习的数字广告技术，请你想一想，数字广告技术有哪些优势和缺点？

知识点二　编程式创意技术

互联网数字化技术和平台技术的发展，给数字广告带来了很多跨界融合的可能性。在预算充足的情况下，借助计算机程序设计语言编写程序代码，可以实现数字广告与用户交互的目的，给用户带来视觉、感觉、触觉的虚拟化体验，具有很强的交互性和娱乐性。在大数据时代，大数据、技术和创意的水平决定了数字广告公司的核心竞争力。本书把需要进行计算机编程的技术称为编程式创意技术。这种类型的数字广告制作的工作量大，时间比较长，成本也比较高。

一、互动装置技术

互动装置技术是一种新兴的技术，它可以让人们通过与计算机或其他设备进行交互来控制或操作这些设备。这种技术已经被广泛应用于各种领域，包括娱乐、教育、医疗、军事等。

在娱乐领域，互动装置技术可以让观众通过手势或声音来控制游戏或电影的情节。这种技术也被广泛应用于教育领域，例如通过互动装置来演示科学实验或数学模型。

互动装置技术还可以用于医疗领域。例如，医生可以通过互动装置来模拟手术过程，以便更好地训练手术实习生。此外，这种技术还可以用于远程医疗，例如通过互动装置来提供虚拟咨询服务。

互动装置技术是一种非常有用的技术，它可以改变人们与计算机或其他设备的交互方式，并提高这些设备的效率和可用性。随着技术的不断发展，我们相信这种技术将会得到更广泛的应用。

科技的发展日新月异，技术手段和开发方式的转变必然会对互动装置的发展产生巨大的影响。互动装置以装置硬件为承载基础，结合其特有的交互性，在其他很多领域都有很广泛的应用。

随着科技的发展，互动装置技术已经成为现代广告中不可或缺的一部分。这种技术能够让观众与广告进行互动，从而增强广告的吸引力和效果。

在商场、展览和活动中，互动装置广告已经成为吸引人们注意力的主要手段之一。通过与观众进行互动，这些装置能够让观众更加深入地了解产品或服务的特点和优势，并激发他们对产品的兴趣和购买欲望。

比如，一些广告商会在商场内设置互动装置，让观众通过手势识别、触摸屏幕等多重方式与广告进行互动。观众可以观看广告内容，参与游戏、抽奖等活动，甚至可以通过虚拟现实技术体验产品或服务的特点。这些互动装置广告不仅吸引了观众的注意力，还能够收集观众的反馈和数据，为广告商提供更加精准的营销策略。

除了商场、展览和活动等场所，互动装置技术还可以应用于户外广告中。比如，一些广告商会在建筑物、公共交通工具等地方设置互动装置，让观众通过手机 App 与广告进行互动。观众可以通过 App 了解广告的详细信息，参与互动游戏，甚至可以通过 AR 技术体验产品或服务的特点。这些户外互动装置广告不仅具有很高的曝光率和传播效果，还能够提高品牌知名度和用户黏性。

互动装置技术在广告中的应用已经成为现代广告发展的趋势之一。这种技术能够让观众更加深入地了解产品或服务的特点和优势，并增强广告的吸引力和效果。未来，随着技术的不断发展和创新，互动装置广告将会更加丰富和多样化，为人们带来更加精彩的视觉和互动体验。

案例分析：碧浪洗衣粉射击游戏互动装置，如图 2-14 所示。

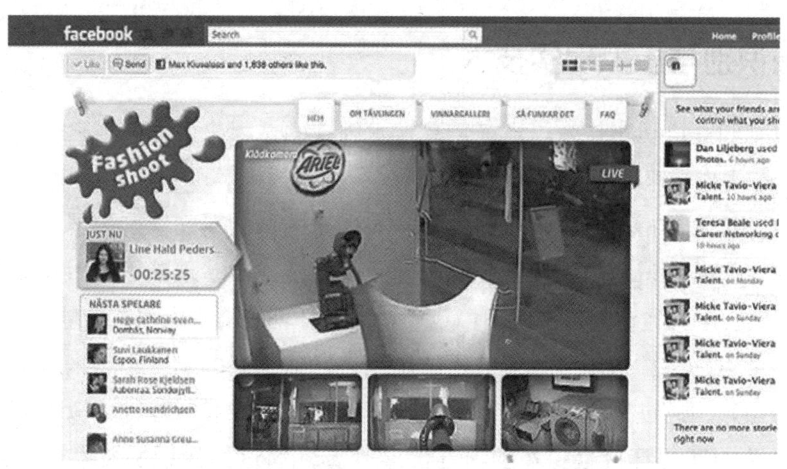

图 2-14　碧浪洗衣粉射击游戏互动装置

互动装置技术应用在这场营销活动中，当然有着充分的理由。随着计算机技术的发展，编程技术的提高，交互技术也得到了进一步的发展。碧浪在做这个营销活动的时候，必然会先做一些市场调查，分析现在的洗衣粉市场中，怎样的营销方式更适合消费者，并且了解怎样才能让消费者产生兴趣，并且能主动参与进来。碧浪的互动广告，就利用了线上、线下的平台和互动装置技术，让年轻的、喜欢上网的消费者参与到这个活动中。互动装置的应用让这个营销活动吸引了更多的消费者，增强了大众对该品牌的价值认知，从而促进了销售。

二、触屏感应技术

触屏感应技术是一种目前常见且高效的人机交互输入方式。与传统的键盘和鼠标输入方式相比，触摸屏的输入方式更为直观，它使得用户可以直接在屏幕上进行操作，无需借助其他的外部设备。这种技术的普及得益于现代智能终端设备的不断发展和完善，如今，触摸屏已经成为许多电子设备的标准配置，它代替了传统的鼠标和键盘，为人们的日常生活带来了极大的便利。

触屏感应技术不仅可以让用户观看广告，更可以让用户通过直接的触摸操作与广告产生互动效果。这种互动效果可以带来更多的用户参与度和更高的用户满意度，使得广告的传播效果更加显著。同时，触屏感应技术也使得广告的形式和内容更加丰富多样，用户可以通过触摸屏幕上的不同区域或进行不同的操作来获得不同的广告内容，使得广告的传播更加有趣且吸引人。

触屏感应技术是一种高效、直观、便捷的人机交互方式，它不仅改变了人们的生活方式，也改变了广告的传播方式和效果。随着智能终端设备的不断发展和完善，触屏感应技术将会在未来的广告传播中发挥更加重要的作用。

三、图像识别与虚拟现实技术

图像识别和虚拟现实技术是当前信息技术领域的两大热门方向，它们的结合将会给人们的生活和工作带来前所未有的体验。

图像识别技术是指通过计算机视觉技术实现对图像的自动识别和理解。它可以应用于许多领域，如人脸识别、智能监控、医学影像分析、自动驾驶等。而虚拟现实技术则是一种计算机技术，通过模拟真实环境或创造虚拟环境来提供沉浸式的体验。

随着图像识别和虚拟现实技术的不断发展，它们之间的结合也越来越紧密。例如，在智能家居领域，通过图像识别技术识别家庭成员的面孔和行为，虚拟现实技术可以为其提供个性化的家居环境模拟体验。在医学领域，通过图像识别技术可以分析医学影像，虚拟现实技术可以模拟病变组织和器官的状态，帮助医生更好地诊断和治疗疾病。

除了在特定领域的应用外，图像识别和虚拟现实技术的结合还可以带来更加广泛的应用。例如，通过图像识别技术识别场景中的物体和人物，虚拟现实技术可以创造出与真实世界相似的虚拟环境，让用户可以在其中进行交互和体验。此外，图像识别技术还可以与虚拟现实技术结合，实现更加智能的视觉导航、智能辅助驾驶等功能。

图像识别和虚拟现实技术的结合将会为人们的生活和工作带来更多的便利和创新。随着技术的不断发展，它们的结合也将越来越紧密，未来将会有更多的应用和产品问世，为人们的生活和工作带来更多的惊喜和可能性。

图像识别是人工智能的一个重要领域。在图像识别中，既要有当时进入感官的信息，也要有记忆中存储的信息，所以技术的背后要有数据库，存储要识别的物体的相关信息。而图像传输与图像通信，再加上高清晰度电视的飞速发展，使全数字式图像传输的实时编码、压储、解码等技术获得了广泛的应用。现今，广告制作、动画制作中有着令人叹为观止的杰作，比如下载 Cryptomator 云存储加密工具，这是一款专注于文件加密的应用，可在本地设备上创建加密的虚拟驱动器。用户将文件放入其中，这些文件会被高强度加密算法处理，确保数据安全。用户可以将私人文档、照片等敏感资料放入加密空间，即使设备丢失或被盗，没有密码也无法访问这些文件。

案例分析：Axe（Lynx）香氛图像识别广告。

这个案例就是利用图形识别技术来进行广告宣传的。“与天使的互动”吸引着候机大厅里匆匆走过的人们，让他们产生兴趣，停下脚步。这个广告形式除了需要一定的技术支撑之外，还需要有很好的创意点子与品牌相呼应，以吸引人们的眼球。一般在车站或者机场，总有很多在等待的人，等待是很无聊的，所以本例广告让人们在这个时间、这个地点参与进来，与天使互动起来，取得了很好的广告效果。

四、温度感应技术

温度感应技术，是一种具有广泛应用领域的技术，早在多年前就已经在各行各业中得到了广泛的推广和应用。例如，在家电领域，冰箱、空调等家用电器的温度控制功能就是通过温度感应技术实现的。此外，手机上的温度感应触屏也是应用此技术的典型例子。

同时，随着技术的发展和进步，手机 App 软件也得以与温度感应技术相结合，为广告行业带来了新的推广方式。通过这种方式，广告商可以结合温度感应技术制作出具有互动性和趣味性的广告，吸引更多的用户参与其中。例如，当用户使用装有相关软件的智能手机靠近一个广告牌时，手机会根据广告牌上的图像和文字信息自动显示相关的品牌推广活动信息，并提示用户参与互动。这种方式不仅可以提高广告的曝光率和点击率，还可以通过用户参与互动的方式提高用户对品牌的认知度和好感度。

此外，随着人们对天气和温度关注度的不断提高，越来越多的品牌也开始推出与温度和天气相关的推广活动。例如，一些快消品品牌会根据季节和气温的变化来调整产品的配方和包装设计，以更好地满足消费者的需求。同时，一些服装品牌也会根据气温的变化来调整产品的款式和宣传策略，以吸引更多的消费者购买。这些推广活动都需要对温度和天气进行精准的监测和分析，而温度感应技术则可以为这些品牌提供准确可靠的数据支持。

在广告中，温度感应技术可以被用来创造一种独特的用户体验，从而吸引客户的注意力并提高品牌知名度。

一种可能的应用是在户外广告牌上使用温度感应涂料。这种涂料可以根据周围的温度变化改变颜色或图案，使得广告牌在各种天气条件下都能吸引人们的眼球。例如，如果广告牌在寒冷天气中变为暖色调，或在炎热天气中变为冷色调，那么它就能在相应的天气条件下更具吸引力。

另一种应用是在商业橱窗中使用温度感应显示面板。当橱窗内的温度变化时，显示面板可以改变显示内容或颜色，以与店内的产品或气氛相协调。例如，如果店内售卖的是冬季服装，那么橱窗中的显示面板可以在寒冷天气中显示雪景或冰雕等冬季元素。

还有一种应用是在智能手机广告中使用温度感应技术。例如，手机背面可以集成一个温度传感器，当用户将手机握在手中时，它可以检测到用户的体温并相应地调整手机屏幕的亮度或颜色。这种互动可以增强用户与手机之间的联系，并使广告更具吸引力。

五、重力感应技术

通过手机中的重力感应传感器，我们可以在变换手机方向时，清晰地感受到重心的变化，这种变化可以被准确地捕捉并转化为光标位置的调整，从而实现选择的功能。重力感应技术让手机支持界面旋转自适应、界面摇晃切换等功能，这些功能使得用户在使用手机时能够享受到更加便捷、灵活的操作体验。例如，在一些音乐播放应用中，用户可以通过甩动手机来切换歌曲；在视频播放应用中，用户可以通过摇晃手机来切换视频。这种重力感应技术的应用，不仅提高了手机操作的便捷性，还增加了用户的使用乐趣，让手机变得更加人性化。

重力感应技术在广告中的应用已经成为一种创新的营销方式。通过将重力感应技术融到广告中，广告商可以创造出更加生动、有趣和互动的广告体验，吸引消费者的注意力并提高品牌知名度。

1. 重力感应技术在广告中的应用形式

（1）动态广告。动态广告是通过重力感应技术实现的一种创新广告形式。在这种广告中，广告内容会随着消费者的动作和视角而发生变化，创造出更加互动和沉浸式的广告体验。例如，在汽车广告中，消费者可以通过倾斜手机来控制汽车的运动方向和速度，让消费者更加深入地体验汽车的驾驶感受。

（2）互动游戏。重力感应技术在广告中也可以用来实现互动游戏。通过将广告融到游戏中，消费者可以在娱乐的同时接收到广告信息。例如，在饮料广告中，消费者可以通过控制手机上的虚拟杯子来倒饮料，如果成功倒出饮料，就可以获得奖品或者积分。

（3）AR 广告。AR 广告是一种将虚拟现实和增强现实技术结合的广告形式。通过将重力感应技术融到 AR 广告中，消费者可以通过手势和动作来与虚拟对象进行互动，创造出更加生动和有趣的广告体验。例如，在服装广告中，消费者可以通过手机上的 AR

应用来试穿不同的服装，并通过重力感应技术来调整服装的大小和形状，以获得更加真实的试穿效果。

2. 重力感应技术在广告中的优势

（1）提高互动性。重力感应技术在广告中的应用可以提高广告的互动性。消费者可以通过手势和动作来与广告进行互动，让消费者更加深入地参与到广告中来，从而提高消费者的参与度和品牌知名度。

（2）增加趣味性。重力感应技术在广告中的应用还可以增加广告的趣味性。通过动态广告、互动游戏和 AR 广告等形式，消费者可以在娱乐中接收到广告信息，从而增加消费者的娱乐体验和品牌好感度。

（3）提高精准度。重力感应技术可以准确地捕捉消费者的动作和视角变化，从而帮助广告商更加精准地了解消费者的行为和需求，提高广告的精准度和效果。

3. 重力感应技术在广告中的未来趋势

随着技术的不断发展和创新，重力感应技术在广告中的应用将会越来越广泛。未来，我们可以预见到，更多的广告形式将会融到重力感应技术中来，创造出更加生动、有趣和互动的广告体验。同时，随着 5G 技术的普及和应用，重力感应技术在广告中的传输速度和稳定性也将会得到进一步提高，从而为消费者带来更加流畅和完美的广告体验。

案例分析：泰康瞬间，如图 2-15 所示。

泰康人寿为推广意外保险，与用户常用的 App 商定合作，在 App 中植入广告。当用户下载了 App 并且手机不慎跌落的那一刻，手机会自动检测到重力陀螺仪的重心变化，自动激活广告。此时，银幕上会立刻显示出碎屏的“假象”，在用户懊恼不已时，手机碎屏突然“神奇地”变好了，与此同时弹出泰康的广告语——“我们尽最大的努力，为您提供意外保障——泰康人寿”。

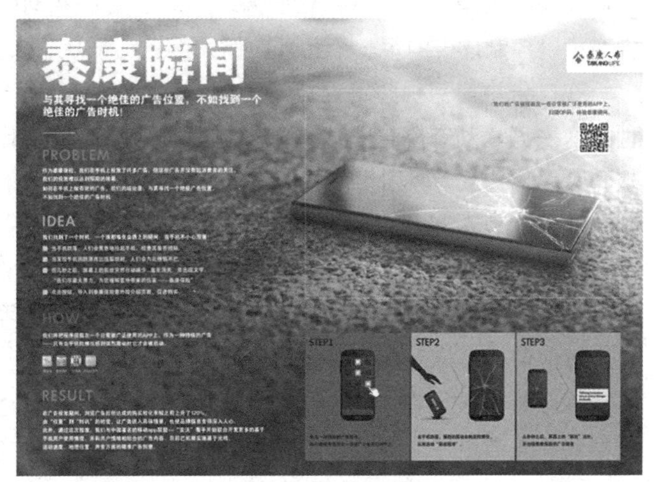

图 2-15　泰康瞬间

以手机跌落可能导致碎屏这一常见意外场景为切入点，引发用户对意外风险的关注，让用户在情感上产生共鸣，意识到生活中意外无处不在，而泰康保险能为类似意外提供保障。利用重力感应技术将广告与手机跌落的实际动作相结合，这种互动式广告形式突破了传统广告的展示模式，使广告不再是被动接收的信息，而是与用户行为紧密关联的体验，极大地吸引了用户的注意力，增加了广告的趣味性和记忆点。

广告推出后，泰康人寿保险的销售增长120%，这种显著的销售增长表明该广告创意有效地传达了保险产品的价值，提高了品牌在消费者心中的知名度和影响力，促使更多人选择泰康的意外保险产品。通过重力感应技术实现的互动体验，使用户对泰康品牌留下深刻印象，让用户在潜意识里将泰康保险与意外保障联系在一起，当面临意外风险时，更容易联想到泰康保险，从而增强了用户与品牌之间的情感纽带。

六、视频编程技术

视频技术是一种在电信领域中应用广泛的动态图像传输技术，也被称为视频业务或视讯业。在计算机领域，它常常被描述为多媒体通信或流媒体通信。这种技术利用数字信号处理、压缩编码、网络传输等技术手段，将视频信息以图像、声音等形式进行传输，从而实现了远程实时监控、远程医疗、视频会议、在线教育等多样化的应用场景。视频技术不仅在电信领域扮演着重要的角色，同时也对计算机领域产生了深远的影响，成为当今社会不可或缺的一部分。

视频编程技术在广告中的应用非常广泛。通过使用视频编程技术，广告商可以创建具有吸引力和互动性的广告，从而吸引更多的观众。

视频编程技术是一种使用计算机编程语言来控制视频播放的技术。这种技术可以用于创建各种类型的广告，包括图像、文本、音频和动画等。通过使用视频编程技术，广告商可以控制广告的每一个元素，例如颜色、形状、大小、位置和运动等。

在广告中应用视频编程技术可以帮助广告商实现许多目标。例如，他们可以使用这种技术来创建动态广告，这种广告可以随着观众的操作而改变。这样可以使广告更加有趣和吸引人，从而吸引更多的观众。

此外，视频编程技术还可以帮助广告商更好地测量广告的效果。通过使用这种技术，广告商可以跟踪和分析观众对广告的反应，例如他们是否观看了广告，他们在广告中停留了多长时间，他们是否对广告中的产品感兴趣等。这些数据可以帮助广告商更好地了解他们的目标受众，并优化他们的广告策略。

视频编程技术在广告中的应用可以使广告更加有趣、吸引人且具有互动性，同时可以帮助广告商更好地测量广告的效果并优化他们的广告策略。

七、LBS 位置服务技术

LBS 的全称是 Location-Based Services，即基于位置的服务。它主要通过电信移动运营商的无线电通信网络或外部定位方式，获取移动终端用户位置的信息，在 GIS 平台的支持下，为人们提供一种增值服务。

通俗来说，就是无论你在哪里，LBS 都会为你提供周边所有的信息服务。由于 LBS 主要是提供位置周围的信息服务，通过移动基站、Wi-Fi、GPS 来获得位置定位和周围信息服务。因此对于手机信号网络有着严格的要求，应尽量减小受到位置、遮蔽物的影响。

以美团、大众点评类的生活服务网站为例。人们通过位置定位，以行业为类别，以距离、销量、优惠程度为搜索条件，就可以在美团或者大众点评等生活服务类网站上找到附近的生活服务及消费信息。当然，这前期需要商家向 LBS 平台上传自己的相关信息，包括图片、地址、电话、营业时间、特色推荐等。我们通过手机搜索“附近”找到附近的要去的服务点时，所有上传的 POI 信息点（包括名称、类别、经度纬度、附近的酒店饭店商铺等信息）就会开始发挥作用，显示在我们的手机上。

人们驾驶汽车经常会使用 LBS 定位技术进行导航，导航已成为人们确定位置信息的必备工具。现今的全球定位系统不断升级与发展，定位精度、定位时间、定位范围和定位速度得到进一步的完善，加上移动互联网的迅猛发展和智能终端的快速普及，人们使用移动端互联网的比例上升，这些都为 LBS 定位技术的应用打下了基础。在平时生活中，我们使用的大众点评、美团、百度地图等 App 软件和一些基于地理位置的社交游戏都使用了 LBS 定位技术，很多其他的 LBS 商业模式也不断推出，如 LBS+ 团购、LBS+ 精准推送、LBS+ 图片分享、LBS+ 点评等。LBS 技术方便着人们的日常出行，使人们享受到了更好的生活服务体验。

除了生活服务类的应用，我们的网上社交也有着 LBS 的踪影。微信里“附近的人”就是 LBS 的应用，人们可以根据自己所在的地理位置找到附近同样开启本功能的人。到了今天，一切 App 几乎都需要在读取用户位置的基础上提供信息服务：新闻客户端需要根据用户位置推送本地新闻；酒店 App 需要根据用户位置搜索附近酒店；团购 App 需要告诉用户附近的优惠；打车 App 需要知道所在的位置；手机游戏需要结合定位做一些线下交互……LBS 早已不是地图和导航 App 的专利，而是移动互联网的一项基本能力。

八、小程序游戏互动技术

以游戏和小程序的形式来放置广告，以其为载体来进行广告宣传是一种全新的广告模式。利用人们对游戏的天生喜好和游戏本身的互动性，可以提高人们对广告的认知度。游戏广告也是一种小程序，是结合产品的特性，借用简单的编程开发设计的。

小程序游戏互动广告有以下优势：

（1）反复渗透，使人印象深刻。广告通过游戏的形式传播，可以随时随地向受众传递信息，跟用户长期接触，具有良好的渗透性。与电视相比，用户在游戏上与产品广告的接触时间更长，也更为密集。

（2）互动娱乐，迎合大众。相对于当前许多网络广告“硬推”式和“狂轰乱炸”式的宣传模式，游戏广告的互动性和娱乐性使它可以引起用户的自发关注和主动参与，可以吸引用户主动寻找游戏广告来体验。在游戏过程中，用户不会像对传统网络广告一样产生抵触和反感情绪，可以达到很理想的广告传播效果，给用户带来乐趣的同时，也尊重用户，提高了用户对广告的接受度、好感度和黏着度。

（3）运作简单，成本低廉。利用游戏广告在网络上举办有奖活动可以使企业直接面对数目庞大的用户，最大限度地扩大活动的影响面。配合厂商提供的礼品发送，游戏广告活动可以用较少的成本达到较好的宣传效果。游戏广告活动无须组织大量人员，运作简单，参与者互动性强，比较容易被各类用户所接受。

（4）受众面广，效果显著。一款构思巧妙、设计合理的游戏在吸引大量玩家慕名而来后，如果参与者还能因为游戏成绩的高低而获得各种奖品，一定会更加踊跃地参与进来。合理的游戏程序设计会让参与者在提交游戏成绩的同时，完成一个厂商设计的问卷调查和对参与者的身份确认，以便发送奖品。这样，企业通过游戏广告就可以获得用户的意见和宝贵的客户资料。

案例分析：腾讯游戏特种饼登月计划——和平精英，如图 2-16 所示。

腾讯游戏在中秋节期间推出了以“登月计划”为主题的小游戏，宣传和平精英游戏。游戏设计上运用了中秋节元素，如月饼、天灯、月亮等，用户通过完成小游戏任务，可以获得游戏内的奖励，并了解和平精英的相关内容。

这种结合节日主题和游戏 IP 的互动形式，不仅吸引了大量用户参与，还提升了品牌曝光度和用户对游戏的兴趣。

图 2-16　腾讯游戏特种饼登月计划——和平精英

学有所思

以小组为单位，每小组 3~4 人，用 PPT 的形式，讨论并完成以下问题。

每小组针对书中提出的数字广告技术进行案例收集，每种技术至少一个案例。

知识总结

数字技术对数字广告的创作起到了非常重要的作用，这些技术拓宽了广告传播的路径，丰富了广告创意形式，吸引用户进行互动体验，促进了广大的二次传播和再次创作传播。因此，在广告的构思过程中，需要去思考选择用什么样的媒体技术与创意进行配合，让这些技术起到点亮创意的作用。

项目实训

数字广告媒体的出现已经使广告目标产生了基本而又重要的变化。网络技术让广告以其独特的方式提供了一系列双向沟通和测量的可能性。这些变化从根本上重新定义了数字时代的广告期望值。本项目旨在帮助学生了解数字广告的类型、发布的平台以及数字广告的共同点和不同点，帮助学生更进一步了解数字广告。

实训任务一　广告类型调研

调研我们身边常见的数字广告，并分析是什么类型，要求不少于 5 条。

广告名称	广告平台	广告类型

实训任务二　广告平台调研

调研我们身边常见的数字广告，查看都是来自哪个平台，并分析这些平台有什么共同点和不同点，制作成表格并提交。

广告名称	广告平台	共同点	不同点

实训任务三　广告技术应用调研

调研我们身边常见的数字广告，分析该广告运用了什么技术，并详细统计出哪种数字广告技术应用最为广泛，为什么?

广告名称	运用技术
统计：	

项目总结

项目总结模板

通过对本项目内容的学习，参考项目总结模板，对本项目学习情况进行总结。

项目三
数字广告创意策划

项目介绍

本项目旨在深入探讨数字广告创意策划的核心知识，涵盖了从创意构思到实际执行的各个环节。通过本项目的学习，可以了解如何运用创新思维和独特视角来打造引人入胜的广告创意，以及如何将广告策略与实际执行相结合，实现最佳的营销效果；掌握数字广告创意策划的基本知识和技能，培养创新思维和实际操作能力。

学习目标

1. 深入了解“互联网 +”背景下的广告思维模式、产品策划的思维方式、品牌策略和产品定位的核心原则。

2. 全面理解大数据环境下的思维理念、用户视角的思维方法、口碑营销的重要性、广告策划的基本步骤和流程。

3. 熟练掌握品牌解读的方法论、产品分析的工具和方法、用户 / 消费者分析的工具和方法、互联网用户洞察的工具和方法。

4. 培养学生分析和解决问题的实际能力，能根据学习目的要求，独立地完成数字广告创意策划。会处理策划中出现的具体问题，熟练掌握策划流程，培养学生对相关工作岗位的认同。

知识结构

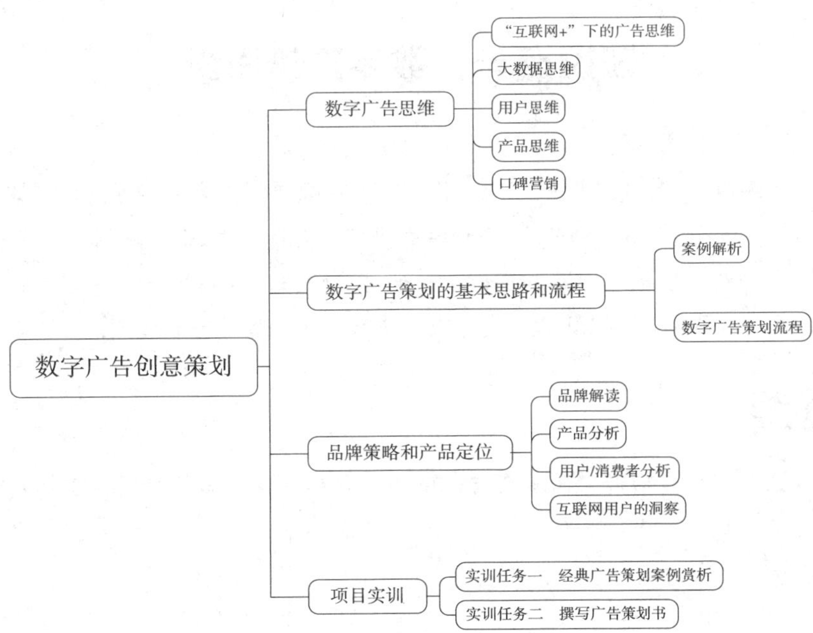

学习计划

小节内容		数字广告思维	数字广告策划的基本思路和流程	品牌策略和产品定位
课前预习	预习时间			
	预习自评	难易程度　□易　□适中　□难 问题总结：		
课后巩固	复习时间			
	复习自评	难易程度　□易　□适中　□难 问题总结：		

知识储备

知识点一　数字广告思维

随着“互联网 +”环境的到来，广告策划行业被赋予了更高的创新发展需求。因此，行业发展需要充分结合“互联网 +”的环境优势与广告策划特点，在分析“互联网 +”环境下广告策划创新发展影响因素的基础上，研究现阶段广告策划行业发展策略，使广告策划能够顺应“互联网 +”的环境发展需求，进行自身的有效创新发展。

案例分析

中国的广告业已经发展了四十余年，随着时代的飞速发展和日新月异的科技进步，广告业也在不断紧跟时代的步伐进化着。中国广告四十余年的发展，是由“一瓶酒”引发的启蒙运动。

1979 年 1 月 28 日，正是大年初一，上海电视台播出了中国第一条电视广告，这条广告长达 1 分 30 秒，紧跟着一张 10 秒钟的幻灯片，上面写着“上海电视台即日起受理广告业务”，这条划时代的广告被认为是中国电视广告史的肇端。回到 1979 年 1 月 28 日当天，史上第一条广告是来自上海中药制药二厂生产的“参桂养荣酒”。这种补酒在当时可谓是奢侈品，1979 年中国农民的人均纯年收入是 160.17 元，只够买 10 瓶参桂养荣酒。广告仅仅播放几次，全上海主要销售该药酒的商店全部脱销，这也是我们首次见证电视作为第一媒介的实力，要知道彼时中国电视的普及量只有 485 万台。

一、“互联网 +”下的广告思维

1. 创新广告策划模式

“互联网 +”环境推动了社会经济的发展，冲击了传统广告策划模式，因此需要创新广告策划模式。企业需结合线上、线下广告的市场需求，处理广告传播内容，把握不同群体的市场针对性，创新广告策划形式，整合广告策划与设计，实现营销执行与策划方案对接，分配资源。广告策划企业需清楚消费者接触广告将影响企业的市场销售与生产行为。因此，创新广告策划模式需结合互联网信息优势，理解、把握消费者心理，使消费者深入了解企业与产品。“互联网 +”环境下的新型广告策划模式，有助于广告活动转为含有公关手段与市场营销手段的整体系统性活动，以满足消费者的心理需求，解决实际问题。

2. 优化广告策划技巧

在“互联网 +”的背景下，广告策划若要实现创新发展，必须对广告策划技巧进行优化，并体现创新发展的策略。例如，我们可以通过优化广告主题策划技巧，提炼科学的广告主题，准确把握产品的宣传特性，采取独特的宣传方式，以降低创意雷同，提升广告的竞争力，进而增强宣传效果。

另外，优化广告诉求方法也是广告策划中至关重要的技巧之一。我们可以运用理性诉求方法，如证言广告诉求方式和知识广告诉求方式，也可以运用感性诉求方式，结合感性诉求的多种方式特点与产品特点，满足消费者的心理需求，刺激消费行为。

通过这些优化措施，我们可以更好地发挥广告策划的实效性，并促进广告策划的创新发展。

3. 加强广告策划传播

“互联网 +”的时代环境催生了网络广告，广告人需借助创新型思维审视网络广告与广告策划传播，优化广告策划对应传播的方式、内容与理念，提升网络广告策划水平，促进广告策划行业创新，顺应网络营销发展趋势。广告策划设计理念需全面整合传播理念，网络广告设计者需深入研究网民心理，重视广告受众的心理体验，以虚拟技术与思路创新等方式引导网民参与企业产品体验，达成消费共识，提高广告命中率。创新广告策划传播需全面分析消费者的生活区域、收入、年龄及爱好，结合特定网站与广告内容，促进网民在特定网站看到广告内容，产生购买欲望。优化广告策划传播方式需要丰富传播手段，结合广告受众与广告内容灵活运用墙纸、插页、按钮、横幅与旗帜等多种广告形式。加强广告策划传播设计需考虑广告播出的时间段与受众对象，摒弃传统 24 小时投放传播观念，以插播方式在不同时间段投放广告，实现投放科学性的同时最大限度地覆盖消费顾客。

4. 升级广告策划营销

在“互联网 +”环境下，广告策划需要不断变革和更新，并针对“互联网 +”环境特点和广告策划行业现实情况进行科学调整。相关企业可以借助“互联网 +”环境优势，实现广告投放的针对性，提升广告价值。广告策划行业可以升级广告营销模式设计，采取集中投放与分类投放的方式，提升针对性。同时，广告营销模式可以反映出广告对应消费人群的地位逐渐升高。广告策划公司需要深入研究与分析消费者群体，以消费者为核心，开展广告营销模式设计，制定合理科学的广告模式，并实现其较强的针对性，提升广告效果，促进广告策划行业的创新发展。另外，广告策划行业还需要抓住“互联网 +”环境下的网络优势特点，开发多种形式的网络广告营销模式，加强与消费者的交流互动，实现广告营销模式在消费者群体之间作用发挥的全面性，提升广告作用实效性，以广告营销模式的系统性推进广告策划行业创新发展。

5. 广告策划的数据化

广告策划行业在“互联网 +”环境下需要创新发展，数据化是技术支撑。利用大数据优势，广告策划人员可以降低主观误判，提升广告质量。例如，百洁公司与百度营销部门合作，收集产品适用年龄信息，针对 25 周岁人群推出新型玉兰油产品，实现了广告预期效果。数据化有利于准确把握消费人群需求，满足人群的产品要求，统一广告策划与消费者意见，提升消费者的广告舒适感，刺激购买欲，增强广告效果。广告策划创新发展需要结合特点发挥影响因素优势，准确把握创新要点，创新模式、优化技巧、加强升级传播与营销等，实现持续创新发展。

知识拓展

“互联网 +”是指在创新 2.0（信息时代、知识社会的创新形态）推动下由互联网发展的新业态，也是在知识社会创新 2.0 推动下由互联网形态演进、催生的经济社会发展新形态。

“互联网 +”简单地说就是“互联网 + 传统行业”，随着科学技术的发展，利用信息和互联网平台，使得互联网与传统行业进行融合，利用互联网具备的优势特点，创造新的发展机会。互联网 + 通过其自身的优势，对传统行业进行优化升级转型，使得传统行业能够适应当下的新发展，从而最终推动社会不断地向前发展。

“互联网 +”是互联网思维的进一步实践成果，推动经济形态不断地发生演变，从而带动社会经济实体的生命力，为改革、创新、发展提供广阔的网络平台。通俗地说，“互联网 +”就是“互联网 + 各个传统行业”，但这并不是简单的两者相加，而是利用信息通信技术以及互联网平台，让互联网与传统行业进行深度融合，创造新的发展生态。它代表一种新的社会形态，即充分发挥互联网在社会资源配置中的优化和集成作用，将互联网的创新成果深度融合于经济、社会各领域之中，提升全社会的创新力和生产力，形成更广泛的以互联网为基础设施和实现工具的经济发展新形态。

二、大数据思维

大数据环境下的广告策划有以下特点。

（1）指导性。广告策划的目的是通过周密地市场调查和详尽地系统分析，结合相关技术手段规划部署广告活动的进程，是对产业广告整体战略落实的统筹与规划，具有明确的指导性意义。在具体工作任务中，广告策划的指导性体现在市场调研、目标制定、内容创新、效果评估等诸多方面，是提升广告质量和吸引力的重要保障。

（2）科学性。科学性也是广告策划工作的本质特征，这一点集中体现在广告策划自身完整与合理的规律体系上。一方面，在过去若干年的发展与变革中，广告策划融入了营销学、传播学的相关知识理论，形成了一套完整的知识体系；另一方面，广告策划必须与行业市场接轨，与企业需求贴合，研究消费者群体的心理发展，因而具有一定的科学性。

（3）系统性。高水平的广告策划可以将广告各项工作任务有效统一，具有系统性、整体性特点。结合一些比较具有代表性的广告策划案例来看，通过广告策划，可以将产品生产投用与广告目的、思维、宣传方案等串联起来，保障各项工作有条不紊地推进。

（4）针对性。在大数据环境下，广告策划必须方向明确，针对性突出。也就是说，广告策划人员需要结合宣传企业要求，有针对性地对相关工作展开统筹规划，以确保达到理想的预期。值得注意的是，在广告策划工作中，一方面要避免盲目策划，另一方面则需要规避内容形式千篇一律的问题，否则很难在市场竞争中占据优势地位。

三、用户思维

1. 用户视角：设身处地为用户着想

产品打造讲究“同理心”，也就是需要学会换位思考，将自己切换到用户角度，去领会用户的情感、心理和物质上的深层需求。简单来说，用户视角就是“他想要”，而不是“你想给”。

用户视角下，企业的经营范围已经从有形实体慢慢扩展到无形的操作与服务层面，因此产品的打造也应该从产品终端延伸至整个产业链，从产品到服务，从包装到商业策略。转换为用户视角，最重要的一点就是要充分理解用户，准确洞察用户需求。要明确用户需求，就需要我们真正懂用户，至少要从以下三个维度对用户有一个全面的了解。

（1）用户在哪。要想准确探索用户需求，我们必须明确自己的用户群体，知道我们的用户群体是谁，主要集中在什么地方。

（2）用户喜好。需要了解用户的喜好。用户的喜好有一个完整的体系，比如他喜欢穿什么样的牛仔裤、什么样的T恤，喜欢听什么样的音乐和开什么样的车，这些相互间是有一定关系的。“用户喜好”和“用户在哪”必须产生交集，才能创造价值。

（3）用户数据。要知道有多少用户喜欢你的产品并会在场景中使用，很多时候数据比用户更懂用户，所以用户数据决定了最后会不会围绕痛点产生共鸣。

在知道用户在哪、了解用户喜好和掌握用户数据的基础上，才能锁定你的用户。

2. 用户场景：没有用户，场景就无从谈起

用户场景，简而言之就是用户在什么场景下使用你的产品、产生特定的需求，用公式表达就是：

场景 + 用户的故事 = 用户场景

要想做好产品，有一个必要条件，那就是：需要将产品放到具体的场景中去思考，场景中要包含时间、人物、地点、故事等信息。这样，你才能感同身受。厨房不是场景，人们在厨房中做晚餐才是场景；车不是场景，人们乘车出行旅游才是场景。我们不能脱离场景去寻找需求。

无论时代如何变化，用户如何改变，无论是“60后”“70后”还是“90后”，用户的终极诉求并没有发生本质变化，需求的本质没有发生变化，变化的只是用户的行为。而用户场景的流动性极大，企业必须建立起一个新的逻辑——学会挖掘和创造新的场景，具体可以参照以下五个步骤：

（1）细分市场需求。

（2）挖掘场景数据。

（3）强化场景体验。

（4）创造场景连接。

（5）强化场景价值。

3. 用户共创：让用户主导产品创造

在新消费浪潮来临的今天，产品创造是一个用户需求逆向回溯的过程。借助移动互联网等传播力量，人人都可以参与到产品的创造中来。在这个过程中，用户是消费者，也是创造者。真正的好产品一定不是企业独自打造的，而是和用户一起打造的，实现路径有以下五条。

（1）用户需求共创。用户共创可以贯穿整款产品的生命线，从产品研究、设计、测评、推广到销售，产品打造的每一个环节都可以由设计师和用户共同完成。

（2）用户产品共创。就是让用户直接参与到产品的设计中，在这个过程中，我们需要做的是协同产品部和设计部，挖掘用户需求和外观喜好，征集用户创意，验证产品设计方案。

（3）用户测评共创。用户评测共创，顾名思义，就是招募用户进行产品测评，帮助产品进行迭代，输出用户测评报告，为产品做口碑营销和背书。

（4）用户传播共创。通过用户众创，在产品众筹、营销阶段为产品定制个性化推广内容，间接培养首批用户。这一阶段的关键在于，要能够激发用户自主参与传播的欲望，具体可以借鉴以下两种方式：构建群体创造场景，激发用户参与欲望；用故事增加用户代入感。

（5）用户营销共创。就是指经过长期众创任务，利用用户自己生产的营销内容或品牌活动的互动内容为产品养成首批用户，从而提高销售转化率。

4. 用户服务：打动用户的不单单是产品，而是直抵内心的服务

服务即口碑，服务的口碑源于用户的反馈。互联网思维讲究口碑为王，信息泛滥时代，酒香也怕巷子深，而口碑无疑是取得用户信任的最佳手段。而服务，正是用户口碑的重要来源之一。在激烈的市场竞争中，企业要想脱颖而出，需要依靠产品和服务。而在产品同质化越来越严重的今天，利用差异化服务创造更多附加值，从而打造良好口碑，无疑是品牌和产品的最佳选择。

从用户服务角度提出了服务设计的三条路径：

（1）用户历程。对于一个企业来说，提供良好的用户服务需要主动出击，从用户的角度出发，将产品服务划分为不同的阶段，探索用户在这些阶段可能会遇到的问题，找到服务的方向。

（2）用户触点。在用户服务设计过程中，梳理用户接触点是一项非常必要且关键的工作。企业提供的产品、服务和用户之间可能存在很多触点，企业要找到其中的核心触点，通过核心触点来增强用户和产品之间的黏性。

（3）用户反馈。用户提出的关于产品的情况反馈值得任何企业加以重视。企业能够从用户反馈中清晰认识到自己的不足之处，从而实现产品和服务的自我提升，这是任何产品、服务走向成功的必经之路。

案例分析

大多数智能手机来电时，手机处于锁屏状态和未锁屏状态下，接听界面是有区别的，锁屏状态下选择接听的方式大多是滑动接听，而未锁屏状态下是点击选择接听或拒绝。这样设计的原因很简单，锁屏状态下，大多时候手机都没有在我们手上，常常会被放在包里或兜里，这时如果显示点击选择方式，误触率极高，而未锁屏时手机通常处于使用状态，误触率较低，这时点击选择的方式就比滑动更为方便、快捷。

在广告公司的协助下，“白加黑”确定了干脆简练的广告口号“治疗感冒，黑白分明”，所有的广告传播的核心信息是“白天服白片，不瞌睡；晚上服黑片，睡得香”。产品名称和广告信息都在清晰地传达产品概念。

四、产品思维

1. 什么是产品思维

产品是什么？产品是满足用户需求、解决用户问题的载体，是一系列功能的集合。

思维是什么？思维是思考问题的方式，不同的人因为经历和经验不同，思考问题的方式也不同。

所以，对“产品思维”的理解是：产品思维是一种解决问题的综合思维，是进一步把问题解决方案产品化的过程。

2. 如何培养产品思维能力

（1）问题空间工具：5W1H（什么，谁，为什么，在哪里，何时和如何），见表 3-1。5W1H（也叫六何分析法）是基本的分析方法，有助于了解问题的各个方面。W 没有特别顺序，但是H通常排在最后。例如，遇到问题时，可能会提出以下问题：问题是什么？谁参与其中？为什么存在这个问题？它发生在哪里？它什么时候开始的？这个问题怎么解决？可以根据问题的性质，尤其是通过 W 的层次结构，对问题进行解答。

表 3-1 5W1H

问题	现状如何	为什么	能否改善
对象（What）	做什么事情	为什么生产这种产品	是否可以生产别的
目的（Why）	什么目的	为什么是这种目的	有无别的目的
场所（Where）	在哪干	为什么在那干	是否可以在别处干
时间（When）	何时干	为什么在那时干	能否其他时候干
人员（Who）	谁来干	为什么是那人干	能否由其他人干
手段（How）	怎么干	为什么那么干	有无其他方法

这些问题的重点是何时以及如何使用它们。如果想分开或者扩展问题，可以在问题中更频繁地使用“为什么”和“什么”。如果想合并思考或缩小解决方案范围，则可以更频繁地使用“何时”“谁”“如何”“哪里”。

这里还需要注意到自己的偏见。如何消除或避免偏见，这是下一个方法非常重要的地方，同时使用这两个方法将很有意义。

（2）问题空间工具：Jobs To Be Done（JTBD）。JTBD 的基本理念是“当用户‘雇用’（使用）某个产品的时候，他们是为了完成某个特定的‘工作’（到达某种结果）”。使用这个产品所完成的一系列“工作”的集合即是产品所满足的用户需求。

这个想法很简单，当你尝试了解问题空间时，请从以下问题开始：“你的产品可以解决人们生活中出现的哪些需求？”JTBD 能帮助你发现人们为什么会使用一个产品，以及是什么导致了这些用户行为。所有的用户都会欺骗你，JTBD 的根据并不是用户调查，而是根据对用户行为的详细追查，不要问用户群他们想要做什么，当他们完成一件事情的时候追问他们，并且找出他们这样做的原因。

如果听取最佳消费者（涉及用户研究中用户分类）的回答，他们会把你带到一个错误的位置，他们想要更超前的功能 / 调整，却让你远离大部分用户群体的核心需求。

在 JTBD 的三个要素——功能、情感、社交性中，解决情感因素往往是最重要的。

通过保持激发用户的回答来获取用户行为的真正原因，不要把注意力集中在标签属性上面，尽量去明白这些属性会导致用户有什么样的行为。

我们有了可以更好地理解问题空间的工具，有助于发现系统中的机会或者问题。下面介绍解决方案空间的工具。

（3）解决方案空间工具：发挥创意，解决问题。当你要解决问题时，找到正确的起点有时可能会很难。牛顿有句名言，“如果说我看得比别人更远些，那是因为我站在巨人的肩膀上”。我们可以找到那些经过验证的模型和系统。

以下是六个通用的经过验证的模型，可以将它们用作解决方案的起点。

①转换：将解决方案从一个区域转移到另一个区域。

②最小化：减少现有解决方案。

③最大化：扩展现有解决方案。

④修改或重新排列：修改现有解决方案。

⑤替换：替换现有解决方案的一部分。

⑥合并：将几种现有解决方案合并为一个。注意：不要在首次发布的产品中使用此模型，它会破坏 MVP 和精益的思想理念，此模型适用于成长的后期阶段。

可以基于上面的模型创造各种方法，从而找到量身定制的解决方案。

五、口碑营销

1. 口碑营销的优势

口碑营销具有以下优势。

（1）宣传费用低。口碑营销是廉价的信息传播工具，只需智力支持，无需其他投入，可节省广告费用。口碑传播的力量巨大，好电影、好书的流行大多靠口碑。口碑营销如今仍显示着神奇的行销力量。

（2）可信任度高。当代社会，人们每天都会接触到各种广告和媒体。其中一些有用的信息可以为消费者创造价值，节省时间和精力，但一些垃圾信息会浪费时间和伤害消费者。因此，人们对媒体广告的信赖度逐渐下降。调查显示，市民在有需求时，往往先通过亲朋了解产品或公司的口碑，亲朋的建议对最终决策有很大的作用。口碑活动的目的是提高销售额、认知度或知名度。口碑传播的信息具有高可信度，比传统营销方式中的调查数据或采访信息更丰富和真实。口碑传播通常发生在亲近或密切的群体之间，可信度高。一个产品或服务只有形成较高的满意度，才会被广为传颂，形成一个良好的口碑。因此，口碑传播的信息对于受众来说，具有可信度高的特点。这是口碑传播的核心，也是企业开展口碑宣传活动的一个最佳理由。人们往往选择具有良好口碑的产品或服务，因为口碑传播的主体是中立的，几乎不存在利益关系，所以更增加了可信度。

（3）针对性准确。当一个产品或者一项服务形成了良好的口碑，就会被广为传播。口碑营销具有很强的针对性。它不像大多数公司的广告那样千篇一律，无视接受者的个体差异。口碑传播模式往往借助于社会公众之间一对一的传播方式，信息的传播者和被传播者之间一般有着某种联系。消费者都有自己的交际圈、生活圈，而且彼此之间有一定的了解。人们日常生活中的交流往往围绕彼此喜欢的话题进行，这种状态下信息的传播者就可以针对被传播者的具体情况，选择适当的传播内容和形式，形成良好的沟通效果。当某人向自己的同事或朋友介绍某件产品时，他绝不是有意推销该产品，他只是针对朋友们的一些问题提出自己的建议而已。比如，朋友给你推荐某个企业或公司的产品，那么一般情况下，会是你所感兴趣，甚至是你所需要的。因此，消费者自然会对口碑相传的方式予以更多的关注，因为大家都相信它比其他任何形式的传播推广手段更中肯、直接和全面。

（4）具有团体性。不同的消费群体有不同的话题和关注焦点，形成攻之不破的小阵营或目标市场。他们有相似的消费趋向和品牌偏好，只要影响其中几个人，信息就会快速传播。口碑传播不仅是营销行为，也反映社交需要，常发生在不经意间，如聚会或晚餐聊天。因此，口碑营销不仅是一种经济学营销手段，也有社会心理学基础，更容易被接受。

（5）可以提升企业形象。很难想象，一个口碑很差的企业会得到长期的发展。口碑传播不同于利用广告宣传，口碑是企业形象的象征，而广告宣传仅仅是企业的一种商业行为。口碑传播是人们对某个产品或服务有较高的满意度的一个表现，而夸张的广告宣传有可能会引起消费者的反感。拥有良好的口碑，往往会在无形中对企业的长期发展，以及企业产品销售、推广都有着很大的影响。当一个企业赢得了一种好的口碑之后，其知名度和美誉度往往就会非常高，这样企业就拥有了良好的企业形象。这种良好的企业形象一经形成就会成为企业的一笔巨大的无形资产，对于产品的销售与推广、新产品的推出都有着积极的促进作用。并且，口碑在某种程度上是可以由企业自己把握的。

（6）发掘潜在消费者的成功率高。专家发现，人们出于各种各样的原因，热衷于把自己的经历或体验转告他人，譬如刚去过的那家餐馆口味如何、新买手机的性能怎样等。如果经历或体验是积极的、正面的，他们就会热情主动地向别人推荐，帮助企业发掘潜在消费者。一项调查表明：一个满意的消费者会引发 8 笔潜在的买卖，其中至少有一笔可以成交；一个不满意的消费者足以影响 25 人的购买意愿。

由此“用户告诉用户”的口碑影响力可见一斑。以空调为例，在购买过程中，消费者较多地关注的是使用效果、售后服务、价格、品牌和用电量等因素。而潜在用户中对于产品的使用效果、售后服务、价格、品牌和用电量等因素的信息主要来自第一次购买的群体；第一次购买群体的口碑，是最值得潜在用户信赖的传播形式。

（7）可以影响消费者决策。在购买决策的过程中，口碑起着很重要的作用。比如，消费者身边的人对产品的态度会对消费者的购买产生直接影响。因此，将消费者的购买决策与口碑营销相联系，也许会让你发现平常看似不起眼的产品经由口碑营销发挥的作用而大大改善。

购买过程中，口碑的作用是什么？如果要用最简单的一句话来解释的话，就是“使得消费者决定采取和放弃购买决策的关键时刻”。为了能在购买决策过程中拉拢消费者，许多成功的品牌从来不敢轻视在消费者的口碑上下功夫。

（8）可以缔结品牌忠诚度。运用口碑营销策略，可以激励早期使用者向他人推荐产品，劝服他人购买产品。最后，随着满意顾客的增多会出现更多的“信息播种机”和“意见领袖”，企业赢得良好的口碑，拥有了消费者的品牌忠诚，长远利益自然也就能得到保证。

（9）更加具有亲和力。口碑营销从本质上说也是一种广告，但与传统的营销手段相比，却具有与众不同的亲和力和感染力。传统广告和销售人员宣传产品一般都是站在卖方的角度，为卖方利益服务的，所以人们往往对其真实性表示怀疑，只能引起消费者的注意和兴趣，促成真正购买行为的发生较难。而在口碑营销中，传播者是消费者，与卖方没有任何关系，独立于卖方之外，推荐产品也不会获得物质收益，因此，从消费者的角度看，相比广告宣传而言，口碑传播者传递的信息被认为是客观和独立的，被受传者所信任，从而使其跳过怀疑、观望、等待、试探的阶段，并进一步促成购买行为。

2. 口碑营销的劣势

口碑营销的劣势如下。

（1）个人的偏见。口碑营销是由个人发动的，口碑极易带有消费者个人的感情色彩。稍不注意，便会因个人好恶不同而染上强烈的个人感情，致使褒贬不当，成为偏见。因为消费者的个人情绪而不满，也许就会对某个产品或服务，造成偏见的传播行为，自然不会有良性的口碑。

（2）表述不明确。口碑传递的信息有时会因表述人表达中的言不达意、不准确，无意中夸大或缩小等因素，造成事实叙述不清楚或不确切，使旁人难以明辨事实真相。

（3）片面性观点。口碑传播的内容，也就是人们对于某类产品或服务所发表的意见，往往局限在自己的所见、所闻、所记等范围内。部分产品牵扯到的专业知识、价值等，人们不可能都全部了解。对于某一事物全过程及整体描述的口碑，其内容从微观上看是具体的、重要的，从宏观上考虑，不免多偏于局部，仅限于一人的见闻和认识。

（4）错误的言论。人们对某类产品或服务，在交流中有时会因为记忆上的差错，让其他人对企业的产品或服务造成错误的理解。造成对历史事物空间、时间、经过等重要事实表述上的差错，使事物的一些细节失真。有时，还有可能因为道听途说、以讹传讹致使口碑资料的内容完全错误，违背事实真相。而且听到错误言论信息的人也会根据自己的认知又进行二次负面传播。

基于以上劣势，企业只有在充分了解口碑营销优缺点的基础上对其进行运用才能收到较好的效果。作为一种替代性强的认知方式，口碑营销传播的针对性和传播深度方面明显优于媒体广告和任何一种营销活动，因此口碑营销仍然是非常值得运用的一种信息传播方式。

学有所思

根据你对数字广告思维的学习，请你列举三个不同广告所运用到的广告思维。

知识点二　数字广告策划的基本思路和流程

一、案例解析

作为2022北京冬奥会官方赞助商，安踏在冬奥会开始前数月，发布了一支以“共赴冰雪之约，见证国货力量”为主题的宣传TVC。该TVC将中国运动员的拼搏成长历程与安踏品牌的发展紧密相连，在展现中国冰雪运动发展的同时，凸显安踏的专业运动装备支持。

冬奥会开幕后，安踏签约多位中国知名运动员作为品牌代言人，如谷爱凌、武大靖等，推出以“冠军同款，成就非凡”为主题的系列广告，将代言人的冠军精神与安踏追求卓越品质的品牌理念深度绑定，如图3-4所示。赛事期间，安踏根据运动员的精彩瞬间和夺冠时刻，顺势发起#谷爱凌同款装备#、#武大靖的安踏战靴#等话题，结合安踏品牌名打造“安踏冠军装备矩阵”主题创意海报，将代言话题转化为更具参与度的社交互动。同时，在赛场周边打出“穿上安踏，踏上冠军之路”的标语，引发观众

图3-1　安踏比赛服装海报展示

和网友的强烈共鸣。

这一策略引发网友带话题自发创作 UGC 内容，为安踏带来了 5 亿的阅读量及 15 万的讨论量。安踏基于“专业、进取”的品牌精神与“长期助力体育事业发展”的策略，凭借 200+ 的社交互动量、98.5 的品牌口碑等数据登上秒针营销科学院 2022 冬奥会品牌数字资产排行榜前列，在借助体育资源和赛事的社交营销中成为冬奥会的亮眼见证者和陪伴者，充分展现了中国品牌的实力与担当，成为走向世界的“中国名片”。

知识拓展

2021 年，我国播出广播公益广告时长为 56.38 万小时，占播出广播广告节目时间的 39.31%；播出电视公益广告时长为 108.08 万小时，占播出电视广告节目时长的 47.82%。据测算，2021 年中国全年广播电视媒体投入的公益广告资源超过 600 亿元。

公益广告的数字化进程在加速，我国已经明显处于领先的位置，主要表现在三个方面：第一，我国互联网企业主导下的全民参与公益广告的格局已经显现出来；第二，技术创新使得我国公益广告突破了传统公益广告仅仅是告知的局限，能够直接带来行动的转化；第三，在公益广告的创意上，受众的互动共创可以不断促进多样化的内容生成，由单个主体变成大家一起来做广告。

二、数字广告策划流程

经过 100 多年传统广告的发展，广告业中的策划流程已变得非常规范和清晰。策划属于品牌的战略性思考，直接决定品牌的大方向。传统广告策划涉及产品策略、价格策略、渠道策略、推广策略、营销策略、品牌策略、市场策略、传播策略、互动策略、媒介策略……但是数字广告策划更为简单，主要以互联网环境为背景，以产品为核心，以用户为中心开展工作。

数字广告的策划流程分为以下几个步骤。

（1）了解品牌策略和产品定位：包括品牌解读、产品分析、消费者 / 用户分析、用户洞察，关键是对信息进行判断与选择。

（2）提炼创意概念：在策略和定位的基础上，选择一个最适合的创意方向，创造独特的观点或主张。

（3）扩展创意内容：结合媒体技术，发挥想象力，扩展文案内容并进行视觉设计。

（4）制订媒体传播计划：结合创意内容，选择适合的媒体技术来呈现引爆和传播，一般包括预热—引爆—造势—共创—热销五个步骤。造势和共创两个步骤通常一起进行。

学有所思

根据你对广告策划的基本思路和流程的学习，请试着猜测，安踏活动中每个流程的结果是怎么样的？

知识点三　品牌策略和产品定位

有了前面对互联网广告思维、大数据思维、产品思维、用户思维、口碑营销的了解，我们就可以直接找到切入点，寻找问题和解决问题，即我们通常所说的明确广告的目标，具体分为以下三步。

第一步，我们要进行市场调研，没有调研就没有发言权，通过调研对整个市场和品牌进行解读，了解市场环境、产品特点、用户喜好，对整个市场环境进行资料整理、归纳和输出，进而得出观点。

第二步，进行产品体验，通过产品试用、产品包装、终端陈列等环节实际体验、感知产品的市场效果，对产品优势、劣势进行分析，找到产品的差异化优势。

第三步，通过洞察用户喜好，找到用户的需求，结合产品卖点提出产品策划运营方案或者促销方案。

知识拓展

党中央、国务院高度重视品牌发展工作。2014 年 5 月 10 日，习近平总书记指示，要“推动中国制造向中国创造转变、中国速度向中国质量转变、中国产品向中国品牌转变”。李克强总理在 2015 年《政府工作报告》中强调要加强品牌建设。2016 年 6 月，国务院印发了《关于发挥品牌引领作用推动供需结构升级的意见》，提出设立“中国品牌日”，凝聚品牌发展社会共识，营造品牌发展良好氛围，搭建品牌发展交流平台，提高自主品牌影响力和认知度。2017 年 4 月 24 日，国务院正式批复国家发展改革委《关于设立“中国品牌日”的请示》，同意自 2017 年起，将每年 5 月 10 日设定为“中国品牌日”。

一、品牌解读

为了保障电子商务各方主体的合法权益，规范电子商务行为，维护市场秩序，促进电子商务持续健康发展，国家陆续出台了相关法律规范电子商务市场发展。

1. 品牌的概念

品牌不等于商标，更不等于Logo。所谓“品牌”就是给消费者一个相信或购买产品的理由。它包含了产品的品质，包括功能、性能（耐用性、稳定性、可靠性、安全性、便捷性）、视觉、口感、手感、服务等。

品牌与品质、产品卖点、文化之间关系密切，具体如下：

（1）品牌与品质的关系：品质是品牌的核心内涵。

（2）品牌与产品卖点的关系：产品卖点是品牌的体现。

（3）品牌与文化的关系：“品牌”是文化价值观理念中的重要组成部分（即品牌理念）；“文化”是塑造品牌的“灵魂”和“精神力量”及其价值的核心，也是品牌建设的“导航”。独特或优秀的文化是提升品牌影响力和竞争力的重要支撑和保障。所以，在树立品牌形象和影响力及地位时，必须先塑造良好的组织文化形象。

2. 品牌的作用价值

（1）提高产品（服务）的销量及其实现畅销的目的和市场占有率最大化。

（2）提高目标人群对产品（服务）的忠诚度。

（3）树立产品差异化优势，抵御竞争对手的攻击。

（4）通过满足消费者的精神需求，加快形成消费者对产品（服务）的偏好和提高购买率。

二、产品分析

在产品分析过程中，有八个重要的维度需要考虑和把握，它们分别是市场、用户、功能、性能、品质、成本、时间和风险。这八个维度相互关联，共同决定了一个产品的成功与否。下面将逐一介绍这八个维度的重要性和相关要点。

（1）市场维度。市场维度是指对产品市场需求和竞争环境的分析和把握。在开发产品之前，必须对目标市场进行深入调研，了解用户需求、竞争对手情况等。只有准确把握市场需求，才能开发出真正解决用户问题的产品。

（2）用户维度。用户维度是指对产品的目标用户群体和用户需求的分析。产品围绕用户需求进行设计和开发，必须深入了解用户的喜好、习惯、痛点等。通过用户研究和用户反馈，不断优化产品，提升用户体验，才能赢得用户的认可和忠诚度。

（3）功能维度。功能维度是指产品所具备的功能和特性。产品的功能应该满足用户的需求，并具备一定的创新性和差异化。在开发过程中，需明确产品的核心功能和辅助功能，避免功能过多或过少，确保产品的实用性和易用性。

（4）性能维度。性能维度是指产品在使用过程中的性能表现。产品的性能包括响应速度、稳定性、容错性等方面。在开发过程中，应进行性能测试和优化，确保产品在各种使用场景下都能够稳定运行，并快速响应用户操作。

（5）品质维度。品质维度是指产品的质量和可靠性。产品的品质直接影响用户体验和用户满意度。在开发过程中，要注重产品的测试和质量控制，确保产品符合用户期望，并能够长时间稳定运行，减少故障和问题的发生。

（6）成本维度。成本维度是指产品开发和生产的成本控制。在开发过程中，要合理分配资源，控制开发成本，确保产品的经济性和竞争力。同时，还要考虑产品的生命周期成本，包括运维成本、升级成本等。

（7）时间维度。时间维度是指产品的开发周期和上市时间。在市场竞争激烈的环境下，快速推出产品是至关重要的。在开发过程中，要合理安排时间，提高开发效率，确保产品能够及时上市，抢占市场先机。

（8）风险维度。风险维度是指产品开发过程中可能面临的各种风险和挑战。风险包括技术风险、市场风险、竞争风险等。在开发过程中，要进行风险评估和管理，制定应对策略，降低风险对产品开发和上市的影响。

三、用户 / 消费者分析

随着互联网时代的到来，在企业运营过程中，客户分析已经成为非常重要的一部分。客户分析，顾名思义，是指对客户进行细致入微的剖析、研究和评价，旨在满足客户需求、提高企业服务水平等。

（1）个体维度。个体维度是在客户分析中被重视的一个方面。它体现在企业从个人角度分析客户，包括消费者的个人特征、人口统计学特征、消费习性、购买偏好等方面。通过对客户个体维度的分析，企业可以了解其客户的喜好、消费能力、消费习惯等，从而制定个性化的营销策略，优化产品、服务和营销。例如，对于吃货来说，餐饮企业可以通过平台运营、点评等方式给予推荐和宣传，达到更好的拓客效果。

（2）情景维度。情境维度通常是指在客户分析中对客户与品牌接触、互动的场景和环境进行分析。这种方式下，企业肯定需要通过提供非常精准的个性化服务和内容，来增加用户留存率、提高客户忠诚度。例如，在旅游行业中，通过采用用户的搜索历史和相关的行为，为其推荐特色景点、精美酒店等内容。

（3）行为维度。行为维度是客户分析中非常重要的一部分。通常会对客户的购买行为、搜索记录、消费历史、时间和频率等进行分析。这种形式的分析可以帮助企业了解客户的兴趣爱好、消费行为习惯等信息。如在电商、零售领域，企业可以使用数据分析工具对消费者的购买文化、购买历史、购买金额等多方面信息进行分析，提高客户满意度，促进销售。

（4）价值维度。价值维度是指企业通过分析客户在消费中所贡献的价值，对客户分层分析的方式。这种方式下，客户被分为高价值、普通价值、低价值等不同层次，并提供针对性的服务，最终实现固定客户群、提升销售额、提高产品质量等。如银行行业中，通过在支付系统中联动信用评分、消费频次等多方面信息，便可以对客户进行不同等级用户的分类。

总之，客户分析是一种非常重要的数据分析方式，可以帮助企业更深层次地了解客户，提高服务水平和营销效果。除了上述四个维度外，还有普及度维度、服务维度等多个方向。通过综合分析、多角度客户分析，企业可以更好地了解用户的需求，为客户增长量打下基础。

四、互联网用户的洞察

洞察是将对产品和用户的观察分析转化为创意的过程。洞察一部分来自对产品的形状、特征、颜色、功能、优势、差异化等进行的分析，另外一部分来自对用户的生活需求、爱好，精神需求、态度认同等进行的分析。将两者结合寻找到用户内心的痛点，用语言表达用户内心的诉求，这就是洞察。创意（idea）的根源是洞察（insight）。没有洞察，创意注定无法打动客户或者用户。洞察需要对互联网生活进行思考和感知，洞察的能力来源于对品牌、人性、媒体、社会环境、广告手段的综合理解和把握。

1. 洞察的定义和方法

用户洞察就是根据产品的卖点说出用户需要说的话，并找到满足他们的方法。数字媒体下的洞察和传统广告不同。数字广告不正面针对产品诉说卖点，而是寻找产品的情怀和态度，通过关联性建立与用户沟通对话的内容，这就是所谓的内容生产。数字媒体信息通过移动端和 PC 端传播，用户通过各种载体获取信息，且接触的信息会更为独立和隐私，近距离的接触可以让品牌和用户进行走心的互动。所以说，数字媒体下进行用户的行为洞察更需要针对用户的痛点接地气地与其对话。

洞察要从人性开始，结合产品需求打开用户的心扉，产生有效的互动。马斯洛需求层次理论明确指出，人的需求是从最基本的生理需要开始，到自我实现的最终需要。从人性的内心需求来看用户对产品的需求，这就是我们洞察的思维方法。通过挖掘用户的工作、生活、家庭、朋友等故事，获取与用户对话沟通的内容，从而进行创意创作。在数字媒体中，爱与归属的需要已经成为人们最基本的需求，人们可以利用数字媒体去实现自我价值。

2. 用户网络行为洞察

用户每天都在数字渠道留下他们的行为数据，这些数据都反映了他们的内心需求。用户每天接触到大量不同的信息，并根据自己的知识、经验、个人需求来过滤这些信息，用户洞察提供了一条企业连接用户的途径，让用户对企业的信息感兴趣。

用户的网络行为反映着他们的生活习惯，他们通过社交媒体、聊天软件、直播等进行人际交流，通过搜索、内容定制、服务等获取各种信息，通过视频、音乐、游戏等进行娱乐，而论坛、投票、个人平台等是他们自我表达的窗口。

学有所思

根据你对品牌策略和产品定位的学习，谈一谈互联网时代下的数字广告和传统广告有哪些区别。

知识总结

数字广告的策划工作需要具备策略性思考，这是非常重要的。在开始策划之前，我们需要深入了解互联网媒体的大环境和互联网思维。互联网思维是一种以用户为中心的思维方式，强调用户体验和价值，注重数据分析和用户行为研究。

为了更好地理解互联网思维，我们需要进行大数据思维分析。大数据思维是指通过收集、处理和分析大量数据来发现规律和趋势，从而指导决策和行动。在数字广告领域，通过大数据思维分析，我们可以更好地了解用户需求和行为，为广告策略制定提供有力支持。

同时，我们还需要充分理解用户的网络行为思维方式以及互联网下的产品营销思维方式。用户的网络行为思维方式是指用户在使用互联网时的思考方式和行为习惯，这直接影响着广告的传播方式和效果。而互联网下的产品营销思维方式则是指如何将产品与互联网相结合，通过互联网平台进行营销和推广。

通过对互联网下的产品定位、用户群体洞察，我们可以提炼产品利益点及差异化卖点，明确我们的广告目标和广告策略。产品定位是指将产品与竞争对手区分开来，明确产品的特点和优势。用户群体洞察是指深入了解目标用户的需求和行为，为广告策略制定提供有力支持。差异化卖点是指将产品与竞争对手区分开来的独特之处，是吸引用户的重要因素。

综上所述，数字广告的策划工作需要具备策略性思考，深入了解互联网媒体大环境和互联网思维，进行大数据思维分析，充分理解用户的网络行为思维方式和互联网下的产品营销思维方式，提炼产品利益点及差异化卖点，明确广告目标和广告策略。只有这样，才能制定出更加精准、有效的数字广告策略，提高广告效果和品牌价值。

项目实训

本实训的目的在于使学生在学习理论的同时，通过实训对数字广告创意有一个全面直观的了解；使学生自觉地把所学理论知识融会贯通，用于具体操作中，增强其创意广告策划能力。

实训任务一　经典广告策划案例赏析

赏析我们身边常见的数字广告，并分析广告策划亮点与不足。

广告名称	广告亮点	广告不足

实训任务二　撰写广告策划书

5 ~ 8 人成立一个小组，小组分工合作完成、各司其职，对市面上现有产品进行广告策划撰写，并提交一份完整的广告策划书和幻灯片。广告策划书至少要包含以下内容：

（1）背景（公司简介或产品简介）；

（2）市场分析；

（3）广告目标；

（4）广告主题或者广告定位；

（5）广告创意；

（6）广告媒介选择；

（7）广告预算；

（8）广告效果评估。

项目总结

通过对本项目内容的学习，参考项目总结模板，对本项目学习情况进行总结。

项目总结模板

项目四
数字广告：从创意到执行

项目介绍

本项目旨在为学生提供数字媒体与数字广告从创意到执行的基础知识和全面理解，包括广告创意的概述、广告创意的方法、广告创意的流程。通过理论学习，学生将能够全面了解和掌握数字广告从创意到执行的相关理论知识。

在实践环节，我们将组织学生进行多方整合，包括创意＋营销整合、数字媒体＋创意技术整合、话题＋爆点整合、内容生产＋线上线下媒体整合、传统媒体＋创意技术整合、跨界整合等，从而让学生更清楚广告创意的思维产生和方式用法。

学习目标

1. 理解创意的基本概念。
2. 掌握创意的方法。
3. 掌握创意的流程。
4. 理解创意的技术。

知识结构

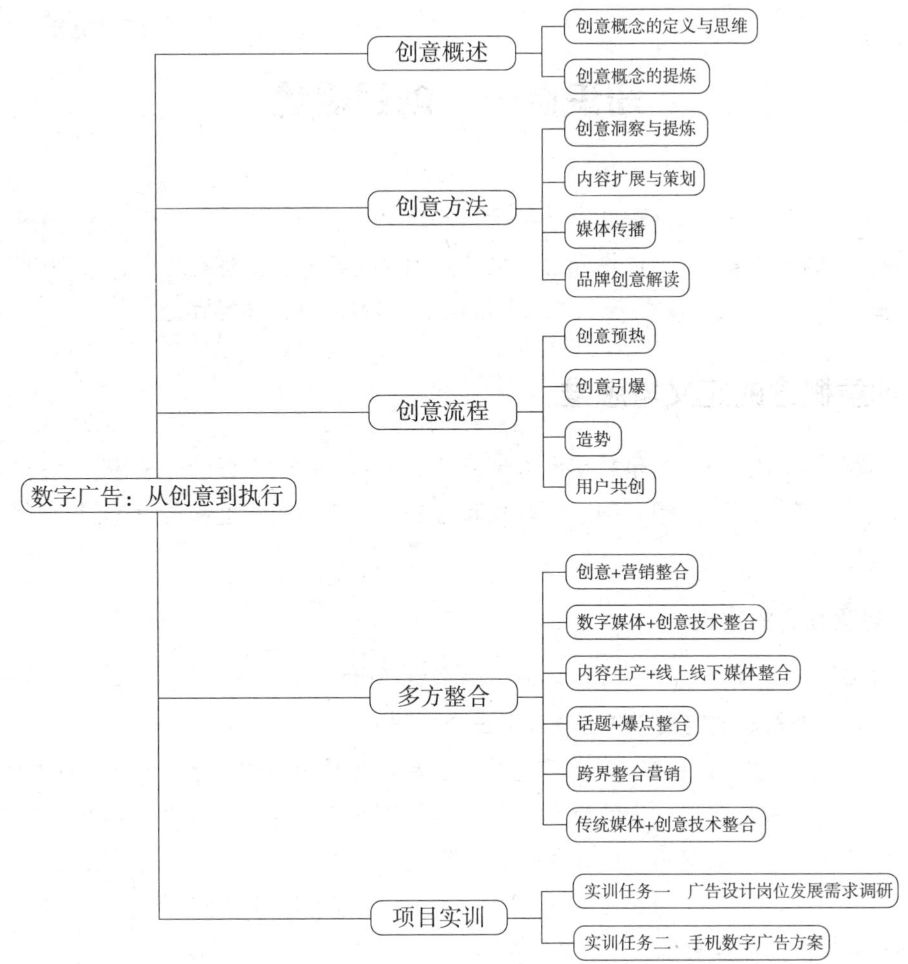

学习计划

<table>
<tr><td colspan="2">小节内容</td><td>创意概述</td><td>创意方法</td><td>创意流程</td><td>多方整合</td></tr>
<tr><td rowspan="2">课前预习</td><td>预习时间</td><td></td><td></td><td></td><td></td></tr>
<tr><td>预习自评</td><td colspan="4">难易程度 □易 □适中 □难
问题总结：</td></tr>
<tr><td rowspan="2">课后巩固</td><td>复习时间</td><td></td><td></td><td></td><td></td></tr>
<tr><td>复习自评</td><td colspan="4">难易程度 □易 □适中 □难
问题总结：</td></tr>
</table>

知识储备

知识点一　创意概述

数字广告创意的基本原理和方法包括创意定义与思维、概念的提炼。创意概念是对广告目标、主题和信息的创造性表达，是广告创意的核心。提炼是从广告策略中提取出最有价值、吸引力、说服力的创意点，形成简洁、明确、独特的创意主张。

一、创意概念的定义与思维

创意概念的定义与思维是数字广告创意的第一步，是创意概念的表述和呈现与创意概念的发展和完善。它运用各种思维方式和方法，从不同的角度和层面对创意概念进行拓展和深化。

1. 创意概念的定义

创意概念的定义是指用一句话或一个词语概括出创意概念的主旨，是创意概念的表述和呈现。创意概念的定义需要注意以下三个方面。

（1）简洁、明了、有力。创意概念的定义要能够用最少的文字或图像表达最多的信息，让受众一眼就能看出广告的重点，产生好奇和兴趣。创意概念的定义要避免模糊、冗长、复杂的表达，要清晰、明确、有力地传达广告的主旨。例如，宜家公司的广告创意概念“Home is where the heart is”（图 4-1），就很好地用一句话概括了其广告的主旨，宣传宜家的家居产品能够营造温馨的家庭氛围。

（2）具有感染力、吸引力、说服力。创意概念的定义要能够用有感染力的语言、有吸引力的图像、有说服力的证据，让受众对广告产生共鸣和反馈。创意概念的定义要能够触动受众的情感，激发受众的兴趣，引导受众的行为。例如，百事可乐公司的广告创意概念“Pepsi Generation”（图 4-2），就很好地用有感染力的语言（代表了一代人的生活态度和价值观）、有吸引力的图像（展示了年轻人的活力和风采）、有说服力的证据展示了百事可乐的品牌历史和影响力，让受众对广告产生共鸣和反馈。

（3）具有创造力、独特性、差异性。创意概念的定义要能够用新颖的角度、独特的风格、巧妙的手法，让广告与众不同，给受众带来新鲜感和惊喜。创意概念的定义要能够突破常规，给受众带来意想不到的效果。例如，奔驰公司的广告创意概念“The best or nothing”（图 4-3），就很好地用新颖的角度（用绝对化的语气表达了其对品质的追求）、独特的风格（用简洁的文字和图像展示了其产品的优势）、巧妙的手法（用反问的方式

挑战了受众的选择），让广告与众不同，给受众带来新鲜感和惊喜。

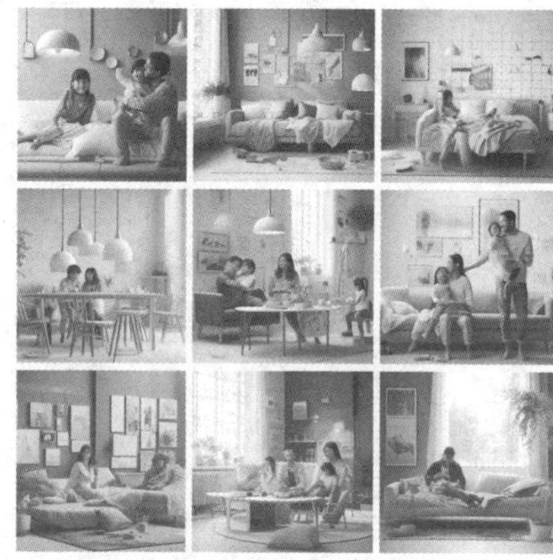

图 4-1　Home is where the heart is

图 4-2　Pepsi Generation

图 4-3　The best or nothing

2. 创意概念的思维

创意概念的思维是指运用各种思维方式和方法，从不同的角度和层面，对创意概念进行拓展和深化，使创意概念发展和完善。创意概念的思维需要运用以下四种技巧。

（1）逆向思维。逆向思维是指从反面或相反的角度出发，对创意概念进行颠覆和重构。逆向思维可以帮助我们打破思维定式，发现新的创意点，增加广告的冲击力和吸引力。例如，奥利奥饼干的广告创意概念“Milks favorite cookie”（图 4-4），就很好地运用了逆向思维，从牛奶的角度，而不是从饼干的角度出发，表达了奥利奥饼干的美味和受欢迎程度。

（2）类比思维。类比思维是指从相似或相关的事物中寻找灵感，对创意概念进行比喻和联想。类比思维可以帮助我们扩大思维范围，发现新的创意点，增加广告的趣味性和说服力。例如，可口可乐公司的广告创意概念“Open Happiness”（图 4-5），就很好地运用了类比思维，将开启可乐瓶盖的动作，比喻为开启幸福的感觉，表达了可乐的乐趣和价值。

图 4-4　Milks favorite cookie

图 4-5　Open Happiness

（3）融合思维。融合思维是指从不同的领域或范畴中汲取元素，对创意概念进行组合和整合。融合思维可以帮助我们跨越思维边界，发现新的创意点，增加广告的创新性和独特性。例如，宝马公司的广告创意概念“Joy is BMW”（图 4-6），就很好地运用了融合思维，将情感的元素，融合到汽车的产品中，表达了宝马的品牌理念和个性。

（4）发散思维。发散思维是指从多个维度或方向中探索可能性，对创意概念进行变化和延伸。发散思维可以帮助我们增加思维的多样性，发现新的创意点，增加广告的丰富性和延展性。例如，麦当劳公司的广告创意概念“Im lovin it”（图 4-7），就很好地运用了发散思维，将爱的情感延伸到不同的场景和对象中，表达了麦当劳对品牌和生活方式的态度。

图 4-6　Joy is BMW

图 4-7　Im lovin it

二、创意概念的提炼

创意概念的提炼是数字广告创意的第二步，也是最重要的一步。它是指从广告策略中提取出最有价值、最有吸引力、最有说服力的创意点，形成一个简洁、明确、独特的创意主张。创意概念的提炼是对广告目标、主题和信息的创造性表达，是广告创意的核心和灵魂。

创意概念的提炼需要遵循以下四个原则。

（1）契合原则。创意概念需要与广告目标、受众、产品和品牌相契合，符合广告策略的要求。创意概念要能够准确地传达广告的目的，满足受众的需求，体现产品的特点，塑造品牌的形象。例如，苹果公司的广告创意概念"Think Different"（图 4-8），就很好地契合了其广告目标（打造创新的品牌形象）、受众（追求个性和创造力的消费者）、产品（具有创新设计和功能的电子产品）和品牌（代表创新和颠覆的企业文化）。

（2）突出原则。创意概念需要突出广告的核心信息，抓住受众的注意力和兴趣。创意概念要能够用最少的文字或图像表达最多的信息，让受众一眼就能看出广告的重点，产生好奇和兴趣。例如，某公司的汉堡广告（图 4-9），很好地突出广告的核心，即汉堡比人物大，能填饱肚子。

图 4-8　Think Different

图 4-9　汉堡广告

（3）创新原则。创意概念需要体现广告的创新性、独特性和差异性，与竞争对手的广告形成区别。创意概念要能够用新颖的角度、独特的风格、巧妙的手法，让广告与众不同，给受众带来新鲜感和惊喜。例如，可口可乐公司的广告创意概念"The Coke Side of Life"（图 4-10），就很好地体现了其广告的创新性（用幽默的方式展示了可乐的乐趣）、独特性（用色彩缤纷的图案展示了可乐的多样性）、差异性（与其他饮料的广告形成了鲜明的对比）。

（4）适应原则。创意概念需要适应广告的传播媒介和形式，考虑广告的可执行性和可行性。创意概念要能够根据不同的数字媒体平台和渠道，调整和优化广告的内容和形式，使广告能够在不同的场景和环境中有效地传播。创意概念也要考虑广告的制作成本和时间，避免过于复杂或难以实现的创意。例如，迪奥公司的广告创意概念（图 4-11），考虑了其广告的可执行性，用浪漫的图像意境展示了品牌的产品特点。

图 4-10　The Coke Side of Life

图 4-11　迪奥广告

学有所思

根据你对创意概述的学习，谈一谈如何使用创意概念的思维。

知识点二　创意方法

一、创意洞察与提炼

洞察中提炼是指从广告策略中提取出最有价值、最有吸引力、最有说服力的创意点，形成一个简洁、明确、独特的创意主张。创意概念的提炼是对广告目标、主题和信息的创造性表达，是广告创意的核心和灵魂。洞察是对受众的需求、动机、行为、态度等的深入了解，它可以帮助我们找到创意的切入点和突破点。

提炼创意概念的方法有很多，例如 SWOT 分析、消费者旅程地图、问题树、洞察金字塔等。这些方法的共同特点是，都需要从不同的角度和层次对受众和品牌进行分析和归纳，找出最核心的问题和机会，形成最有力的创意点。这几种方法的简要介绍如下。

（1）SWOT 分析。SWOT 分析是指分析受众和品牌的优势（Strengths）、劣势（Weaknesses）、机会（Opportunities）和威胁（Threats），从而确定创意的目标和方向。SWOT 分析可以帮助我们发现品牌的竞争优势、受众的需求和痛点、市场的趋势和变化，以及竞争对手的策略和行为，如图 4-12 所示。

（2）消费者旅程地图。消费者旅程地图是指描述消费者在购买和使用产品或服务的过程中，经历的不同阶段和触点，以及产生的不同感受和行为。消费者旅程地图可以帮助我们了解消费者的心理和行为，发现消费者的需求和痛点，找出创意的机会和创新点，如图 4-13 所示。

图 4-12　SWOT 分析

图 4-13　消费者旅程地图

（3）问题树。问题树是指将一个复杂的问题分解为多个子问题，形成一个树状的结构，从而找出问题的根源和关键因素。问题树可以帮助我们厘清问题的逻辑和层次，发现问题的本质和难点，找出创意的焦点和解决方案，如图 4-14 所示。

（4）洞察金字塔。洞察金字塔是指将收集到的大量的数据和信息按照不同的层次进行筛选和归纳，形成一个金字塔的结构，从而提炼出最有价值的洞察。洞察金字塔可以帮助我们从数据和信息中发现规律和趋势，发现受众的需求和痛点，找出创意的切入点和突破点，如图 4-15 所示。

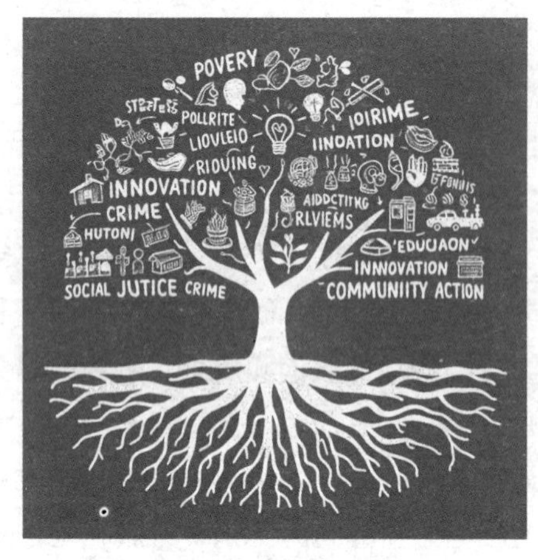

图 4-14　问题树

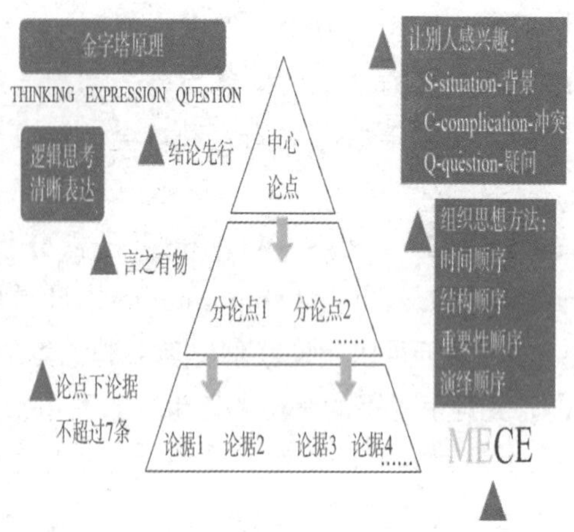

图 4-15　洞察金字塔

二、内容扩展与策划

创意内容扩展与架构策划是广告创意过程中的重要环节，它们分别涉及创意的形式和结构两个方面，它们相辅相成，共同构成了一个完整的广告创意方案。

创意内容扩展是指在创意概念的基础上，通过各种创意技巧和方法，将创意概念具体化、丰富化、多样化的过程。创意内容扩展的目的是增强创意的表现力和感染力，提高创意的创新性和有效性。创意内容扩展的方法有很多，例如反转法、拟人法、比喻法、夸张法等，这些方法都可以从不同的角度和维度对创意概念进行变换和拓展，使创意概念更加生动、有趣、有力。图 4-16 所示采用了拼贴式创意设计。

图 4-16　拼贴式创意海报

如果我们的创意概念是“让你的手机变成你的私人助理”，可以用以下几种方法进行创意内容扩展如图 4-17 所示。

（1）反转法。可以将手机和私人助理的角色对调，让私人助理变成手机的使用者，从而产生出一种反差和幽默的效果。

（2）拟人法。可以将手机赋予人的特征，让手机变得更加亲切、智能、有个性。

（3）比喻法。可以将手机和其他的事物进行类比，让手机变得更加形象、有意义、有启发。

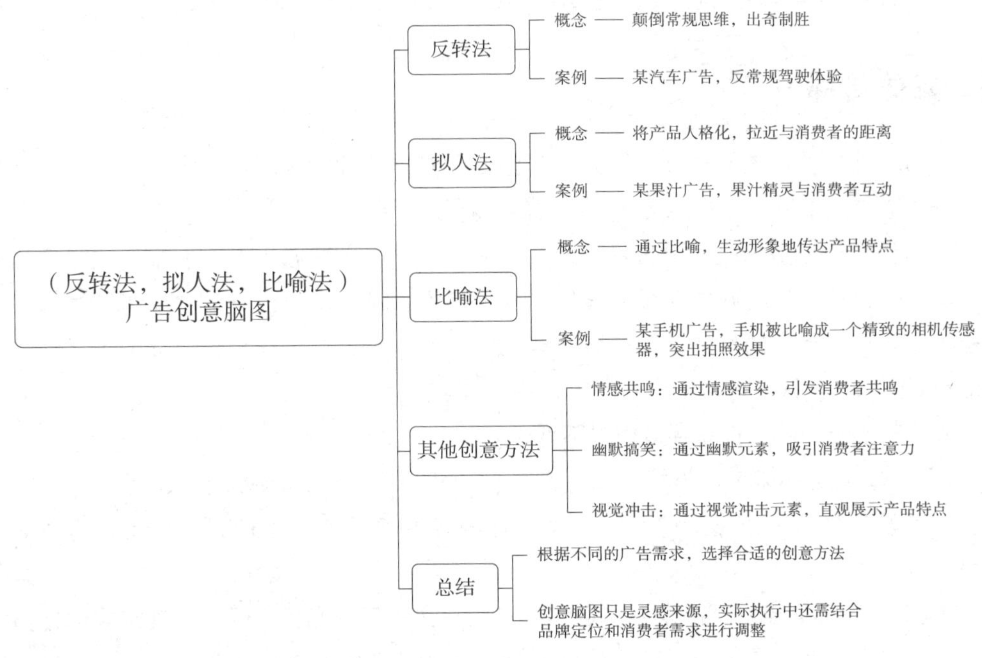

图 4-17　广告创意脑图

创意架构策划是指在创意内容扩展的基础上，通过对创意内容的整理、筛选、组合、排序，形成一个完整、有逻辑、有层次、有节奏的创意结构的过程。创意架构策划的目的是增强创意的连贯性和说服力，提高创意的可执行性和有效性。创意架构策划的方法有很多，例如问题－解决法、故事－结论法、比较－差异法、证据－论点法等，这些方法都可以从不同的角度和视角对创意内容进行组织和呈现，使创意内容更加清晰、有序、有力。

各方法的具体内涵如下。

（1）问题－解决法。先提出一个问题，然后给出一个解决方案，这种结构可以引起消费者的注意和兴趣，同时也可以传达出品牌的价值和优势。

（2）故事－结论法。先讲述一个故事，然后给出一个结论，这种结构可以引发消费者的情感共鸣，同时也可以传达出品牌的理念和态度。

（3）比较－差异法。先比较两个或多个事物，然后突出其中一个事物的差异，这种结构可以让消费者感到好奇和惊讶，同时也可以传达出品牌的特点和优势。

（4）证据－论点法。先给出一个或多个证据，然后得出一个论点，这种结构可以引起消费者的信任和认同，同时也可以传达出品牌的功能和效果。

创意内容扩展与架构策划是一个相互影响、相互促进的过程，创意内容的多样性和丰富性会影响创意结构的选择和安排，创意结构的清晰性和有序性会影响创意内容的表达和呈现。因此，我们在进行创意内容扩展与架构策划时，需要不断地进行试验和修改，直到找到一个最适合品牌和目标受众的创意方案。

三、媒体传播

媒体传播的内涵是媒体传播计划，它涉及创意的传播和执行两个方面，决定了创意能否有效地传达给目标受众，实现了广告的目标和效果。

媒体传播计划是指根据广告目标、目标受众、广告创意和预算等因素，选择合适的媒体类型、媒体载体、媒体时段、媒体频次等要素，制定出一个有效的媒体传播方案的过程。媒体传播计划的目的是使广告创意能够有效地传达给目标受众，提高了广告的覆盖率和影响力。

媒体传播计划的制订需要遵循以下两个步骤：

（1）分析媒体环境。分析媒体环境是指分析目标市场的媒体现状、媒体特点、媒体优势、媒体劣势、媒体趋势等，了解媒体的发展状况和变化趋势，为媒体选择提供依据。

（2）确定媒体目标。确定媒体目标是指根据广告目标和目标受众，确定媒体传播的目的、范围、效果和标准的过程。媒体目标是媒体传播计划的指导和依据，它决定了媒体传播的方向和要求。

四、品牌创意解读

品牌创意解读是指对品牌的定位、特性、价值、理念、形象等进行深入的分析和理解，从而找出品牌的核心优势和差异化特点，为创意概念发想提供方向和灵感的过程。品牌解读的目的是使创意概念能够符合品牌的属性和目标，提高创意的相关性和有效性。品牌解读的方法有很多，例如品牌金字塔法、品牌 DNA 法、品牌故事法等，这些方法都可以从不同的角度和维度对品牌进行解析和诠释，使品牌的内涵和外延更加清晰和鲜明。

（1）品牌金字塔法。品牌金字塔法是一种将品牌的属性、优势、价值、理念和个性分层次地呈现出来的方法，通过构建一个金字塔形的模型，从底层到顶层，逐步揭示品牌的内涵和外延。例如，我们可以设计一个品牌金字塔，从下到上依次如图 4-18 所示。

（2）品牌 DNA 法。品牌 DNA 法是一种将品牌的基因、特征、个性和精神等要素组合起来的方法，通过构建一个 DNA 双螺旋形的模型，从内部到外部，逐步展示品牌的特质和风格。例如，我们可以设计一个品牌 DNA，从内到外依次如图 4-19 所示。

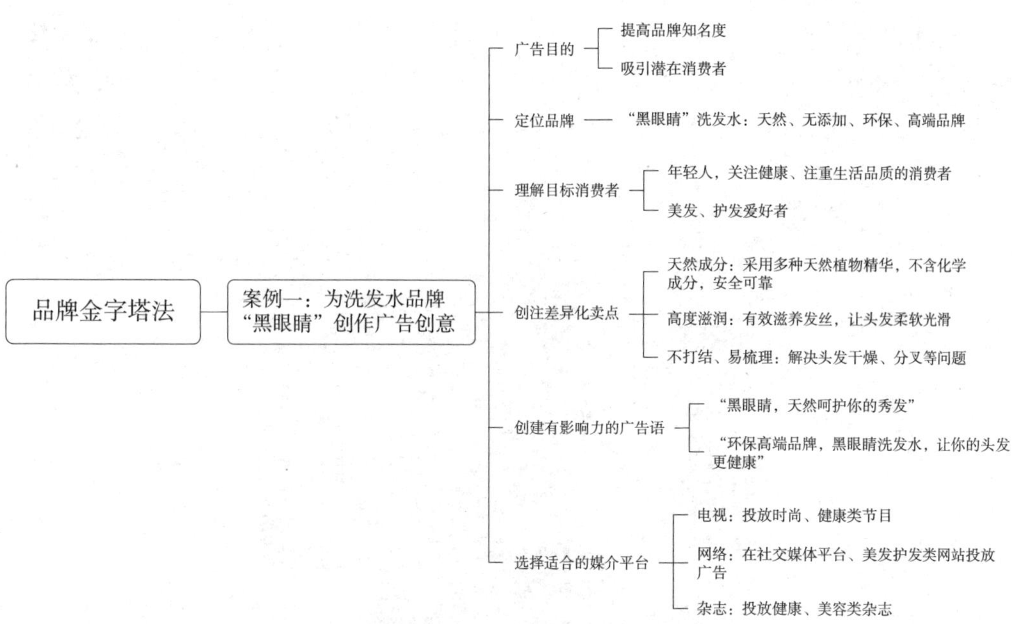

图 4-18　品牌金字塔法

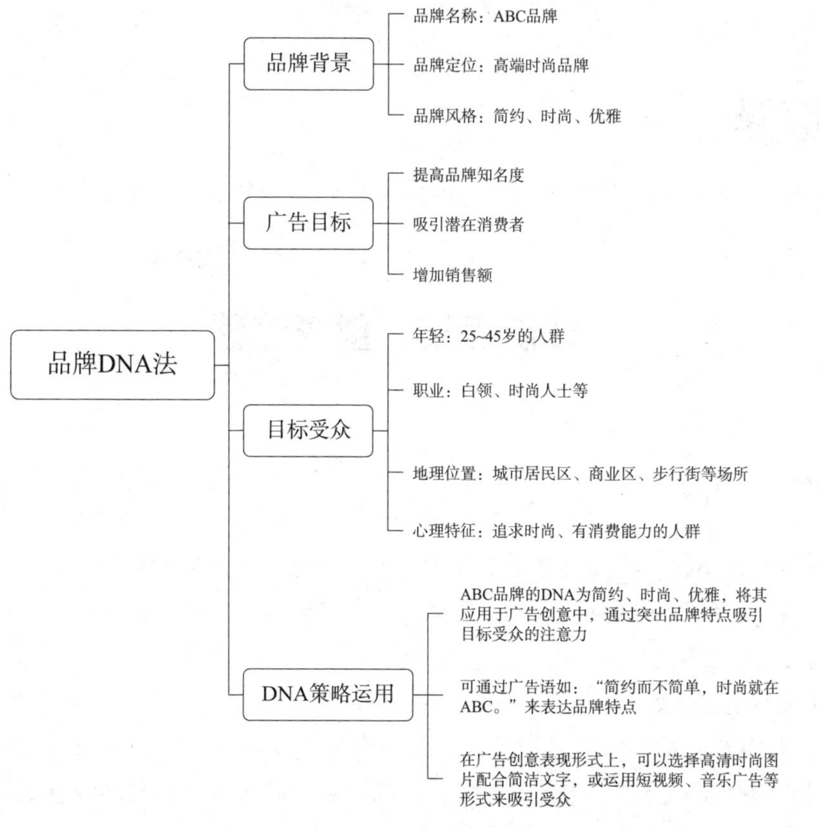

图 4-19　品牌 DNA 法

（3）品牌故事法。品牌故事法是一种将品牌的历史、文化、愿景、使命和情感等元素融入一个有情节、有冲突、有高潮的故事中的方法，通过讲述一个引人入胜的故事，从过去到未来，逐步传达品牌的魅力和意义。例如，图 4-20 中，通过酒瓶作为餐盘背景，左手拿着的笔像是在吃东西，右手的相机记录，完整地讲述了一个关于酒瓶品牌的故事。

图 4-20　品牌故事法

学有所思

根据你对创意方法的学习，谈一谈品牌金字塔法、品牌DNA法、品牌故事法之间的不同。

知识点三　创意流程

一、创意预热

创意预热是指在正式开始创意策划之前，通过一些方法来激发创意思维，提高创意效率和质量。创意预热的目的是打破思维惯性，拓展思维空间，激发思维火花，为后续的创意过程做好准备。

创意预热的方法如下。

（1）脑暴法：即在一定的时间内，围绕一个主题或问题，尽可能多地提出各种想法，不受任何限制和批评，以数量为主，不求质量。脑暴法可以帮助创意团队产生大量的原始素材，为后续的创意筛选和整合提供基础。例如，图 4-21 中，通过各种不同的造

型，遇到各种不同的问题，让学生在一定时间内完成头脑风暴训练。

图 4-21　脑暴法

（2）反向思维法：即从与正常逻辑相反的角度来思考问题，打破常规，寻找新的视角和切入点。反向思维法可以帮助创业团队突破思维定式，发现新的问题和解决方案，增加创意的新颖性和差异性。例如，图 4-22 中，通过不同物品表达不同的数字，训练创作者的反向思维创新。

图 4-22　反方思维法

二、创意引爆

创意引爆是指在创意策划的基础上，通过一些方法来提升创意的传播效果，增加创意的吸引力和影响力。创意引爆的目的是打造数字广告的爆款，让创意能够在数字媒体上获得更多的关注、传播和互动。

创意引爆的方法如下。

（1）利用热点事件：即结合时事热点，寻找与产品或品牌相关的切入点，制作与热点事件相呼应的创意内容，借助热点事件的传播力，提高创意的曝光度和话题度。例如，2022年北京冬奥会期间，以“冬奥会冠军的农产品”为主题，邀请了冬奥会金牌得主刘佳宇、张虹等为其代言，通过直播、视频、图文等多种形式，展示了冠军们的农产品，吸引了大量的冬奥会观众和农产品消费者的关注，如图4-23所示。

图 4-23　冬奥会冠军的农产品

（2）创造病毒式内容：即制作具有强烈的感染力和传播力的创意内容，引发用户的情感共鸣或好奇心，激发用户的传播欲望，形成病毒式的裂变传播。例如，2022年6月，东方甄选的主播通过英汉双语来介绍产品，其新奇的直播方式火速收获了大批网友的关注，沉寂了半年的东方甄选直播间真正出圈，7天涨粉千万，如图4-24所示。

（3）利用社交机制：即利用数字媒体平台的社交功能，如评论、点赞、转发、@等，搭建用户与创意内容、用户与用户之间的互动桥梁，增加创意的社交性和参与性，形成社交化的传播效果。例如，2021年中秋节前后，“羊了个羊”这款闯关消除类的休闲小游戏在微信上爆火，游戏的难度和趣味性引发了大量用户的挑战和分享，游戏相关的话题和视频在社交媒体上引发了热烈的讨论和互动，使得“羊了个羊”成为全民游戏的热潮，如图4-25所示。

图 4-24　东方甄选直播

图 4-25　羊了个羊

三、造势

在数字广告创意策划的过程中，除了要考虑线上的传播效果，也要考虑线下的营销效果，因为线上线下是相互影响、相互促进的，只有打通线上线下的互动，才能形成全方位的营销效果，让消费者在不同的场景中都能感受到品牌的魅力和价值。因此，线下造势是一个不可忽视的创意方法，它指的是利用线下的活动、场景、媒介等方式，来提升品牌的知名度、形象、口碑和忠诚度，从而增加线上的流量、转化和销售。

线下造势的方法如下。

（1）线下体验店：即在具有人流量和目标受众的地点（如商场、街道、广场等），设立一个临时或长期的体验店，让消费者可以亲身体验品牌的产品或服务，增加品牌的曝光度和好感度，同时引导消费者到线上购买或关注。例如，小米之家就是一个典型的线下体验店的案例，它通过在各个城市的核心商圈设立体验店，让消费者可以在店内体验小米的各种智能产品，如图 4–26 所示。

（2）线下快闪店：即在一个特定的时间和地点，利用一些创意的元素，如 IP、明星、主题、互动等，打造一个短暂的活动或展示，吸引消费者的注意和参与，创造话题和热度，同时引流到线上。例如，怡丽在“双十一”期间，与二次元 IP“美少女战士”合作，推出了定制的化妆品，如图 4–27 所示。

（3）线下活动：即在一个特定的场合，如节日、周年庆、新品发布等，举办一些有趣的活动，如游戏、抽奖、表演、赠送等，吸引消费者的兴趣和参与，增加品牌的亲和力和影响力，同时促进消费者到线上购买或关注。例如，兰蔻在 2018 年的“双十一”期间，开办了一个巨型的装置艺术空降巴黎，如图 4–28 所示。

图 4–26　小米之家

图 4–27　线下快闪店

图 4–28　线下活动

四、用户共创

用户共创是指让用户参与到品牌的创意策划、产品开发、内容生产等过程中，与品牌共同创造价值的一种创新模式。用户共创的本质是建立一种新的用户关系，让用户从被动的消费者变成主动的合作者，从而提高用户的满意度、忠诚度和传播力。

用户共创的好处有以下几点。

（1）用户共创可以帮助品牌更好地了解用户的需求、痛点、偏好和期待，从而提供更符合用户需求的产品或服务，增加用户的认同感和归属感。

（2）用户共创可以激发用户的创造力和想象力，让用户在创意过程中贡献自己的智慧和劳动，从而提高用户的参与度和满足感。

（3）用户共创可以增强用户与品牌、用户与用户之间的互动和沟通，形成一个有凝聚力和影响力的社群，从而提高用户的口碑和传播力。

学有所思

根据你对创意流程的学习，谈一谈现实生活中如何践行创意流程五部曲。

知识点四　多方整合

一、创意 + 营销整合

创意 + 营销整合的方式是指利用不同的传播手段和渠道，围绕一个核心概念或主题，进行协调一致的营销传播活动，从而提高品牌的知名度、美誉度和忠诚度，增加产品的销售量和市场份额。

创意 + 营销整合的方式有以下几种。

（1）跨媒体整合：即利用多种媒体形式（如电视、报纸、杂志、网络、户外、移动等）进行同步或异步的传播，扩大覆盖面和影响力，增强传播效果。例如，春纪 X 洽洽“瓜子脸面膜”跨界营销，就是通过海报、视频、H5、微博话题等多种媒体形式进行整合传播，如图 4-29 所示。

（2）跨平台整合：即利用多种平台资源（如电商、社交、直播、短视频等）进行互动或合作的传播，提高流量和转化，增强用户黏性和口碑。例如，喜茶就是通过天猫、微信、抖音、小红书等多种平台资源，进行用户共创、内容营销、社会化营销等整合传播。

图 4-29　爪子脸面膜

二、数字媒体 + 创意技术整合

数字媒体 + 创意技术整合是指利用数字媒体的特性和优势，结合创意技术的应用和创新，打造出具有高度互动性、沉浸感、体验感和感染力的数字广告创意作品的一种创意方法。

如“无限极 · 无限可能”是一款利用 AR 技术和 H5 技术，为无限极品牌打造的一款数字广告创意作品，它通过让用户在手机上扫描无限极的产品，就可以触发一个由产品元素组成的 AR 动画，展示无限极的品牌理念和产品特点，同时也可以让用户在 H5 页面上参与互动游戏，赢取奖品，从而提高了用户的参与度和体验度，如图 4-30 所示。

图 4-30　无限极 · 无限可能

三、内容生产 + 线上线下媒体整合

内容生产 + 线上线下媒体整合是指利用线上和线下的多种媒体形式和渠道，进行内容的生产、分发和消费的一种创意方法。

内容生产 + 线上线下媒体整合的好处有以下几点。

（1）可以提高内容的覆盖面和影响力，通过线上线下的互动和联动，扩大内容的传播范围和效果。

（2）可以增强内容的体验感和感染力，通过线上线下的多媒体和多维度的呈现，丰富内容的表现形式和内容层次。

（3）可以优化内容的生产效率和成本，通过线上线下的协同和共享，提高内容的生产速度和质量。

四、话题 + 爆点整合

在数字广告策划中，制造话题和引爆事件整合营销是一种有效的策略，能够吸引公众的关注并提高品牌知名度。这一知识点将介绍如何运用话题营销和事件营销，通过策划引人入胜的广告活动，达到预期的广告效果。

话题 + 爆点整合的方式分为以下几种。

1. 制造话题

（1）定义话题。确定一个与品牌相关的话题，这个话题可以是与产品相关的，也可以是与市场趋势或社会热点相关的。定义话题时，要确保话题具有吸引力和独特性，以吸引目标受众的关注。

（2）创造独特视角。为话题添加独特的视角和创意，使其具有吸引力。例如，可以采用幽默、情感丰富或引人入胜的故事情节等手法，让话题更具吸引力。

（3）制定传播策略。制定有效的传播策略，确保话题能够迅速传播出去。这包括选择合适的传播渠道、制定传播时间表、明确传播目标受众等。同时，要注意合理利用社交媒体等网络平台，扩大话题的影响力。

2. 引爆事件整合营销

（1）策划事件营销。策划与品牌相关的事件活动，如新品发布会、公益活动、特别促销等。在策划事件时，要确保事件具有吸引力、独特性和可行性，以吸引目标受众的参与。

（2）制订事件宣传计划。制订详细的事件宣传计划，包括宣传渠道、宣传内容、宣传时间等。要充分利用各种宣传渠道，如新闻媒体、社交媒体、广告投放等，确保事件能够得到充分宣传。

（3）引爆事件。通过精心策划和充分宣传，引爆事件并在短时间内迅速吸引公众的关注。这需要制定合理的引爆策略，如制造悬念、发布惊喜等，让事件在短时间内引起轰动效应。

（4）持续跟进与互动。在事件引爆后，要持续跟进并与受众进行互动。例如，可以通过社交媒体平台与受众进行交流、收集反馈意见等，以便及时调整策略并扩大事件影响力。此外，还可以根据实际情况开展后续活动或衍生品开发等举措，进一步延续事件的营销价值。

五、跨界整合营销

在当今的商业环境中，跨界整合营销已经成为一种常见的营销策略。这种策略通过将不同领域的产品、品牌或服务进行结合，以创造新的价值和吸引力，从而实现最大化营销效果。

跨界整合营销的优势如下。

（1）创新性。跨界整合营销突破了传统营销模式的思维局限，通过新颖的合作方式，为消费者带来全新的消费体验，满足其多样化的需求。

（2）互补性。跨界整合营销实现了不同领域的产品、品牌或服务的相互借力、相互融合，提高了资源的利用效率，实现了优势互补。

（3）共赢性。跨界整合营销不仅提高了参与者的品牌价值和市场竞争力，还为消费者带来了更多的选择和利益，实现了多方共赢。

六、传统媒体 + 创意技术整合

在数字广告策划与制作中，传统媒体与创意技术的结合是一种创新性的实践方式。这种结合不仅可以发挥传统媒体的优势，还可以利用创意技术提升广告的吸引力和效果。

传统媒体 + 创意技术整合的优势如下。

（1）扩大覆盖面。通过传统媒体与创意技术的结合，可以扩大广告的覆盖面，吸引更多的目标受众。

（2）提高互动性。创意技术可以增强广告的互动性，使消费者能够更积极地参与和体验广告内容。

（3）提升吸引力。创意技术的运用可以使广告更具创意和吸引力，从而提高广告的记忆率和传播效果。

（4）优化成本。传统媒体与创意技术的结合可以实现资源的优化配置，提高广告的制作效率和效果。

学有所思

根据你对多方整合的学习，谈一谈你会选择什么方式投放广告。

知识总结

本项目介绍了数字广告的创意与执行的基本原理、方法和案例，帮助学生掌握数字广告的创意与执行的核心技能。首先，介绍了创意概念的提炼原则和方法，强调创意概念是数字广告的灵魂，需要符合品牌定位和目标受众，突出产品卖点和差异化，具有创新性和感染力，简洁明了并易于传播。其次，探讨了创意内容扩展与架构策划的要点，包括选择适合的内容载体和形式，设计合理的内容结构和流程，运用有效的内容技巧和方法等。再次，介绍了选择合适的传播渠道和平台，制定传播策略和方案。最后，探讨了创意整合营销的方式，以数据为支撑等原则和方式。通过这些知识点的学习和应用，读者可以更好地掌握数字广告的创意与执行的核心技能。

项目实训

广告行业是一个富有创意和挑战的领域，对于学生来说，了解数字广告的创意与执行是非常必要的。本项目设计了两个数字广告的创意与执行的实训项目，通过这两个实训项目，学生可以学习如何根据不同的品牌和产品，选择不同的媒体渠道和平台，制作不同的广告素材，投放不同的广告形式，评估不同的广告效果，进行不同的广告优化，实现不同的广告目标。这些实训项目不仅可以提高学生的动手能力和实践能力，也可以拓宽学生的视野和思路，激发学生的创新意识和创造力。

实训任务一　广告设计岗位发展需求调研

任务描述

在实训任务一中，学生将深入研究广告设计行业的市场需求、技能要求、行业趋势、人才需求、新技术应用，以及社会责任感，最终提交一份全面的调研报告，并提出对岗位发展的建议，旨在为学生的职业规划和学习提供实际指导。

实操步骤

（1）市场调研：收集行业相关数据，包括市场需求、技术趋势、人才需求等。

（2）技能分析：确定广告设计岗位所需的关键技能和知识。

（3）行业洞察：分析竞争格局，识别行业领先企业和创新案例。

（4）人才调研：调查人才市场，了解求职者期望和企业需求。
（5）技术应用研究：探索新技术在广告设计中的应用。
（6）社会责任考量：研究广告设计如何承担社会责任，如公益广告的作用。
（7）实训报告撰写：整合调研信息，撰写报告并提出岗位发展建议。

广告设计岗位发展需求调研实训报告模板

1. 背景

项目名称：广告设计岗位发展需求调研
调研目的：

2. 调研方法

数据来源：市场调查、行业报告、人才招聘网站
调研对象：广告公司、设计工作室、招聘平台

3. 调研结果

3.1 人才需求
……
3.2 岗位发展趋势
……

4. 结论与建议

……

实训任务二　手机数字广告方案

任务描述

根据某品牌的新款手机的特色功能和优势，提炼出创意概念，设计出吸引目标受众的创意内容，包括图文、视频、H5 等形式，使用 Photoshop 等软件制作广告素材。选择合适的媒体渠道和平台，如 QQ、微信、腾讯视频、腾讯新闻等，制定合理的投放策略和方案，如投放时间、频次、位置、形式、内容等。监测和评估广告效果，如曝光量、点击量、转化率、ROI 等，进行优化和调整，提高广告的效率和效果。撰写一份完整的数字广告方案，包括创意概念、创意内容、媒体传播计划和创意整合营销方式，以及广告效果的分析和总结。

实操步骤

步骤 1：分析品牌和产品，确定创意概念。

了解品牌的定位、目标受众、竞争对手、市场环境等信息，明确广告的目标和预算。

分析产品的卖点和差异化，突出产品的功能和优势，如拍照、续航、性能、外观等。提炼出创意概念，即对品牌和产品的核心价值的独特表达，符合品牌定位和目标受众，具有创新性和感染力，简洁明了且易于传播。

运用洞察力，发现受众的需求、痛点、情感和洞见；运用联想力，寻找创意的灵感来源；运用逻辑力，构建创意的核心思想。

分析品牌和产品表						
手机品牌	产品	功能	优势	差异化	目标受众	竞争对手

步骤 2：设计创意内容，制作广告素材。

选择适合的内容载体和形式，如图文、视频、H5 等，设计合理的内容结构和流程，如标题、正文、结尾、互动等。

运用有效的内容技巧和方法，如故事、情感、幽默、惊喜等，让创意内容更有吸引力和影响力。

使用 Photoshop 等软件制作广告素材，注意图片的选择、处理、排版、配色、字体等，保证广告的美观和专业。

保存广告素材，注意格式、分辨率、颜色模式等符合媒体传播的技术要求，如图 4-32 所示。

步骤 3：制订媒体传播计划，进行广告投放。

确定传播目标和预算，如提高品牌知名度、增加流量、促进转化等，根据不同的目标选择不同的评估指标，如曝光量、点击量、转化率、ROI 等。

图 4-32　广告参考素材

选择合适的传播渠道和平台，如QQ、微信、腾讯视频、腾讯新闻等，根据不同的渠道和平台的特点和优势，选择不同的广告形式，如信息流、Banner、开屏、原生、视频等。

制定传播策略和方案，如投放时间、频次、位置、形式、内容等，根据不同的受众和场景，进行精准定位和个性化推送，提高广告的覆盖和质量。

广告投放需按照平台的操作流程和规则，上传广告素材，设置广告参数，启动广告投放，监测广告数据，进行优化和调整。

步骤4：评估广告效果，撰写广告方案。

评估广告效果，根据传播目标和评估指标，分析广告的效率和效果，如曝光量、点击量、转化率、ROI等，找出广告的优势和不足，提出改进和优化的建议。

撰写广告方案，包括创意概念、创意内容、媒体传播计划和创意整合营销方式，以及广告效果的分析和总结，注意方案的结构、逻辑、语言和格式，体现方案的专业性和创新性。

项目总结

通过对本项目内容的学习，参考项目总结模板，对本项目学习情况进行总结。

项目总结模板

项目五
电商设计基础

项目介绍

本项目主要讲述电商设计的基本要素。目前我们的生活已经和电子商务息息相关，而电商设计是促成电商交易的前期关键阶段。电商设计通过合理运用图形、颜色、排版等元素，将商品展现得更加吸引人；通过突出商品的特点和优势，引导用户产生购买欲望，提高商品的曝光度和销售量。优秀的电商设计能够通过页面布局的优化和商品信息的清晰呈现，提高用户对商品的转化率。合理的排版和布局，能够引导用户进行点击和购买行为，提高购物车转化率和订单完成率。

学习目标

1. 了解电商设计的基本概念和电商设计师的工作内容。
2. 了解电商设计主流平台和电商设计的发展趋势。
3. 通过电商设计项目流程学习提高自身职业素养。
4. 掌握电商设计简单的配色技巧。
5. 掌握电商设计简单的排版技巧。

知识结构

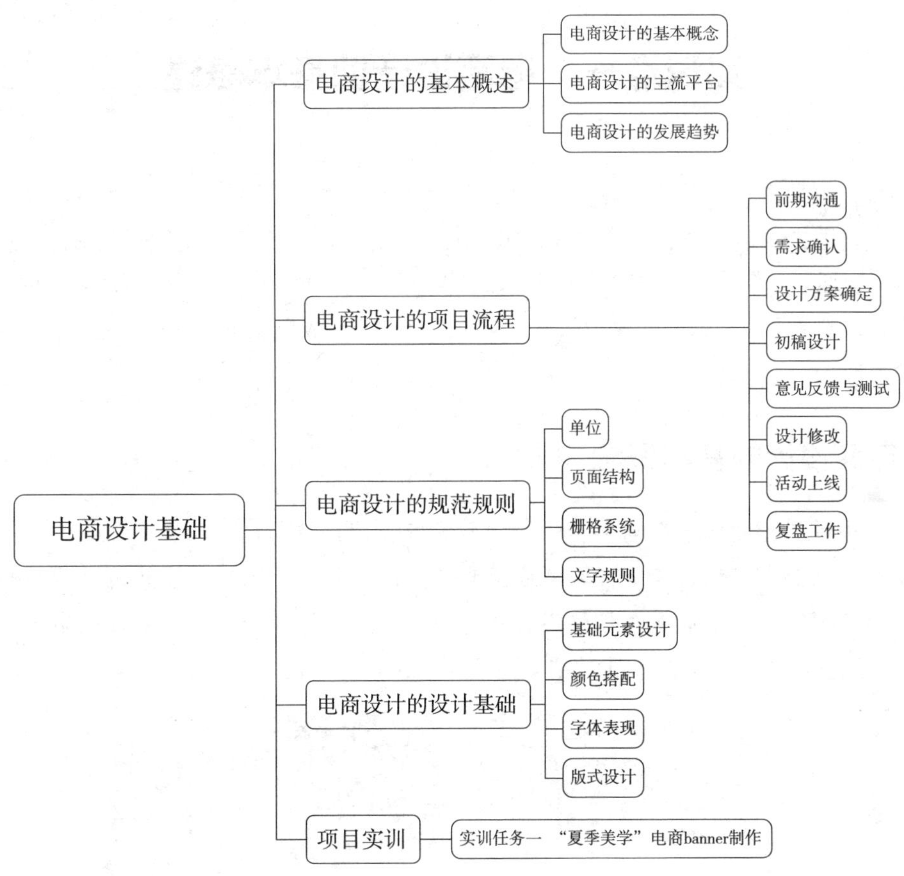

学习计划

小节内容		电商设计的基本概述	电商设计的项目流程	电商设计的规范规则	电商设计的设计基础
课前预习	预习时间				
	预习自评	难易程度　□易　□适中　□难 问题总结：			
课后巩固	复习时间				
	复习自评	难易程度　□易　□适中　□难 问题总结：			

知识储备

知识点一　电商设计的基本概述

随着信息技术和智能设备的不断迭代发展与衍变，电子商务得到了广泛的发展，逐渐成为人们日常生活、学习和工作中非常重要的一部分。围绕着电子商务的发展，依托网民数量的高速增长、智能手机的快速普及，以及互联网的持续渗透，我国已经成为全球最大的网购市场，产生了大量的电子商务从业企业，因此电子商务企业也成为我国经济发展中重要的推动力量。

一、电商设计的基本概念

电商设计是指对电子商务平台进行界面设计、用户体验设计以及商品页面设计等方面的优化，从而提升用户购物体验和商品转化率的过程。电商设计要求设计师熟悉用户心理和消费习惯，以及运用合理的设计手法吸引用户的注意力，以在众多竞争对手中脱颖而出，提高用户对商品的购买欲望。电商平台设计图如图 5-1 所示。

图 5-1　电商平台设计图

知识拓展

商品转化率指的是在店内产生购买行为的人数和所有到达店铺的人数之间的一个比例比率。计算方法为：转化率 =（在该店铺产生购买行为的人 / 所有到达店铺浏览的人数）×100%。

二、电商设计的主流平台

电商设计经过多年的发展，无论是视觉设计呈现还是购买流程都发生了翻天覆地的变化。其中出现了多个规模庞大、商品丰富、定位和针对人群不同的电商平台。目前国内主流的电商平台有淘宝、天猫、京东、拼多多、抖音等，如图 5-2 所示。新兴崛起的有抖音直播带货，因为使用抖音的人较多，现在大多数商品都会在抖音直播间售卖。

图 5-2　电商平台展示图

1. 淘宝

淘宝网是亚太地区较大的网络零售商圈，由阿里巴巴集团在 2003 年 5 月创立。淘宝网是中国深受欢迎的网购零售平台，拥有近 5 亿的注册用户数，每天有超过 6 000 万的固定访客。随着淘宝网规模的扩大和用户数量的增加，淘宝也从单一的 C2C 网络集市变成了包括 C2C、团购、分销、拍卖等多种电子商务模式在内的综合性零售商圈，目前已经成为世界范围的电子商务交易平台。

2. 京东

京东是我国的综合网络零售商，是我国电子商务领域受消费者欢迎和具有影响力的电子商务网站之一，在线销售家电、数码通信、电脑、家居百货、服装服饰、母婴、图书、食品、在线旅游等 12 大类数万个品牌百万种优质商品。京东在 2012 年的中国自营 B2C 市场占据 49% 的份额，凭借全供应链继续扩大在中国电子商务市场的优势。2012 年 8 月 14 日，京东与苏宁开打“史上最惨烈价格战”。2013 年 3 月 30 日 19 点整正式切换了域名，并且更换新的 Logo。截至 2024 年 12 月，京东已经建立北京、上海、广州、深圳、成都、武汉、沈阳、西安八大物流中心，同时在全国超过 360 座城市建立了核心城市配送站。

3. 拼多多

拼多多，是国内移动互联网的主流电子商务应用产品，是专注于 C2M 拼团购物的第三方社交电商平台，成立于 2015 年 9 月，用户通过发起和朋友、家人、邻居等的拼团，可以以更低的价格，拼团购买优质商品。拼多多旨在凝聚更多人的力量，用更低的价格买到更好的东西，体会更多的实惠和乐趣。通过沟通分享形成的社交理念，形成了拼多多独特的新社交电商思维。

4. 抖音商城

抖音电商致力于成为用户发现并获得优价好物的首选平台。众多抖音创作者通过短视频 / 直播等丰富的内容形式，给用户提供更个性化、更生动、更高效的消费体验。同时，抖音电商积极引入优质合作伙伴，为商家变现提供多元的选择。2022 年，抖音电商直播日均观看量超 29 亿次，电商意图日均搜索超 4 亿次，平台全年售出商品超 300 亿件。2023 年 5 月 16 日，抖音电商第三届生态大会于广州举行。近一年平台 GMV 增幅超 80%。其中，商城 GMV 同比增长 277%，电商搜索 GMV 同比增长 159%，货架场景 GMV 在平台 GMV 占比超 30%。

课堂讨论

2023 年 9 月 5 日在 2023 年服贸会期间发布的《数字贸易发展与合作报告 2023》（以下简称《报告》）显示，2022 年中国、美国的 B2C 电子商务交易额处于领先地位，在全球中的占比分别达到 37.2% 和 24.4%，中国位居世界第一。《报告》由国务院发展研究中心对外经济研究部和中国信息通信研究院联合推出。

想一想：为什么中国能够超越美国成为全球最大的电子商务市场？

三、电商设计的发展趋势

电商设计主要趋向于扁平化、立体化和插画风这三种风格，这三种风格在视觉表达上都各有优势。

1. 扁平化

扁平化设计是去除冗余、厚重和繁杂的装饰效果。具体表现在去掉了多余的透视、纹理、渐变以及能做出 3D 效果的元素，这样可以让“信息”本身重新作为核心被凸显出来。同时在设计元素上，则强调了抽象、极简和符号化。以扁平化为主的电商设计主要通过字体、图形和色彩等不同元素的运用，体现清晰的视觉层次感，使页面的主体信息更加突出，如图 5-3 所示。

2. 立体化

以立体化为主的电商设计主要通过 Cinema 4D 与 Octane Render 进行建模和渲染，进而呈现出别具一格的画面效果，使页面更具空间感和层次感，效果更加酷炫，如图 5-4 所示。

图 5-3　扁平化设计图

3. 插画风

插画是运用图案表现的形象，本着审美与实用相统一的原则，尽量使线条、形态清晰明快，制作方便。插图是世界都能通用的语言，其设计在商业应用上通常分为人物、动物、商品形象。以插画风为主的电商设计页面通过运用手绘笔绘制出各种富有个性化的形象，使页面丰富有趣，如图 5-5 所示。

图 5-4　立体化设计图

图 5-5　插画风设计图

学有所思

根据你对电商设计的基本概述的学习，请你根据三个不同风格分别找三个自己喜欢的电商设计海报，说出自己喜欢的理由。

知识点二　电商设计的项目流程

电商设计的项目流程可以细分为 8 个步骤，如图 5-6 所示。

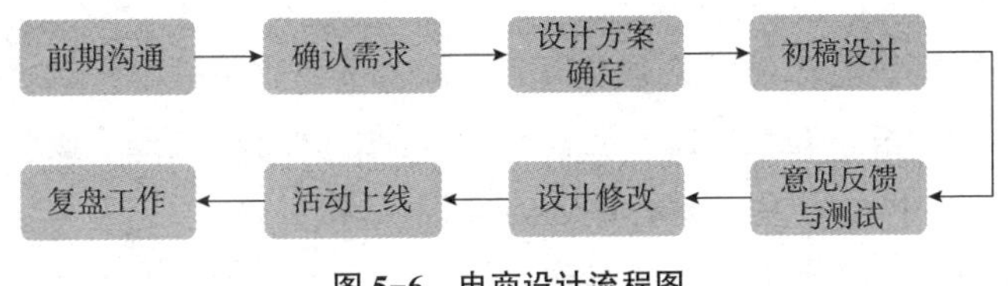

图 5-6　电商设计流程图

一、前期沟通

在前期沟通环节需要了解需求是什么，通常运营会提前通知将要准备关于什么活动的设计需求，如“双十一”活动、“618”等。作为设计师可以主动组织团队会议，初步讨论活动设计需求，确定活动设计风格、时间节点、设计内容。通常运营传达的设计需求信息是比较模糊的，比如“双十一”活动的设计需求，运营可能只会告诉你需要设计“双十一”活动页，但实际一个活动所需设计物料不止一个活动页，还需要主图、推广图、直通车、关联页、店招、弹窗等。

知识拓展

设计需求就是客户需要做出什么样的页面、什么样的结构，体现什么主题，归根到底就是怎么样才能让客户的产品和公司吸引更多人的眼球，提升转化率。

设计之所以做设计需求，是为了帮我们有目的性地更高效地进行设计。避免盲目设计出来的东西跟客户真正需要的南辕北辙，导致重复修改，费力不讨好。同时为自己的设计提供依据，当最后进行反馈、解读设计的时候能够有的放矢，而不会简简单单一句“我觉得这样很好看”，这对客户没有说服力。

二、需求确认

大概了解活动需求后，一定要要求活动对接人发出一份正式的需求表。这个设计需求表需要包括这次活动设计的所有相关设计需求，如活动设计清单、设计框架、文案、价格、利益点、画面风格、尺寸、大小等。根据设计需求表梳理其中困惑的问题，可以重新与对接者沟通梳理并确认，保证已清晰理解所有设计需求、需求表没有遗漏项目等。一般需求表有三种形式：聊天记录、表格式、框架式。日常小需求运营多为方便快速的聊天记录式、表格式；大促活动的首页、关联页需求多是清晰明了的框架式。

三、设计方案确定

设计方案确定分为以下几步：

（1）根据品牌调性、产品品类、确定的设计风格等收集参考获取灵感；

（2）整理设计参考，确定创意方向，一般大促活动可提供三个设计方案备选；

（3）绘制设计草稿、配色方案，阐述方案设计理念；

（4）组织团队会议进行方案选择与确定；

（5）根据运营、策划对方案提出问题和建议，对方案进行修改调整，最终确认方案。

四、初稿设计

初稿设计时可以根据需求表划模块展开设计。如天猫 App 端首页设计架构可以参考需求表中的设计框架，一般设计框架分 KV 部分、机制部分、货架部分、轮播、品牌介绍、店招、弹窗等。除了首页设计外还有主图设计、推广图设计、海报设计、关联页设计等。

五、意见反馈与测试

初稿完成后，需核对设计画面数量、尺寸、文案，检查每个画面的细节、构图、排版等是否有问题。自查没有问题后就可以把设计稿打包发给运营。 运营收到设计稿后将会进行上线测试，测试设计初稿是否有问题，若有则把问题反馈给设计师。

六、设计修改

根据运营上线测试反馈的修改意见对初稿进行调整与修正。

七、活动上线

在所有准备工作完成后，活动节点时就可以正式上线了。

八、复盘工作

活动上线后设计师应该主动跟进上线情况，掌握销售数据，在活动结束后对这次活动的相关设计进行复盘，找出问题，避免下次活动再次出现。

学有所思

根据你对电商设计的项目流程的学习，完成国货品牌——花西子电商主图设计流程分析。

知识点三　电商设计的规范规则

为了保障电子商务各方主体的合法权益，规范电子商务行为，维护市场秩序，促进电子商务持续健康发展，国家陆续出台了相关法律规范电子商务市场的发展。学习掌握电商设计的基本规范是从事电商设计工作的重要前提，遵循电商设计的规范可以保证电商设计的可行性和可用性。本知识点分别从单位、页面结构、栅格系统和文字规则这几个方面进行介绍，为后续设计工作奠定良好的基础。

一、单位

在电商设计中，设计单位的选择直接影响页面显示效果、用户体验和开发适配。掌握这些单位概念，能更精准地控制电商页面的视觉效果，平衡美观性、功能性和性能优化。

1. 英寸

英寸（inch）是英制的长度单位，电子产品的显示屏的大小通常是以对角线的长度来衡量的，以“英寸”为单位。计算电子产品的屏幕有多少英寸的方法是：量出屏幕的对角线有多少厘米，然后用对角线的厘米的数量除以 2.54（1 英寸≈2.54 厘米），就可以知道屏幕有多少英寸了。

2. 像素

像素是指组成图像的小方格，这些小方格都有一个明确的位置和被分配的色彩数值，小方格颜色和位置就决定该图像所呈现出来的样子。在电商设计中，像素用于表示页面的尺寸。页面尺寸设置如图 5-7 所示。

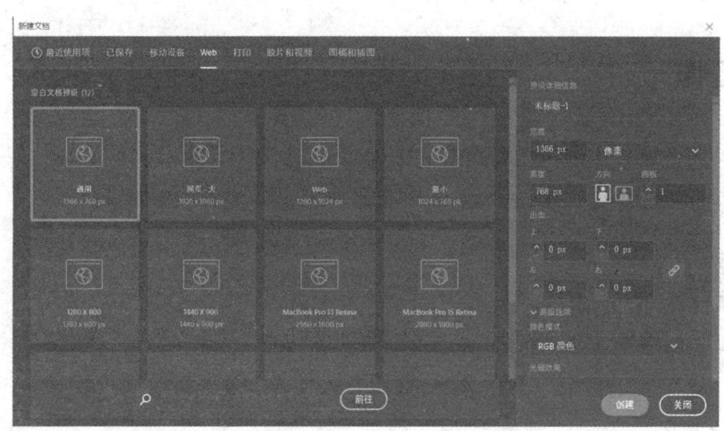

图 5-7　页面尺寸设置

3. 分辨率

分辨率是屏幕中像素的数量，通常情况下，图像的分辨率越高，所包含的像素就越多，图像就越清晰，印刷的质量也就越好，如图 5-8 所示。同时，它也会增加文件占用的存储空间。

高分辨率

低分辨率

图 5-8　分辨率对比图

二、页面结构

对于设计页面，通常用图文的方式按照一定规则来排列，让设计页面看起来舒适、用户体验度高，用户能快速直观获取需要的信息。

1. 店铺首页页面结构

店铺首页通常由店招导航、标志、活动 banner、优惠券、分类导航、服务（客服）、商品展示、收藏和底部信息等组成。在移动端中，店铺首页除了尺寸有变化，页面结构与 PC 端是一致的。PC 和移动端的店铺首页结构展示如图 5-9 所示。以上功能模块是出现在大部分电商店铺中的，但并不是每一个模块都要出现在首页上，也没有绝对的表现顺序。我们在设计首页时，需要根据产品类目、产品列表、企业战略以及营销策略的不同，对这些功能模块进行重新排列组合，同时要根据浏览数据对页面布局做出动态调整，以期达到最优化的首页布局。

图 5-9　店铺首页展示图

2. 商品详情页页面结构

一个完整的详情页构成往往有几个部分：产品海报、产品参数、细节展示、产品优势、配件物流。通过图文结合的形式将产品全方位地展现出来，以提高消费者的购买欲望。移动端和 PC 端口基本构成是一致的，但尺寸会不一样，页面使用响应式页面设计，商家就会比较方便，具体详情页展示图如图 5-10 所示。

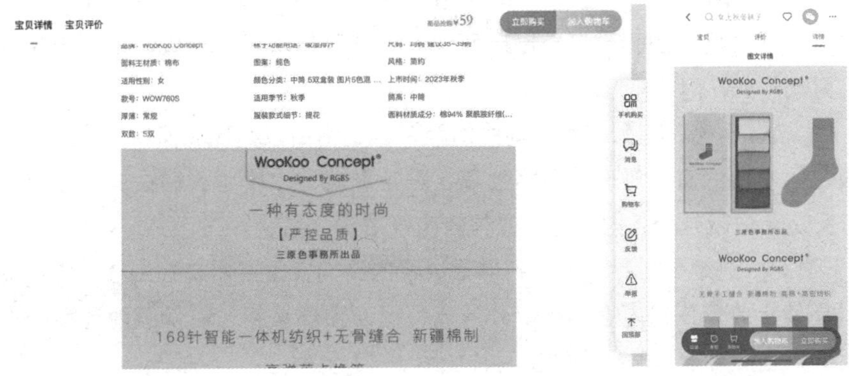

图 5-10　店铺详情页展示图

三、栅格系统

栅格系统是指以规则的网格阵列来指导和规范页面中的版面布局以及信息分布，如图 5-11 所示。网页中的栅格系统是从平面栅格系统中发展而来的。对于电商设计来说，栅格系统的使用，不仅可以让页面的信息呈现更加美观易读，更具可用性，而且对于前端开发来说，页面的书写将更加的灵活与规范。

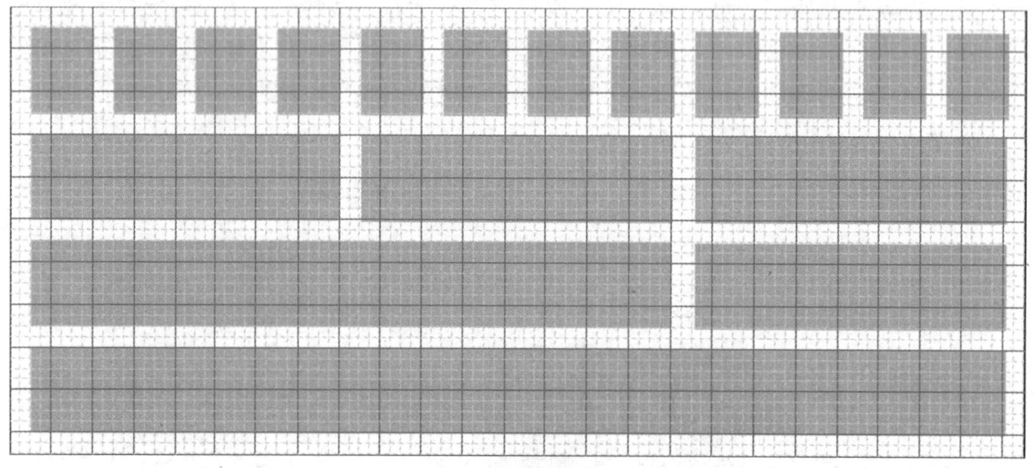

图 5-11　栅格系统图

1. 栅格系统的组成

（1）网格。网格是由基本单位单元格构成的，也被称为最小单元格。而栅格则是由一系列规律的网格组成，通常情况下，我们会使用 8 作为栅格中的最小单位，以此进行增量。用 8 为基础倍数的原因如下：首先作为偶数，程序进行单位换算后可被整除，避免像素出现小数点；其次，8 为增量单位既不会显得琐碎，也不会让内容过于分散，当界面中所有元素都以 8 为倍数时，其元素大小、间距都有规可循，如图 5-12 所示。

（2）列。列指的是栅格数量，如 12 栅格有 12 个列，24 栅格就是 24 个列，主要用来对齐内容。通过栅格的列数来控制版面的呼吸感及节奏感，列数越多，内容排版越精细，反之列数越少，内容排版就越疏松。

（3）水槽。水槽是指列与列之间的间距，通过留白以实现界面中的信息元素分割及版式呼吸感。水槽的宽度对设计风格会存在一定影响，水槽越大留白就越多，其呼吸感就越好，反之留白就越少，内容也会变得较为紧凑。

（4）边距。边距是指界面内容到屏幕边缘的距离，主要用来控制核心内容的展示边界，所以是禁止放置任何内容的（部分浮窗、返回顶部按钮、右侧吸附边栏除外）。边距值的大小会直接影响到栅格区域空间，如图 5-13 所示。

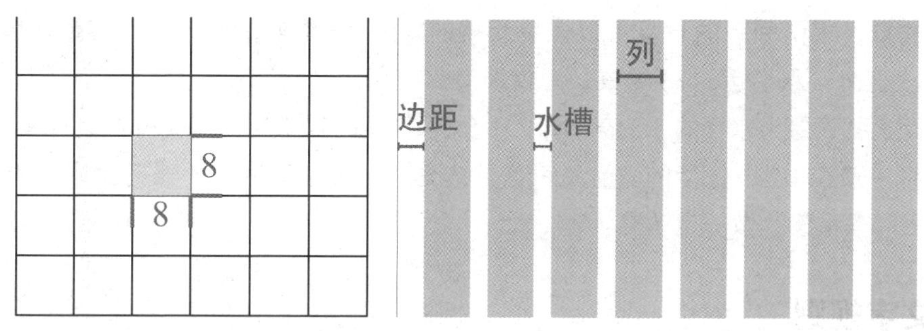

图 5-12 网格图　　图 5-13 列 + 水槽 + 边距图

2. 栅格系统的搭建

（1）确定屏幕宽度。搭建栅格系统首先要创建画布，针对不同的电商项目和不同设备，屏幕宽度设置也会不同。在 PC 端电商设计中，屏幕宽度通常设置为 1 920 像素；在移动电商设计中，电商平台屏幕宽度通常设计为 750 像素，店铺首页宽度通常设置为 1 200 像素，主图为 800 像素 ×800 像素，如图 5-14 所示。

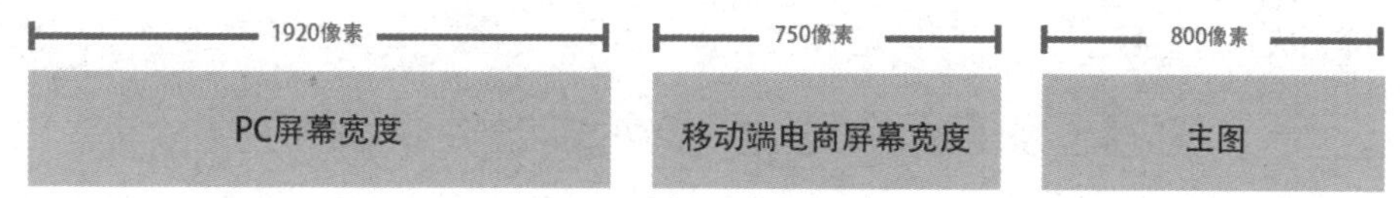

图 5-14 设计尺寸图

（2）确定栅格区域。确定屏幕宽度后需要确定栅格区域，栅格区域根据屏幕尺寸和页面布局来确定，如果屏幕宽度为 1 920 像素，栅格区域通常在中间安全区域内，当然不是所有设计都一致，不同的项目设计规格会有所改变，安全宽度的尺寸也会发生改变。在 1 920 像素的电商设计中，常用的安全宽度如图 5-15 所示。

常用平台	淘宝	天猫	京东	唯品会
安全宽度	950像素	990像素	990像素	1 100像素

图 5-15 安全宽度尺寸图

（3）确定列、水槽、边距。PC 端设计常用的列为 12 列，如图 5-16 所示，移动端常用的列则以 6 列为主，如图 5-17 所示。

图 5-16 PC 端设计栅格图　　图 5-17 移动端设计栅格图

水槽以及横向间距的宽度可以以单元格的单位（8 像素）为单位按倍数递增，如 8 像素、16 像素、24 像素、32 像素，建议采用 32 像素。

边距通常设置为水槽的 0.5 倍、1 倍、1.5 倍等。以屏幕宽度为 1 920 像素的设计为例，栅格系统一般在 1 200 像素的安全宽度区域内建立，当然边距也不是完全固定的，可以按照美观和具体设计做一定调整。

四、文字规则

进行电商设计图文排版的时候，会对文字的字号、字符间距、行间距、段间距进行设置，达到美观统一的效果。

1. 字号

进行 PC 端电商设计时，大多数设计师采用 14pt，并运用不同的字号和样式来体现视觉信息的层次，如图 5-18 所示。需要注意的是，字号中多采用偶数，因为奇数无法对齐像素。进行移动电商设计时，电商设计师可以参考 IOS 和安卓提供的字号规范，建议采用 20pt 以上的字号。

位置	字号
大运营标题	52~56pt
中运营标题	46~48pt
小运营标题	32~36pt
大标题	28~32pt
中标题	22~26pt
小标题	18~22pt
正文	12~20pt

图 5-18　PC 端字号图

设计单位有 px、pt、sp 和 dp，具体如下。

（1）px：px 是 pixel 的缩写，pixel 即像素，它不是自然界的长度单位。px 是一张图片中最小的点，一张位图就是由这些点构成的。在做设计时，可以运用像素来兼容不同分辨率的单位。

（2）pt：全称为 point，中文意思为“点”，常见于软件设计、排版印刷行业。在常规的排版中，字号以“点”为单位。活字的大小称为“字号”，而字母的宽度称作“字宽”，

1 点 =0.376 毫米 =1.07 英美点 =0.014 8 英尺 =0.177 6 英寸。

（3）sp：表示字体大小的相对单位。它会根据设备的像素密度进行缩放，这使得在不同像素密度的设备上，文本大小能够自适应调整。

（4）dp：device independent pixels，长度单位（设备独立像素）。dp 也就是 dip，与 sp 基本类似。设置表示长度、高度等属性时可以使用 dp 或 sp；但如果设置字体，需要使用 sp。dp 与密度无关，sp 除了与密度无关外，还与 scale 无关。

2. 间距

（1）字间距。字间距为每个文字或字符之间的间隔距离，在电商设计中，大标题文字间距不超过文字的 0.5 倍。比如大标题字号是 60pt，则字符间距不超过 30pt，一般为文字的 0.2 倍大小，如图 5-19 所示。正文文字间距最好控制在字号的 0.5 ~ 1.5 倍。

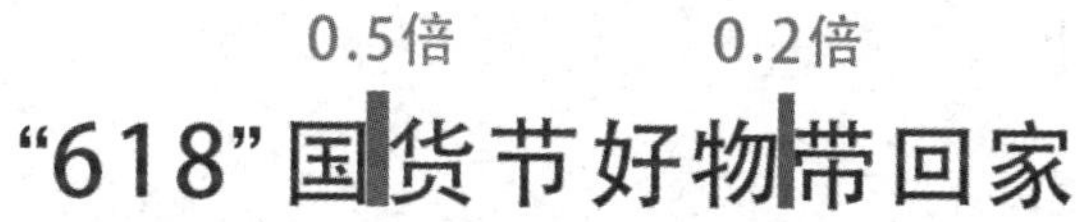

图 5-19 字符间距图

（2）行间距。行间距对图文排版的可读性和外观都有显著影响。正确的行间距可以使文本更易于辨认，降低阅读疲劳，同时也有助于突出段落之间的逻辑关系。行间距需要大于字间距，建议设置为 1/3~2/3 个字符高度，如果是标题排版，可以设置为 1/3 字符高度；如果是正文内容排版，可以设置为 2/3 个字符高度，如图 5-20 所示。

（3）段间距。段间距便于消费者快速理解图文排版的结构和内容。如果段落之间的距离太小，可能会感到混乱，无法区分不同的段落。相反，如果段落之间的距离太大，读者可能会感到文章过于分散，难以理解整个设计的主旨。其次，段间距可以增强文章的视觉效果。适当的段间距可以使文章更易于阅读，让消费者感到舒适和愉悦。此外，良好的段间距还可以使文章看起来更整洁、更有条理。一般电商设计中段间距设置为 2~3 个字符高度，如图 5-21 所示。

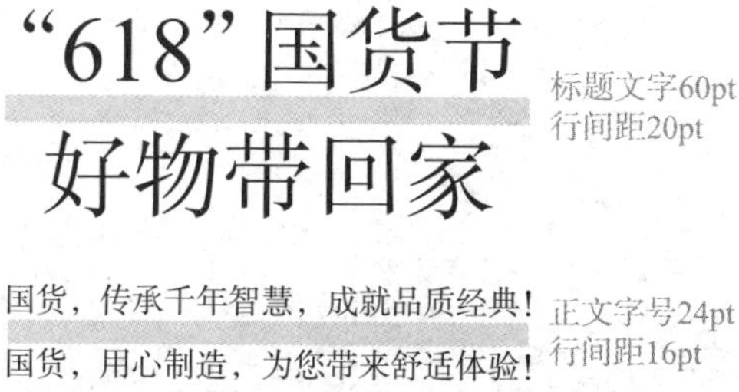

图 5-20 行间距图

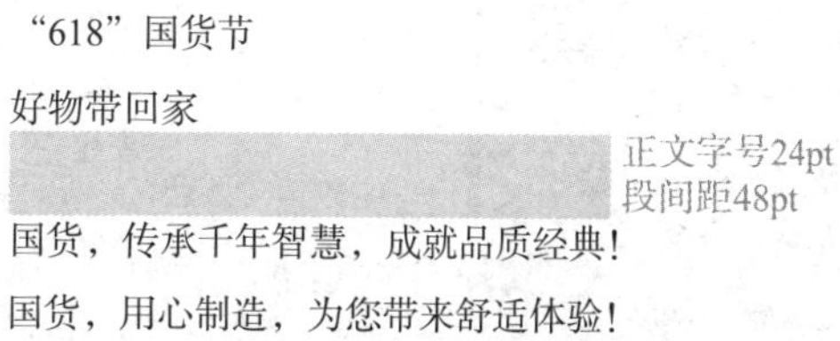

图 5-21 段间距图

学有所思

根据你对电商设计规范的学习，分析华为店铺首页结构。

知识点四　电商设计的设计基础

电商设计师在掌握了电商设计的相关基础知识后，还要掌握电商设计的设计基础，才能提高设计质量。电商设计的设计基础包括基础元素设计、颜色搭配、字体表现和版式设计等。

一、基础元素设计

点、线、面是构成设计的三大元素，设计师只有对构图元素的点、线、面进行无微不至的把握，才能够用这些元素来引导观赏者的目光，帮助观者更准确地理解内容，促进信息的传达。

1. 点

每一个我们可以想到的主题——所有的元素、事物、图形等，以一种独特的方式出现在作品中时，都会成为一个点。点可以吸引人的目光，能够第一时间被人发觉，在视觉上与整个画面形成对比。当点与周围元素的明暗度或颜色形成强烈的反差时，其特征最明显，就形成了强烈的点面对比。点元素设计图如图 5-22 所示。

2. 线

线是点运动的轨迹，形式非常丰富，有粗细、曲直、虚实等。不同的线可以表达不同的情感，粗直线给人的感觉是刚强坚硬，富有力量；弯曲的细线艺术感更强，给人的感觉是优雅、柔和、随性。线元素设计图如图 5-23 所示。

图 5-22　点元素设计图

图 5-23　线元素设计图

3. 面

面可以分为规则、规整的几何图形和自由灵活的不规则图形。在电商设计中，使用不规则的几何形状图片与色块相互搭配，可以组合成多个“面”，丰富画面的层次，表现活泼、欢乐的氛围。面元素设计图如图 5-24 所示。

图 5-24　面元素设计图

二、颜色搭配

色彩作为第一视觉语言，其作用是字体与图像等其他要素所无法替代的。色彩是一种最本能、最普通的美感，同时它对观者的影响也是最为直接的。在电商设计中，色彩可以给消费者带来强烈冲击力，提高产品的点击率。电商设计师应该围绕主色、辅助色和点缀色，运用科学合理的配色技巧搭配出协调、舒适的画面。

1. 主色

任何一个设计中通常都要有一个最主要和突出的颜色作为画面的主角，其他作为辅助或衬托的颜色则会作为配角按照各自的关系和强度呈现，而这个在色彩中占据主角地位的就称为主色。电商设计中主色的选取应该充分考虑商品风格、消费人群和适用场景等因素。

2. 辅助色

在设计当中，辅助色最主要的作用就是突出主色以及更好地体现主色的优点，在完成传达信息的同时又使得整个画面更加饱满。辅助色在强调和突出主色的同时，也必须符合设计所需要传达的风格，如此才能最大化地体现出辅助色的作用和意义。在电商设计中辅助色的占比仅次于主色。

3. 点缀色

从点缀色的名称上就不难理解点缀色就是为了点缀画面而存在的，和辅助色一样，点缀色可以是一种色彩，也可以是多种色彩，但是不及辅助色对主色作用那么强，点缀色可以装饰版面并为画面增添丰富的效果。如图 5-25 中，主色为紫色，辅助色为白色，点缀色为红色。

彩图 5-25

图 5-25　主色、辅助色、点缀色构成图

三、字体表现

在电商设计中，文字是重要组成成分。在做电商设计的时候，设计师应该选择符合画面风格的字体，并设置合适的字号、间距、行距、段间距和缩进大小等。

1. 宋体

宋体字笔形横细竖粗，整体也是方块形，端庄、整齐。宋体字横画最右边有一个三尖角，横画和横竖连接的右上方有钝角，属于衬线体；而且它客观、雅致、大气、通用性强。一般首饰珠宝、美妆护肤等以女性消费者为主的电商内容中多用宋体，如图 5-26 所示。

图 5-26　宋体 banner 设计

2. 黑体

黑体字在字架上吸收了宋体字结构严谨的优点，在笔画的形状上把横画加粗且把宋体字的耸肩角削平为等线状，使横竖笔画粗细一致，变宋体字的尖头细尾和头尾粗细不一的笔画为方形笔画。黑体方正、粗犷、朴素、简洁、无装饰，所以多用于电子数码和家电等促销设计中，如图 5-27 所示。

图 5-27　黑体 banner 设计

3. 圆体

圆体字拐角处、笔画末端为圆弧状。圆体字体清晰、端正、严肃，适合于报纸大字头、图书封面、招牌、广告、网站标题的制作。它的变体为幼圆体、琥珀体等。在电商设计中多用于儿童、母婴、少女类产品的设计，如图 5-28 所示。

图 5-28　圆体 banner 设计

4. 书法体

书法体分为篆书、隶书、楷书、行书、草书五大类。书法体比较自由多变，看起来豪迈有力，常用于茶、酒等需要传达古典风格的电商设计中，如图 5-29 所示。

图 5-29　书法体 banner 设计

四、版式设计

1. 留白

通过图文留白的设计达到整洁、突出主体的版式设计效果，一般突出标题和主要产品，其他多余信息能省则省。留白排版如图 5-30 所示。

图 5-30　留白排版

2. 对齐

在电商设计中需要把图文内容按照一定规则排列，并让它们产生联系。通常，左对齐和右对齐是最容易阅读的，但也可以根据设计的需要选择居中对齐或两端对齐。对齐排版如图 5-31 所示。

图 5-31 对齐排版

3. 对比

使用颜色和字号对比，可以帮助关键信息脱颖而出。可以使用不同的字体、字号和颜色来强调标题、关键文本或重要信息。也可以使用背景与文本对比，确保文本与其背景之间有足够的对比度，以保证可读性。深色文本应该放在浅色背景上，反之亦然。对比排版如图 5-32 所示。

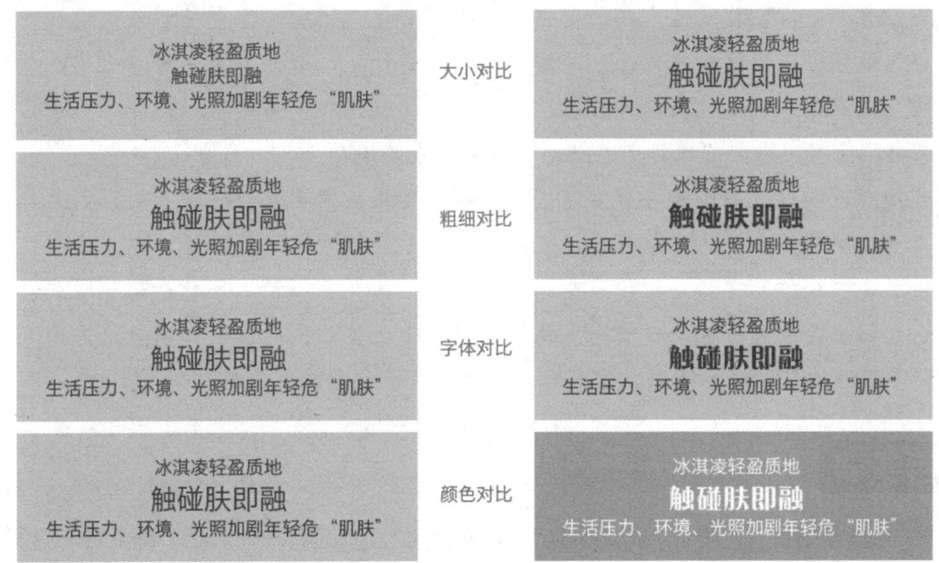

图 5-32 对比排版

4. 重复

在整个设计中重复使用相同的元素和样式（如颜色、字体、图标或边框）有助于创建品牌一致性和页面的统一感，重复排版如图 5-33 所示。

图 5-33　重复排版

学有所思

根据你对电商版式设计的学习，如果要让你设计一款母婴电商产品，你会如何设计，请绘制出你的设计稿图。

知识总结

随着移动互联网的发展以及消费结构的升级，电子商务行业也趋向成熟，同时电子商务行业对于电商设计从业人员的要求也产生了变化。因此，想要从事电商设计的人员需要整体地学习电商设计的概念，了解电商设计是什么，未来发展趋势怎么样，以及项目流程、规则规范、设计基础等内容。电商设计的概念和发展趋势了解即可。项目流程需要掌握，但对应不同的项目小的细则可能会发生改变。

规则规范和设计基础需要重点掌握，规范规则重点需要掌握栅格系统，因为排版格式基本要按照栅格系统的规范来设计，整体效果才会好看，也符合设计要求；文字规范也是按照要求来才能提高页面预览量。规则规范里面文字设计、颜色搭配和版式设计每个知识点都需要掌握，这个模块是电商设计的重中之重。同时需要提高自己的阅览量，平时要多看好的页面设计（尤其是节假日各大电商平台上的广告图）。

项目实训

小莉同学进入公司实习，主管下发了任务——制作一个电商 banner，要求在 Photoshop 里完成，大小为 1 920px×1 030px，高度只要在 1 080px 以内即可，要求文主图辅，体现夏日清凉时尚穿搭。

实训任务一　“夏季美学”电商 banner 制作

任务描述

小莉第一步准备确定排版风格，以对称、重复的排版方式来排图片。用突出、对比的方式体现主题。然后确定主色、辅助色，主色为青色。素材图片进行对称和重复处理，再和背景颜色融合达到统一色系的效果。小莉第二步是确定海报主题，并对主题文字进行排版设计，利用竖排文字进行不规则、重复效果的排版来突出文字。利用“斜切”和“蒙版”给文字增加时尚感和层次感，点缀的文字进行分布、对称处理，让整个版面充实。

任务目标

（1）设计一张电商 banner；

（2）学习电商 banner 的排版规则。

任务核心知识点

（1）根据 banner 的主题确定色彩构成；

（2）素材的对称和重复处理；

（3）不规则、重复效果文案排版技巧。

文案要求

夏季美学；

潮流一夏 性感优雅；

优雅时尚 给你的夏天带来不一样的性感。

尺寸要求

1 920px × 1 080px，分辨率 72px/in。

实操步骤

步骤 1：打开 Photoshop 按照尺寸要求创建一个画布，画布大小为 1 920px × 1 080px，分辨率为 72px/in，名称为夏日穿搭，如图 5-34 所示。将文案打开，选中“画板 1”组，单击鼠标右键，选择“复制组”命令，如图 5-35 所示，目标文档选择“夏日穿搭”，如图 5-36 所示。

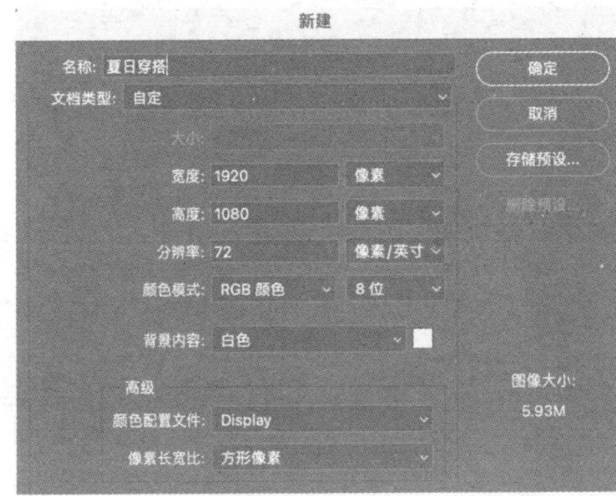

图 5-34　创建画布

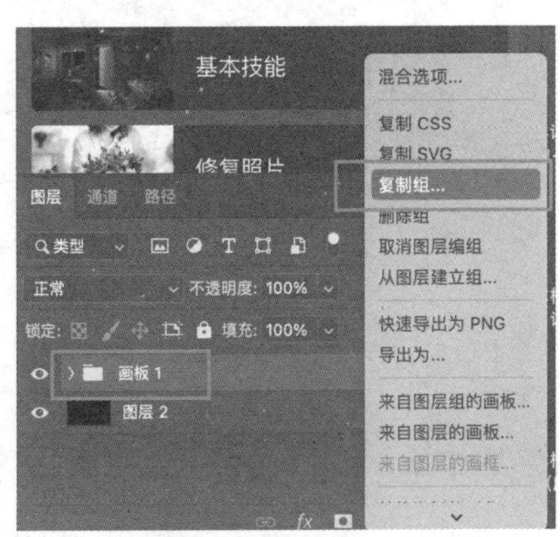

图 5-35　选择“复制组”命令

步骤 2：切换到“夏日穿搭”文档，把“画板 1”小组隐藏，把背景色填充为“#1b3637”。将素材图片导入场景中，如图 5-37 所示。选择“视图”→“显示标尺”命令，再选择“视图”→“新建参考线”命令，设置“取向”为垂直，设置“位置”为 960px，调整文案信息的摆放位置，主要展示主标题和副标题，采用中心构图，如图 5-38 所示。

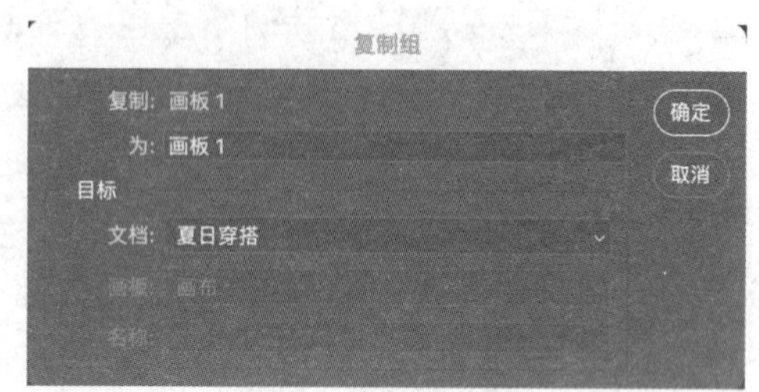

图 5-36　复制组

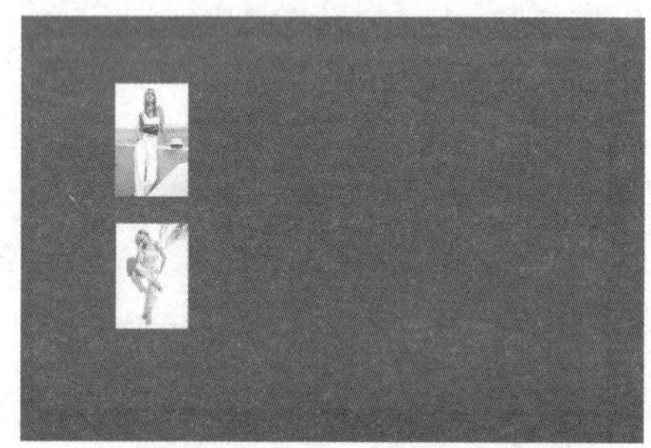

图 5-37　导入素材

图 5-38　摆放文案信息

步骤 3：按 Ctrl+T 组合键来调整两个模特的大小，一个放左边，一个放右边，两张图的混合模式改为“叠加”，如图 5-39 所示。

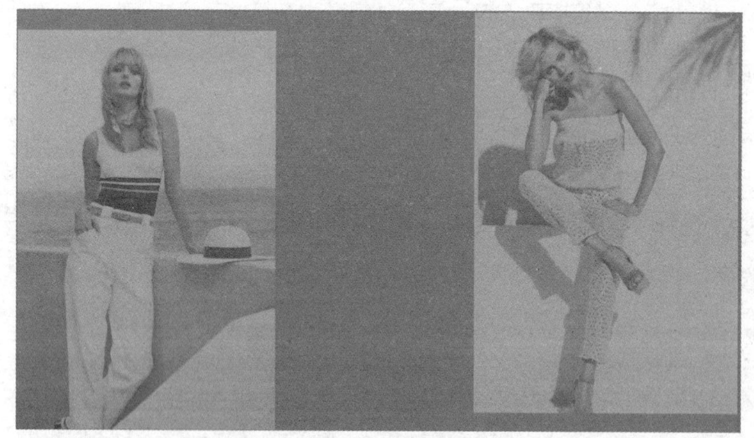

图 5-39　调整大小和混合模式

步骤 4：调整文案信息的摆放位置，将主要展示的文案设置“文字颜色”为“白色”，设置“字体”为“思源宋体”，使用“横排文字工具”将四个字分开并设置为“倾斜”，调整文字的位置，按 Ctrl+T 组合键放大“夏”“季”“美”“学”四个字，效果如图 5-40 所示。

图 5-40 “夏季美学”效果

步骤 5：在“夏”字图层上单击“添加图层蒙版”按钮，使用画笔工具进行涂抹，使用相同的方法处理其他文字，调整副标题的位置，调整文案内容的位置，并将其分为三行，使用“横排文字工具”输入“。”并调整到合适的位置。效果如图 5-41 所示。

图 5-41 调整文字效果 1

步骤 6：设置副标题的“文字颜色”为黄色，使用“矩形工具”绘制一个矩形，设置“描边”为 1 像素，按 Ctrl+J 组合键复制一份调整到合适的位置，设置“不透明度”为 52%，如图 5-42 所示。

图 5-42　调整文字效果 2

步骤 7：将英文翻译分开，设置“文字颜色”为白色，调整首字母大写，选择合适的字体，按 Ctrl+T 组合键调整到合适的大小和位置，使用“吸管工具”吸取附近的颜色，设置“文字颜色”为前景色，按 Ctrl+T 组合键调整到合适的角度。效果如图 5-43 所示。

图 5-43　调整文字效果 3

步骤 8：设置“不透明度”为 60%，按 Alt+G 组合键编组命名为英文，单击“添加图层蒙版”按钮调整不透明度进行涂抹，使用“线条工具”绘制直线，设置“填充”为白色，设置主标题“文字压缩”为浅灰色。效果如图 5-44 所示。

图 5-44　调整文字效果 4

步骤 9：上下左右新建四条参考线，选中其他文案信息设置“文字颜色”为白色，调整文案信息的内容且做分行处理，选择合适的字体，设置“字体颜色”为黄色，按 Ctrl+T 组合键调整到合适的大小，使用“椭圆工具”绘制图形，设置“填充”为白色作为衔接。效果如图 5-45 所示。

步骤 10：将文案信息进行分行处理，按 Ctrl+T 组合键调整到合适的大小，在文字底部使用“矩形工具”绘制一个图形，适当弱化英文文案信息，在中间位置使用“矩形工具”制作衔接部分。效果如图 5-46 所示。

图 5-45　调整文字效果 5

图 5-46　调整文字效果 6

项目总结

通过对本项目内容的学习，参考项目总结模板，对本项目学习情况进行总结。

项目总结模板

项目六
营销推广图设计

项目介绍

广告作为一种现代营销手段，对于一个产品来说，如何让它能被消费者接受和理解是十分重要的。尤其在当前市场经济条件下，任何产品都会有一定的受众群。在此情况下，一个产品要想获得长久的成功和市场竞争优势，就必须在设计上下功夫。

本项目主要讲述营销推广图设计，包括主图、直通车图、钻展图三个板块的具体化设计。通过概念、尺寸、方法等方面对营销推广图进行全面的设计，最终完成一张完美的营销推广图。通过实训任务让学生对营销推广图设计建立系统全面的认知。

学习目标

1. 掌握市场营销的基本概念、原理和策略。
2. 了解设计元素和原则，包括色彩理论、排版、构图等。
3. 熟悉不同类型的营销推广图（如主图、直通车图、钻展图等）的特点和用途。
4. 熟练掌握 Photoshop 设计软件的使用技巧。
5. 能够根据不同的营销需求，设计出符合品牌形象和市场策略的推广图。
6. 具备分析市场数据和用户反馈的能力，以优化设计效果。
7. 培养创新思维和独特的设计视角，能够提出新颖的设计方案。
8. 增强与市场营销团队、客户以及其他设计师的协作能力。
9. 树立高度的责任感和职业道德，确保设计作品的质量符合市场规范。
10. 保持对设计新趋势和新技术的敏锐度，持续学习和提升自己的设计技能。

知识结构

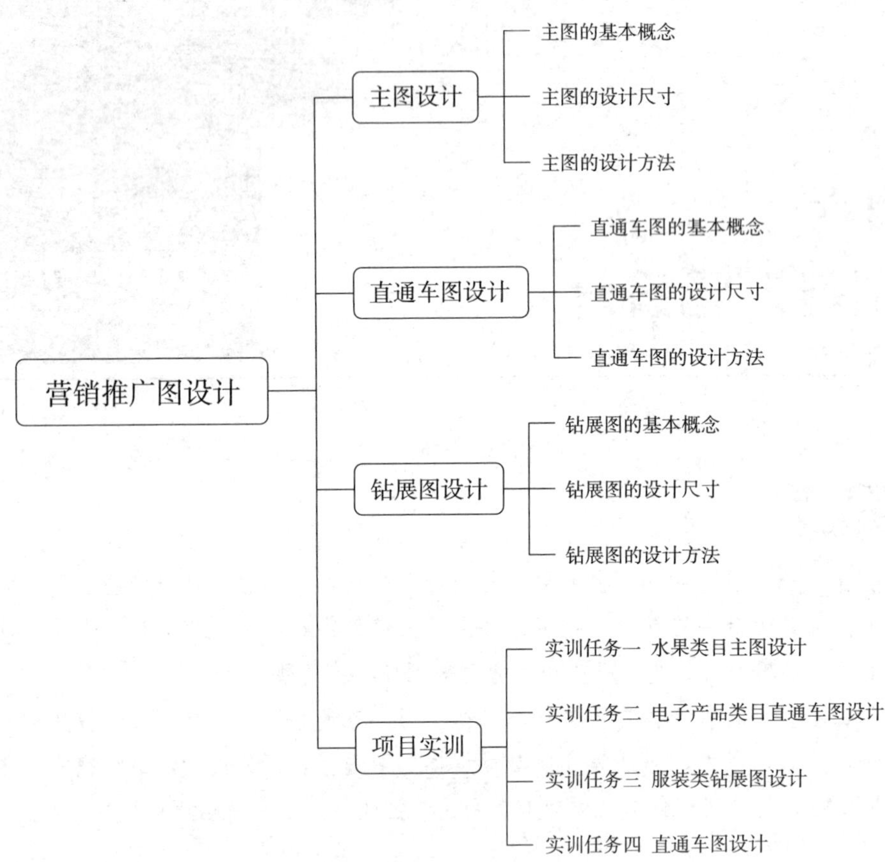

学习计划

小节内容		主图设计	直通车图设计	钻展图设计
课前预习	预习时间			
	预习自评	难易程度　□易　□适中　□难 问题总结：		
课后巩固	复习时间			
	复习自评	难易程度　□易　□适中　□难 问题总结：		

知识储备

知识点一　主图设计

主图设计是针对不同的类目、不同的需求，根据市场竞争情况和自身产品的特性，设计出符合目标消费者审美习惯、符合市场规律的主图。好的主图设计是决定产品得到一个好的排名和点击率的非常重要的因素。首先主图要清楚地告诉消费者产品是做什么用的，卖点是什么。一个好的主图应具备以下特点：

（1）能吸引买家眼球，引起买家的兴趣；

（2）能更好地突出宝贝特点，展示产品优势；

（3）图片要清晰、美观，视觉效果要好。

一、主图的基本概念

电商平台作为人们运用越来越多的购物方法及选择，越来越受到重视，尤其是商家要考虑怎样做到更高的转化率。而主图是向消费者宣传的第一印象，同时主图又是首要的展示区域，因此它的价值越来越高，越来越受到商家的重视。主图设计展示如图 6-1 所示，主图设计要求需要满足以下三点，满足这三点要求，才能把产品的优势突出出来。

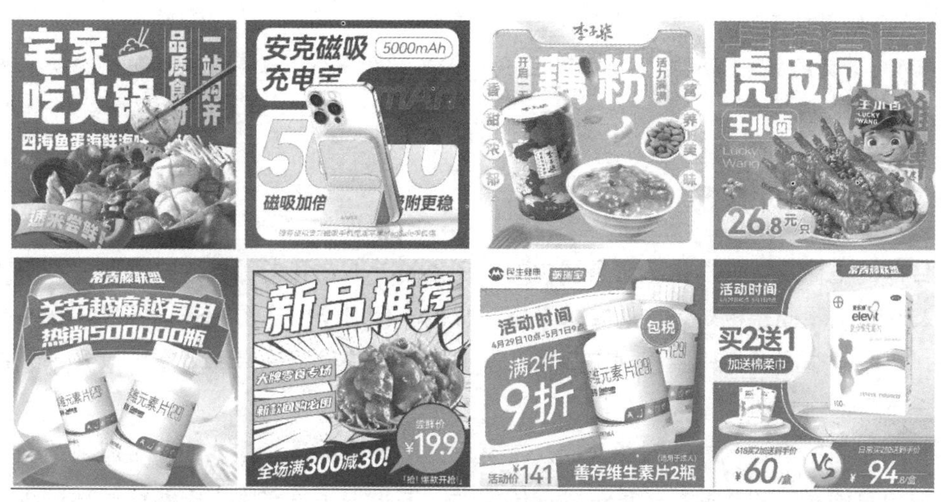

图 6-1　主图设计展示

1. 选择合适的图片素材

尽量不要用产品实拍图，因为这种图片没有经过精修，不能突出产品优势，而且拍摄难度比较大，成本也比较高。

尽量不要用品牌形象的图片，因为这种图片一般都是卖家自己拍摄的，不具有代表性。

2. 对产品进行明确的定位

要了解自己的产品，比如卖的是手机，那么所卖的手机产品应该有什么特点，就应该把这些特点放大来展示。要有一个明确的定位，可以展示产品的优势，让买家了解产品的优势是什么，然后就可以吸引买家进店。做主图时要有一个整体的构思和布局，确定好主图风格。

3. 根据产品特性选择主图的风格

在进行主图设计时，需要考虑到图片的布局、拍摄场景、产品展示等问题，将产品主图展现出来。在进行主图设计时可以先确定好主图风格，再根据主图风格去搭配素材和拍摄场景。

知识拓展

主图优化要注意以下几点：

（1）优化主图最重要的就是保证清晰度，尽量使用高清图。

（2）要把产品的卖点表达清楚，并且突出特点。

（3）主图数量在 5 张左右为最佳。

（4）文案的数量不能过多，一张主图一般就表达一个卖点，并且要把这个卖点表达清楚。

二、主图的设计尺寸

目前的电商平台很多，不管是国内的，还是境外的，我们都能接触得到，不同的平台以及网店的不同模板对尺寸的要求是不一样的，但对于网店图片来说，尺寸不是越大越好，也不是越小越好，要根据实际情况来对每个模块进行选择和填充，以展示最佳的效果。

关于主图的设计尺寸，对图片的尺寸有固定的要求，这个是我们不容忽视的问题，需要按照主图尺寸的标准，来进行合理的设计。常见的平台对于主图的设计标准尺寸见表 6-1。

表 6-1 常见平台主图的设计标准尺寸

平台	图片类型	尺寸要求 /px	支持的格式
淘宝 / 天猫	主图	800×800（长图 750×1 000）	JPG、PNG、GIF
	详情页（淘宝）	750× 高度自由	
	详情页（天猫）	790× 高度自由	
阿里巴巴	主图	750×750	JPG、PNG、GIF
	详情页	790× 高度自由	
抖店	主图	800×800（长图 750×1 000）	JPG、PNG、GIF
	详情页	790/990× 高度自由	
唯品会	主图	1 200×1 200+1 张 950×1 200	JPG
	详情页	750× 高度自由	
京东	主图	800×800	JPG、PNG、GIF
	详情页	790/990× 高度自由	
拼多多	主图	800×800	JPG、PNG、GIF
	详情页	790/990× 高度自由	

三、主图的设计方法

主图相当于一个微详情，五张主图设计也需要有逻辑。

好的主图一定是契合了买家的需求，只有主图上展示了消费者想要看到的、感兴趣的，才有可能触发他们点击的动作。消费者无论是在搜索还是在场景“逛”的时候，浏览产品时只关心一件事情，那就是你的产品能不能满足他的需求，能不能解决他想要解决的问题。

因此，设计主图前期，一定要做买家的人群画像，清楚地知道买家的需求究竟是什么。主图作为进入店铺的入口，一定要有吸引人的视觉，让人有点进来的欲望，这样才会有可能进入详情页形成转化。所以，主图设计要具备以下五大要点。

（1）点击率，如图 6-2 所示。

说明：

主图是消费者进入商家店铺的最先入口，因此吸引人的文案介绍和产品图尤为重要。

案例解析：

主图第一张高清产品图是创意展示和产品效果，可以实力增加主图的点击率。

图 6-2　点击率

（2）核心卖点，如图 6-3 所示。

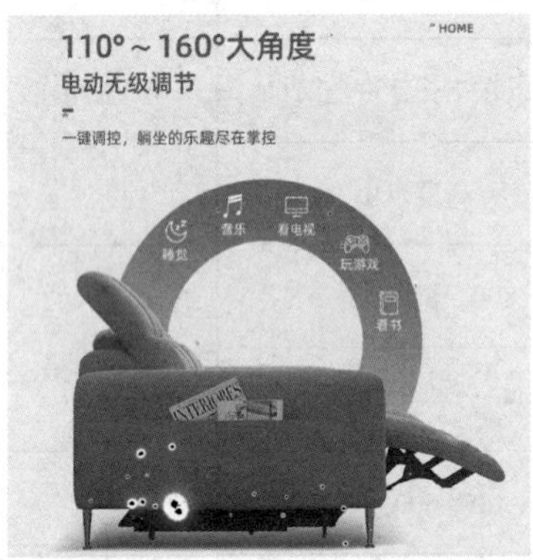

说明：

产品的差异化，不仅具有同类产品所有的，还得具有它们没有的。

案例解析：

核心是一键调节大角度功能，这是产品的核心卖点，并不是所有产品都有这个功能应用。

图 6-3　核心卖点

（3）解决问题，如图 6-4 所示。

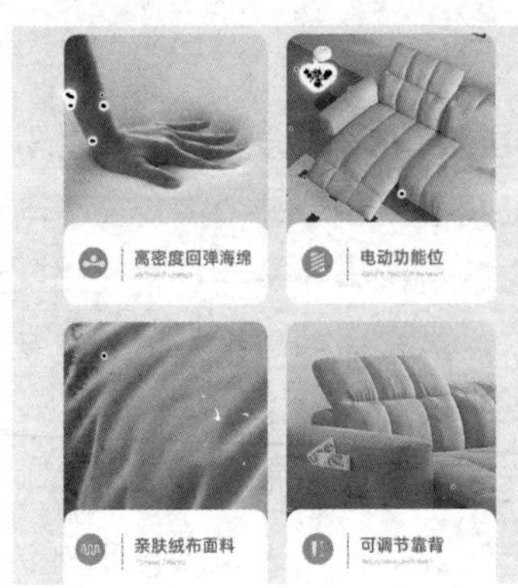

说明：

产品能够解决用户的基础问题，让用户的真实需求得到解决。

案例解析：

拥有高回弹、电动、亲肤、可调节功能，让购买人群更精准，能解决消费者的真实需求。

图 6-4　解决问题

（4）产品细节，如图 6-5 所示。

说明：
展示产品的材质工艺和工艺结构，让消费者更加真实地感受产品。
案例解析：
放大展示产品成分，可以让消费者更真实地了解产品。

图 6-5　产品细节

（5）打消顾虑，如图 6-6 所示。

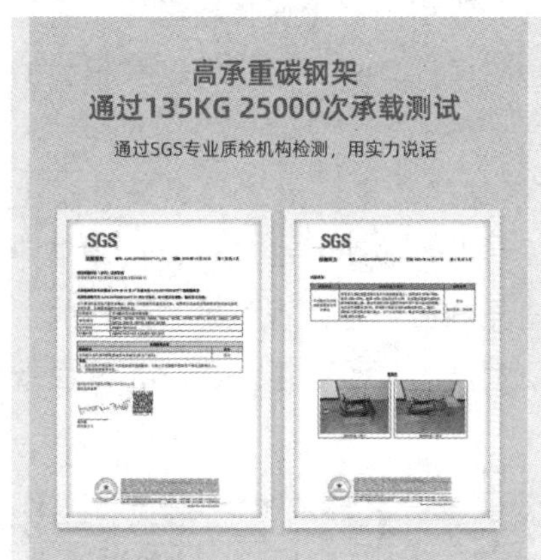

说明：
品牌背书，展示厂家或品牌的实力，让消费者打消顾虑，更加信任产品。
案例解析：
加入证书荣誉素材，让产品更具专业性，使消费者更加信任产品。

图 6-6　打消顾虑

近年来，互联网、大数据等新一代信息技术不断发展，为农业农村的发展插上了“互联网 +”的翅膀，推动农业产业向数字化、智能化转型。中国有近 3 亿的网络用户，其中有一半都是农村地区的网民。农产品通过网络平台销售，有利于解决农产品滞销问题，促进农业增效和农民增收。电商平台因其特有的商业模式和社交属性，在助力“三农”方面具有独特优势。

本次课堂案例选用了助农水果类目，打造高点击率主图设计。水果类目的主图因为本身的产品原因，大部分主图设计效果都更加接地气，因为想要展示产品的天然、自然、无公害、产地直发等相关的优势，导致现在很多水果类目的主图都是采用图 6-7 所示的方式展示，但水果类目的主图也有设计技巧。

图 6-7　普遍电商平台的水果类目主图设计

1. 场景展示产品

只要涉及自然生长的产品，主图就一定有场景展示设计，水果类目的主图更是和消费者息息相关，设计师可以用水果的生长场景突出产品的天然、真实、新鲜等优势。

如图 6-8 所示，新疆库尔勒香梨就非常具有吸引力，上面挂着露珠，看起来非常新鲜，再搭配上一些好的文案，像纯真味道、香甜多汁、果味浓郁等这些相关的一些优势利益点。

水果类目有自然的场景，当然也有会有搭建的场景。搭建的场景可以让产品展示更加突出，画面整体视觉效果会更好，更有吸引力。如图 6-9 所示，这是搭建的一个场景，把产品放入场景当中，结合文案信息去增强画面的整体视觉感，这样的主图画面与之前的画面相比较，能够形成一个很明显的视觉反差，也就是差异化，画面就会更有吸引力。

图 6-8　新疆库尔勒香梨

图 6-9　搭建场景

基于水果类目主图中空间感的场景，真实的生长场景会让产品展示得更好，更有利于突出产品的独特优势，以及增加消费者的信任度，提高主图的点击率。

2. 产品细节展示

对于食品类的产品，细节的展示是非常重要的，特别是水果类目的产品。完整的水果是看不到里面的，但是如果在主图中，把水果切开去展示里面的细节，不仅可以让产品更有食欲，同时也可以更好地丰富主图的视觉效果，如图 6-10 所示。

细节的突出展示，不仅可以让产品展示得更好，同时也可以激发消费者的食欲，同时可以看出产品的新鲜感和成熟度，这样的水果主图展示才会更有吸引力，进而提高主图的点击率。

3. 原生态烘托展示

水果类目的产品是吃到嘴里的，所以很多消费者会在意产品的品质，比如是否有打农药、催熟等这样的情况。所以在设计水果类目的主图时如果有条件，可以展示一些原生态的场景、人物等，这样既可以展示产品的特点，同时也可以引起消费者的共鸣，提高主图的点击率。

图 6-11 所示的阿克苏冰糖心苹果，单纯展示这个苹果，与结合后面的种植的人物去展示，其效果是大不一样的，消费者会觉得后者更加可靠，因为这都是一些来自劳动者种出来的苹果，所以会有种踏实的感觉。

图 6-10　产品细节展示

图 6-11　原生态烘托展示

用原生态的场景和人物去展示产品设计主图，不仅可以引发消费者共鸣，同时也可以让消费者放心，增加产品的购买率和点击率。

学有所思

根据你对主图设计的学习，想一想主图设计有哪些视觉设计风格。

知识点二　直通车图设计

直通车图是直通车中的重要组成部分，也是我们理解直通车的重要依据。所以我们要认真了解直通车图的基本概念，才能更好地利用直通车图。

直通车图是指消费者从产品页面跳转到店铺页面时所看到的第一张图片，也是消费者在浏览产品详情页时看到的第一张图片。这个页面是一个商品的整体形象，主要介绍产品的特色以及优势，因此直通车图也被称为宝贝主图。

一、直通车图的基本概念

图 6-12 所示为花卉的直通车推荐，在使用直通车图时，首先要明白以下几个问题：什么是直通车图？为什么要选好标题和主图？直通车图片有哪些作用？

图 6-12　花卉的直通车推荐

（1）突出产品特点。直通车图的主要目的是突出产品的特点，这也是消费者浏览时的第一印象。在选择宝贝直通车图时，应该尽可能地突出产品特点，给消费者留下深刻印象，从而刺激消费者进一步了解产品。我们在选择直通车图时，可以从以下几个方面入手。

①产品卖点：展示产品最大的卖点，并在宝贝标题中进行描述。

②产品细节：展示产品的细节，让买家了解产品的具体功能。

③卖点：通过图片展示卖点，如品牌、材质、功能等。

④对比图：通过图片展示和竞品的对比，突出优势和不同之处。

⑤详情页：根据图片展示的内容，对宝贝进行详细描述，使消费者更加了解产品。详情页可以是文字或图片，以突出产品的特点和优势。

（2）突出商品卖点。直通车图的核心是突出商品卖点，可以从多个角度进行拍摄，突出商品特点，如高品质、高性价比、质量好、款式多、设计感强等。因为消费者在浏览宝贝详情时，无法了解产品的具体信息，只能通过图片来了解。所以，一定要突出产品卖点。

（3）展现产品优势。展现产品优势是直通车图的另一个重要作用，主要是通过直通车图来展现产品的卖点。通过直通车图可以让消费者知道你的产品优势，从而为你的产品带来更多的流量。

但是，我们要注意直通车图的图片不能太多，否则会影响消费者对产品的认知和对产品的判断，导致消费者看不懂产品的优势。

当消费者有了一定了解之后，就会开始对产品进行购买。如果在这个时候再用直通车图去展现产品优势，就会导致消费者很难产生购买欲望。

所以在使用直通车图时要注意选择合适的图片尺寸，并且要合理运用直通车图来展现产品优势。只有这样才能让消费者对产品有更好的认知和判断，从而提升转化率。

（4）引导消费者购买。直通车图不仅要突出商品的优点，还要引导消费者购买，实现两者的完美结合。这个功能也是直通车图最重要的功能之一。

在商品展示过程中，通过直通车图的引导，消费者可以清楚地了解产品的特点，并可以将产品与其他同类商品进行对比，从而做出购买决策，这也是直通车图引导消费者购买的功能。

（5）提升产品排名。直通车图提升产品排名要注意以下两点。

①关键词的选择要精准，首先要知道什么样的关键词是我们需要的，根据这个关键词去找出和它相匹配的图片。产品的排名和关键词是相匹配的，只有找到了匹配的关键词才能提升产品排名。

②直通车图片要做优化，例如，增加一些产品细节图、标题图和消费者秀，可以提升顾客的转化率，提升直通车图片权重。

知识拓展

直通车展示位置

（1）直通车推广展示位。计算机端：淘宝搜索关键词后页面左侧有1~3位展示位，有提示“掌柜热卖”，页面右侧有 16 个竖展示位，页面底端横着有 5 个展示位。每页展示 21 个宝贝，右侧展示 1~16 位，下面展示 17~21 位，搜索页面可一页一页往后翻，展示位以此类推，如图 6-13 所示。

图 6-13　计算机端直通车展示位置

手机淘宝 / 手机网页版：当您进行商品搜索后，搜索结果页面里带有“HOT”字样的宝贝，即为直通车展位商品。这些展位分布在搜索结果的不同位置，通过这种高频次的间隔展示，有效提升商品曝光度，让商家的推广宝贝能更多地出现在消费者眼前，吸引目标客户点击，如图 6-14 所示。

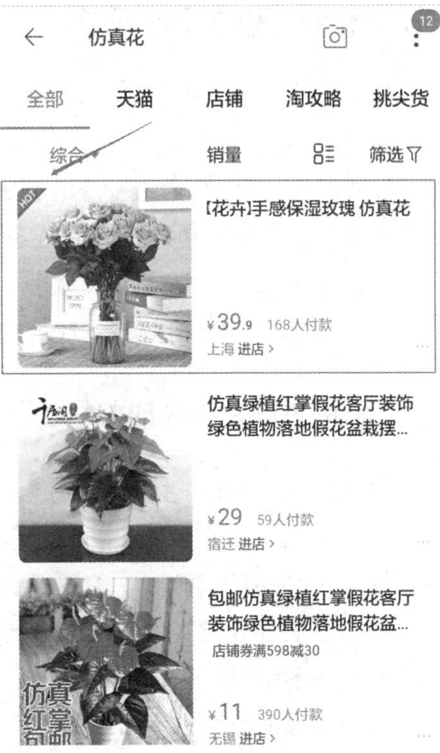

图 6-14　手机端直通车展示位置

（2）定向推广展示位。定向推广展示位是一种基于精准营销理念的广告展示位置。它是指在各种网络平台（如电商平台、社交媒体平台等）上，通过特定的算法和数据匹配技术，将广告内容有针对性地展示给符合某些预设条件的目标受众所处的特定位置。这些预设条件通常包括用户的人口统计学特征（年龄、性别、地域等）、行为习惯（浏览历史、购买行为、收藏行为等）、兴趣爱好（关注的话题、点赞的内容等）。

（3）活动展示位。在淘宝网各频道页面活动中，直通车的活动展示位分布广泛且形式多样。以淘宝首页“淘宝秒杀”频道为例，其全新升级后围绕“高性价比”扩充商品池，成为直通车活动展示位的重要阵地之一。在这里，带有直通车推广标识的商品，会混杂于各类限时秒杀商品中，凭借自身的价格优势、品牌影响力或独特卖点，吸引消费者的目光。

（4）天猫页面展示位。天猫关键词或类目搜索最下方掌柜热卖有 5 个展示位，根据计算机的屏幕显示自动调整展现位个数。注意：该展示位只展现天猫用户。

（5）淘宝站外展示位。在淘宝站外拥有多元展示位，为商品拓展广阔曝光空间。在淘客搜索页面（http://ai.taobao.com），直通车商品会在搜索结果中醒目呈现，借助淘客精准搜索流量，实现商品对高意向消费者的推送。

在热卖淘宝页面，直通车展位同样布局于搜索结果页面，让经过筛选、备受消费者青睐的商品获得更多曝光。此外，热卖淘宝页面还设有定向推广展位，系统会依据用户浏览、购买行为等大数据分析，为不同用户定制化展示商品，当符合用户偏好的直通车商品出现在这些定向推广展位上，便能有效提升商品点击率与转化率，帮助商家在站外实现精准获客，显著提升商品销量。

二、直通车图的设计尺寸

直通车图的设计尺寸有以下几种。

（1）标准单品的直通车图尺寸为 800 像素 ×800 像素，即 1∶1 的比例；店铺推广的直通车图尺寸为 210 像素 ×315 像素。如果是使用主图作为直通车推广图，因为有很多主图是 400 像素 ×400 像素之类的正方形图片，所以此时其他尺寸也是可以的。

（2）还有 2∶3 的比例，设计尺寸为 800 像素宽 ×120 像素高。

（3）还有 3∶4 的比例，设计尺寸为 750 像素宽 ×1 000 像素高。

三、直通车图的设计方法

直通车图的设计应注意以下几点。

（1）不能一张图片多个商品。尽量只放一张图片，产品描述越多，产品就越不突出，整体图片就越不清楚。只有准确的图片才能吸引目标客户。

（2）产品主体要突出。要让一个产品充满整个图片区域，让商品主体在整个图片区域最大化，否则就看不清是什么产品，影响点击量。

（3）不要把细节放在图片中。因为图片自动缩略到 80 像素 ×80 像素后，细节图片根本看不清楚，连商品的主图也会受到影响。

（4）不要有复杂的背景。复杂的背景会使直通车产品图片不突出，如果有背景，最好虚拟背景，图案也需要尽可能单一，以免干扰产品的主图片。

（5）不要加夸张的水印。这是为了确保水印不影响商品的展示。即使是为了保护图片的版权，与花钱做直通车广告相比，产品也更重要。此外，毕竟有一些产品是用来推广的，没有水印，这样值得更多买家关注。

图 6-15 ~ 图 6-18 所示为一些耳机直通车图的示例。

图 6-15　耳机直通车图 1

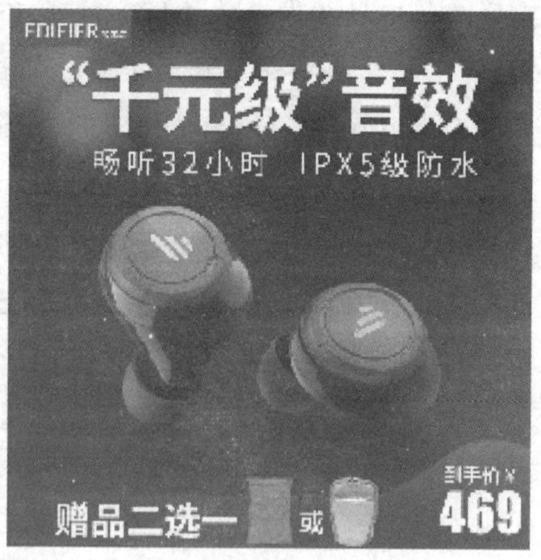

图 6-16　耳机直通车图 2

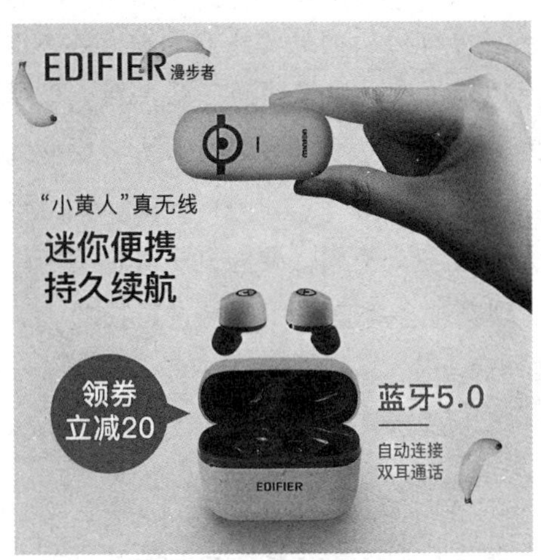

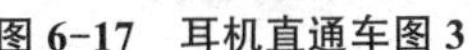
图 6-17　耳机直通车图 3

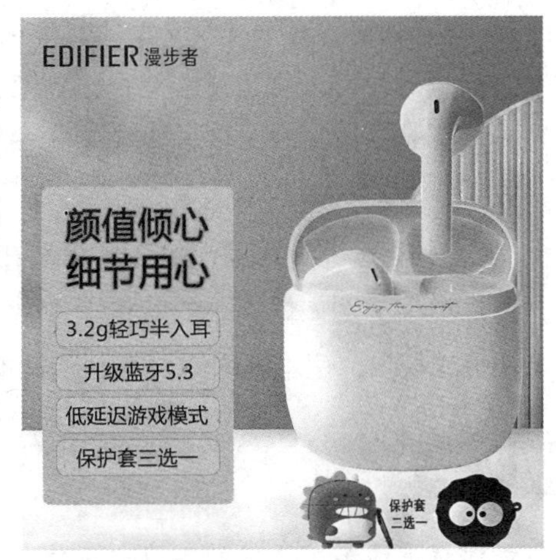

图 6-18　耳机直通车图 4

知识拓展

直通车图与主图的区别

1. 功能

主图是指商品详情页上的主要图片，一般为产品的正面照片或以产品特点突出的图片。它可以直接展示商品的外观、特点和功能，吸引用户点击进入商品详情页。

直通车图则是指在搜索页面上展示的广告图，用于吸引潜在买家点击广告链接。直通车图通常包含产品的主要信息，如产品名称、价格、促销信息等。

2. 作用

主图是商品招牌，甚至还会影响到产品的搜索权重，因此，不可以对其频繁更换，而直通车的推广图则是可以频繁更换的，但是两者又有一个共同点，即都是用来提高点击率的，关键要素是一样的。

直通车图是推广位图，可以通过测试更换点击量更高的图片，如果你的主图恰好能够带来高搜索量，那直通车图可以和主图用得一样。

可以看出产品主图基本是不能随意更换的，不然就会影响产品的权重，导致这个产品失去流量，而直通车则不一样，只要直通车测试图不过关，那么就可以去更换这个测试图，这样不会影响产品的推广。

直通车图片的设计好坏，可以直接影响到店铺的销量，在设计图片时要在吸引买家、传达主体信息以及直通车的设计要领等方面进行细致制作。

（1）明确卖点。众所周知直通车图片就是商品主图的第一张展示图。在设计直通车图片时，首先要考虑该图片在设计时应该让买家第一时间想要知道什么。

（2）文案辅助。对于展示文案的具体内容，必须分析商品及受众消费群体，提炼出最精髓的信息予以展示。如功能类产品以展示功效为主，对于普通工薪消费人群展示优惠折扣为主，对于优势突出的商品展示优势为主，同时也可以考虑给消费者更多的选择空间。

（3）差异化设计。网店中的差异化设计就是要与众不同，要区别于其他网店中使用的商品图片类型，例如做衣服的直通车图片，现在很多都是采用模特进行拍摄，这时可以考虑挂牌或摆拍，使本店的图片有别于其他网店。

学有所思

根据你对直通车图设计的学习，请你想一想是否能够准确提炼产品的突出特点用于直通车图的设计之中，比如母婴类目、保健品类目。

知识点三　钻展图设计

钻展图在电商设计中会经常接触到，点击率是其最重要的一个参数，直接影响推广产品的流量和推广效果。

钻展图通过图片创意吸引买家点击，获取巨大流量，从而引导认知和转化。卖家可以根据地域、人群、访客、兴趣点定向展现，即千人千变。

常见的展现位置如图 6-19 和图 6-20 所示。

图 6-19　PC 展示位置　　　　图 6-20　手机 App 展示位置

一、钻展图的基本概念

钻展是淘宝网图片类广告位竞价投放平台，是为淘宝卖家提供的一种营销工具，钻石展位依靠图片创意吸引消费者点击，吸引流量。

展示商品以及店铺，也是增加流量的渠道。消费者可以通过这个图进行点击，从而给店铺带来流量。图 6-21~ 图 6-23 为钻展图效果。

钻展图的分类如图 6-24 所示。

图 6-21　钻展图效果 1

图 6-22　钻展图效果 2

图 6-23　钻展图效果 3

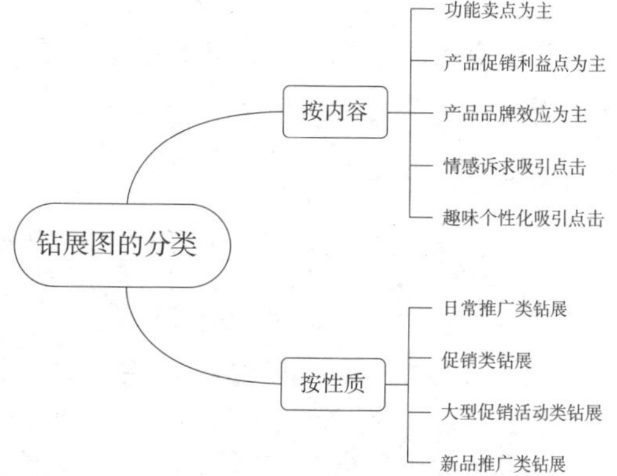

图 6-24　钻展图的分类

二、钻展图的设计尺寸

PC 端首页焦点图尺寸为 520px × 280px，图片大小不要超过 80kb；手机淘宝首页焦点图尺寸为 640px × 200px，图片大小不能超过 72kb。

钻展图的图片要素如下。

（1）拍摄要点：手稳，构图，不背光，忌焦距过远，要求图片清晰、方便后期处理。

（2）Logo：制作淘宝钻展图片时，要添加上店铺 Logo 和名称信息。

（3）促销文案：以创意为主，或以促销价格为主。

（4）设计：注意色彩搭配、文字排版、布局。

知识拓展

钻展图的收费方式

CPC：按照点击收费，即展现免费，点击收费。系统将“点击出价”折算成“千次展现价格”，折算后的 CPM 出价与其他商家进行竞争，价格高的优先展示。CPC 的点击收费要根据 CPM 进行折价。

CPM：按展现收费，即按照每千次展现收费，点击不收费，按照竞价高低进行排名，价高者优先展现。实际扣费＝下一名 CPM 的结算价格 +0.1。

三、钻展图的设计方法

设计钻展图有以下五个原则。

1. 凸显商品质感

凸显商品质感是很多设计新手最容易忽略的原则。因为很多人都希望图片能完整地展示商品，殊不知把商品某一个局部质感不错的细节直接放大展示往往能带来奇效，如图 6-25、图 6-26 所示。

图 6-25　凸显商品质感 1

图 6-26　凸显商品质感 2

2. 商品拍摄图整体铺满背景

这个原则其实是局限于淘宝的大环境，因为淘宝的推广图大部分都是非常小的，整体美观的图是很不容易的，这个时候将整图整体铺满背景就很和谐自然了，同时也便于创意构图。同时，整体环境可在无形中制造一个模仿环境，让买者自动模仿，对其行为产生引导，而不需要用很多语言去说服客户，如图 6-27、图 6-28 所示。

图 6-27 整体铺满背景 1

图 6-28 整体铺满背景 2

3. 活动售价超低或促销信息堆积

淘宝乃至整个电商领域，每天都充满各种各样的促销信息，特别是“双十一”“双十二”这种特殊时段，促销信息满天飞。此类情况直接或间接地在或深或浅的程度上降低商品售价。通俗的说法就是同款商品别人卖 199，你卖 9.9。有了这个信息，无疑能够极大程度地吸引点击。类似的还有“前 50 名半价”等，有这样文字信息的钻展图结合自主定向，可以达到非常不错的效果。

当然，如果单一的促销信息不足以吸引买者，那就多加一些促销信息。针对店铺活动推广，把店铺所有促销活动信息都罗列下来，然后以一个非常醒目的方式去排版。

4. 精确数字带图“飞”

不论什么样的钻展图，都是需要展现商品和相关信息的，而用于展现信息的文字中，浏览者往往最敏感的就是“数字”。设计钻展图用到数字时，能多精确就要多精确，因为这是一个非常吸引点击率的方法，事实也证明，这类钻展图都获得了非常好的点击效果，如图 6-29、图 6-30 所示。

图 6-29 精确数字 1

图 6-30 精确数字 2

5. 通用构图原则——左文右图

在日常生活中，我们都有从左到右的浏览习惯，先看到文字，再看到商品。钻展图对商品都起到了暗示作用，而浏览者主要靠文字来获取信息，所以文字要放在整图相对显眼的位置，那么左文右图的构图原则就顺理成章了，如图 6-31、图 6-32 所示。

图 6-31 左文右图 1

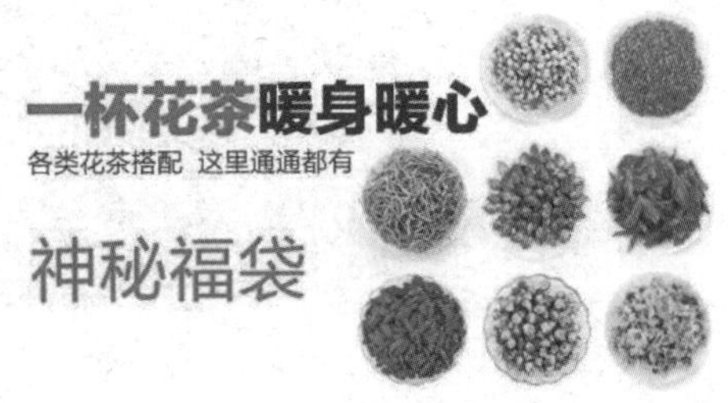

图 6-32 左文右图 2

学有所思

根据你对钻展图设计的学习，请你想一想钻展图设计有哪些视觉设计风格。

课堂讨论

2015 年国务院办公厅发布《关于促进农村电子商务加快发展的指导意见》，该政策文件在促进农村电商的加速发展上起着重要作用，其中提出要引导电子商务企业加大对农村电商的投入，扶持有条件的地方和企业建设“电子商务进农村”综合示范项目等内容。

2018 年中央一号文件《中共中央、国务院关于实施乡村振兴战略的意见》，全面部署了乡村振兴工作，涵盖稳产保供粮食和重要农产品、加强农业基础设施建设、强化农业科技和装备支撑、巩固拓展脱贫攻坚成果、推动乡村产业高质量发展、拓宽农民增收致富渠道、推进宜居宜业和美丽乡村建设、健全党组织领导的乡村治理体系以及强化政策保障和体制机制创新九个方面。它标志着乡村振兴成为新时代中国农村发展的核心任务，是实现全面小康和中国梦的重要组成部分。

想一想：我们能为自己的家乡做哪些类型的助农项目？

知识总结

要设计好高转化的营销推广图，不管是主图、直通车图还是钻展图，都必须从了解产品、了解人群需要开始，结合简洁的营销方案、运营技术分析和设计组合排列，最终形成具有设计感、具有转化率的优秀网店推广图片。

项目实训

实训任务一　水果类目主图设计

任务描述

选取水果类目中的菠萝来设计一张主图，理解水果类目的主图设计方法。能够掌握场景的搭建和素材的融合，能够有大胆的创意构思，理解排版与颜色搭配。

任务目标

（1）设计一张菠萝主图。
（2）学会水果类目主图设计技巧。

任务核心知识点

（1）主图创意想法构思。
（2）画面场景搭建和素材融合。
（3）文案排版和画面颜色搭配。

文案要求

（1）活动价：15.8 元起。
（2）菠动心弦 甜蜜多汁。
（3）有机无农药 鲜纯好滋味。

尺寸要求

800 像素 ×800 像素

实操步骤

步骤 1：启动 Photoshop，根据尺寸要求新建大小为 800 像素 ×800 像素、分辨率为 72 像素 / 英尺、颜色模式为 RGB、名称为“菠萝主图”的文件，如图 6-33 所示。

步骤 2：选择“矩形工具”，填充色号为“ffc232”，描边为无，绘制矩形作为主图背景色，烘托暖色调风格，突显热带水果的新鲜，如图 6-34 所示。

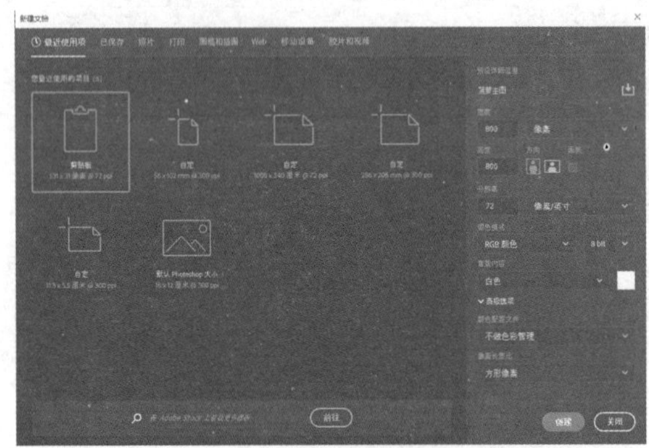

图 6-33　新建文档

图 6-34　填充颜色

步骤 3：打开“菠萝 .jpg”素材，选择“魔棒工具”，在工具属性栏中设置容差值为“32 点”，勾选“消除锯齿”复选框和“连续”复选框，在图像白色背景中单击创建选区，切换到“添加到选区”，点击菠萝阴影部分，加选选择不够完美的地方，如图 6-35 所示。

步骤 4：按 Shift+Ctrl+I 组合键反选选区，再按 Ctrl+J 组合键复制选区内容，删除“背景”图层，抠取出菠萝图像，效果如图 6-36 所示。

步骤 5：使用“移动工具”，将抠取的菠萝图像拖入“菠萝主图 .psd”文件中，调整菠萝大小和位置，效果如图 6-37 所示。

图 6-35　选择选区

图 6-36　抠取菠萝图像

图 6-37　拖入“菠萝主图”

步骤 6：为主图中的菠萝创建场景，使菠萝更加突出，并且拥有一些层次感和空间感。按 Ctrl+J 组合键复制“矩形 1”，修改“矩形 1 拷贝”的填充色号为“fd9e00”，并移动到合适的位置，效果如图 6-38 所示，让整个场景形成一个台面和立面的关系。

步骤 7：为营造整体的热带水果氛围，开始在主图场景中加入辅助道具。选择“文件”→“置入嵌入对象”命令，选择“躺椅 .jpg”素材，调整素材至合适的大小和位置，对“躺椅”图层执行右键“栅格化图层”命令，调整图层顺序至“图层 1”之下，如图 6-39 所示。

图 6-38　创建场景

图 6-39　置入躺椅

步骤 8：使用“魔棒工具”在“躺椅”图层空白处单击，按 Delete 键删除空白区域，抠取出躺椅图像，再按 Ctrl+D 组合键取消选区。

步骤 9：选择“图层 1”菠萝图像，按 Ctrl+T 组合键对菠萝进行旋转变换，让“躺椅”成为“菠萝”的承载物。选择“图层 1”，选择“图层”→“图层样式”→“投影”命令，打开“图层样式”对话框，设置投影颜色为“725c10”，其他参数设置如图 6-40 所示。单击“确定”按钮，返回图像编辑区，最终效果如图 6-41 所示。

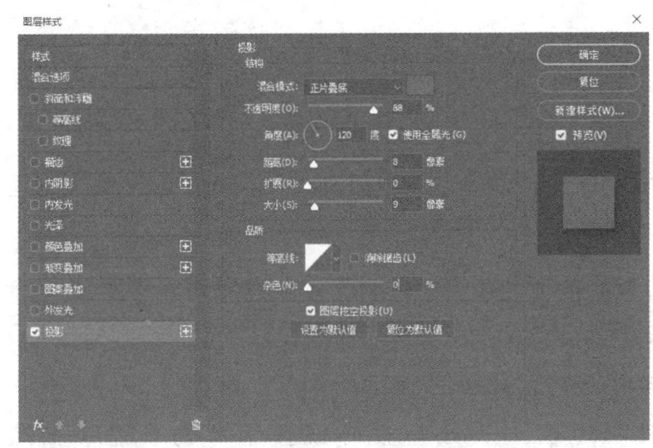

图 6-40　“图层样式”对话框

图 6-41　“躺椅”效果

步骤 10：选择“文件”→“置入嵌入对象”命令，选择“椰子树 .png”素材，调整素材至合适的大小和位置，调整透明度为“50%”。按 Ctrl+J 组合键复制“椰子树”图层，水平翻转“椰子树 拷贝”图层，按 Ctrl+T 组合键，变换复制图层的大小及位置，更进一步营造菠萝、躺椅、热带场景，最终效果如图 6-42 所示。

步骤 11：接下来就开始在主图中去添加一些装饰效果，比如店铺名称或者 Logo，以及活动主题和价格展示。我们拟定目前正在进行天猫年货节。选择“文件”→“置入嵌入对象”命令，选择“Logo.png”素材，调整素材至合适的大小和位置，对“Logo”图层执行右键“栅格化图层”命令，按住 Ctrl 键点击图层，对“Logo”图层建立选区，“拾色器”切换前景色为白色，按 Ctrl+Delete 填充前景色，再按 Ctrl+D 组合键取消选区。此时把 Logo 填充为白色，并放置在主图上方的正中间。最终效果如图 6-43 所示。

图 6-42　加入椰子树

图 6-43　加入 Logo

步骤 12：为“图层 1”菠萝图像进行色彩调整，选择右下角“创建新的填充或调整图层”→“亮度 / 对比度”命令，将“亮度”和“对比度”调整为 +10、+5，选择右下角“创建新的填充或调整图层”→“色相 / 饱和度”命令，调整“饱和度”为 +3，在“图层 1”上单击鼠标右键，选择“创建剪贴蒙版”命令，调整效果只针对“图层 1”有效果。调整情况如图 6-44、图 6-45 所示。

步骤 13：使用“圆角矩形”绘制图形至主图左下角，调整大小及位置，填充色号为“004501”，按 Ctrl+T 组合键，单击鼠标右键，选择“扭曲”命令，对绘制的“圆角矩形”右下角进行拖拽，为保证拖拽调整为水平进行，要按住 Shift 键。

步骤 14：使用“横排文字工具”，在工具属性栏中设置字体为“微软雅黑 Regular”，字号为 180 点，字符间距为 50，文字颜色为“白色”。在绘制的“圆角矩形”处输入“活动价：”，绘制“圆角矩形”，吸取背景台面颜色作为填充，置于文字下方。

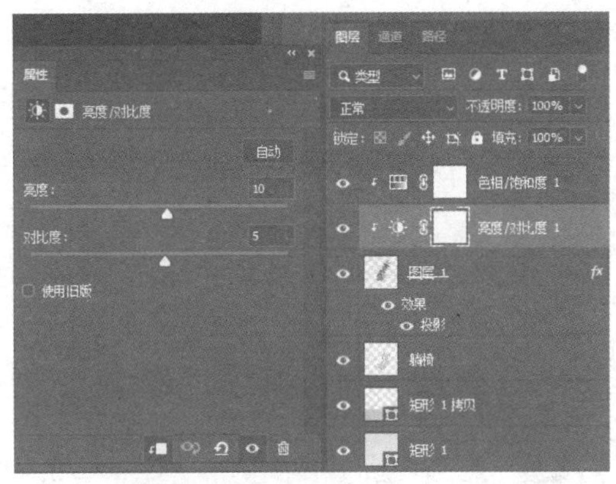

图 6-44　调整亮度 / 对比度

图 6-45　调整饱和度

步骤 15：使用“横排文字工具”，在工具属性栏中设置字体为“微软雅黑 Bold”，字号为 320 点，字符间距为 0，文字颜色为“白色”，输入“15.8”，按 Ctrl+T 组合键，单击鼠标右键，选择“斜切”命令，拖拽文字选中框进行倾斜变化。为文字添加阴影效果，打开“图层样式”对话框，设置投影颜色为“20550c”，其他参数设置如图 6-46 所示。单击“确定”按钮，返回图像编辑区。复制“活动价：”图层并修改为“元”。最终效果如图 6-47 所示。

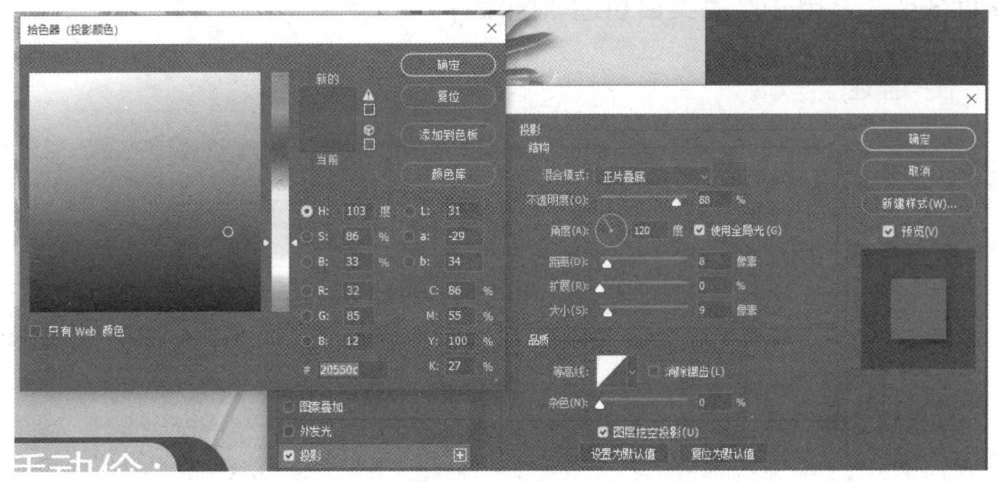

图 6-46　设置文字投影

步骤 16：使用“矩形工具”绘制矩形，填充颜色“ffc232”，描边 3 像素，描边颜色为“20 550c”，调整大小放置在合适的位置，使用“横排文字工具”在工具属性栏中设置字体为“微软雅黑 Bold”，字号为 170 点，字符间距为 50，文字颜色为“004501”。输入“有机无农药 鲜纯好滋味”。

步骤 17：使用“圆角矩形”绘制图形至主图左下角，调整大小及位置，填充色号为“004501”，使用“横排文字工具”，在工具属性栏中设置字体为“微软雅黑

Regular”，字号为 125 点，字符间距为 50，文字颜色为“白色”。输入“菠动心弦 甜蜜多汁”。最终效果如图 6-48 所示。

步骤 18：使用“圆角矩形”绘制边框，填充为无，描边 3 像素，描边颜色为“004501”，调整图层关系，为画面添加细节。

步骤 19：按 Ctrl+S 组合键保存“菠萝主图 .psd”，另存为 jpg 格式图片，完成本次案例实操菠萝主图的设计最终效果如图 6-49 所示。

图 6-47 文字效果 1

图 6-48 文字效果 2

图 6-49 菠萝主图设计效果

实训任务二 电子产品类目直通车图设计

任务描述

为笔记本电脑设计一张直通车图，理解电子产品类目的直通车图设计方法。能够掌握场景的搭建和素材的融合，能够有大胆的创意构思，理解排版与颜色搭配。

任务目标

（1）教你设计一张笔记本电脑创意直通车图。

（2）学会电子产品类目直通车图设计技巧。

任务核心知识点

（1）直通车图创意想法构思。

（2）画面场景搭建和素材融合。

（3）文案排版和画面颜色搭配。

文案要求

（1）15.6 英寸 1 080P 真实感受。

（2）提升可视范围 雾面图层工艺柔和画面。

尺寸要求

800 像素 ×800 像素。

实操步骤

步骤 1：启动 Photoshop，打开素材“笔记本原图 .jpg”，使用“钢笔工具”，状态属性栏切换为“路径”，进行笔记本电脑的路径绘制，按 Ctrl+Enter 组合键将路径转换为选区，按 Ctrl+J 组合键把图层复制出来。最终效果如图 6-50 所示。

图 6-50　复制选区

步骤 2：将“背景”图层关闭，置入“底图 .jpg”素材，按 Ctrl+T 组合键调整大小及位置。由于底图与笔记本电脑图像透视关系不匹配，所以需要将笔记本电脑图像的键盘部分分离出来，进行透视调整。使用“矩形选框工具”，对笔记本电脑键盘部分画出矩形选框，按 Ctrl+J 组合键复制图层。按住 Ctrl 键单击“图层 2”进行选区建立，按 Shift+Ctrl+I 组合键反选选区，回到“图层 1”添加一个图层蒙版。最终效果如图 6-51 所示。

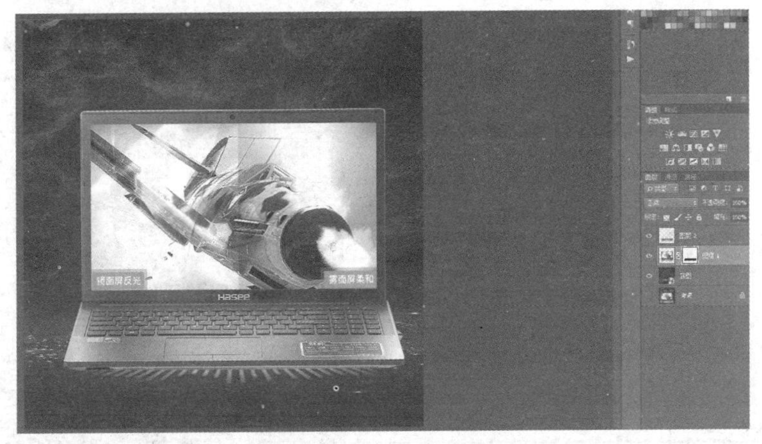

图 6-51　建立图层蒙版

步骤 3：选择“图层 2”，按 Ctrl+T 组合键，单击鼠标右键，选择“透视”命令，拖拽左下角锚点，调整键盘区域的透视关系，并适当压缩，单击“应用”按钮。适当缩小笔记本电脑的整体大小，并放置合适位置。最终效果如图 6-52 所示。

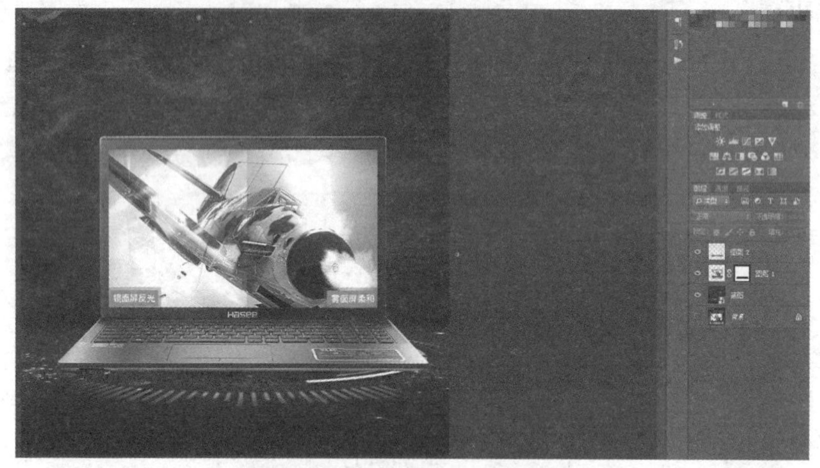

图 6-52　调整透视关系

步骤 4：接下来给笔记本电脑适当加一些阴影效果。在“底图”图层上方新建图层，使用“多边形套索工具”沿键盘周围一圈绘制建立选区。填充“黑色”，适当调整位置，修改图层模式为“正片叠底”，选择“滤镜”→“模糊”→“高斯模糊”命令，调整“半径”为 3.2 像素。

步骤 5：复制“图层 3”，重复操作，选择“滤镜”→“模糊”→“高斯模糊”命令，调整“半径”为 10 像素。分别将两个图层透明度调整为 70%，此时笔记本电脑的阴影就做出来了，因为背景为暗色，所以阴影细节不必太过追求。最终隐藏“底图”的效果如图 6-53 所示。

图 6-53　制作阴影

步骤 6：制造一些烟雾效果。新建图层，设置背景色为“白色”，选择“滤镜”→“渲染”→“云彩”命令，调整图层模式为“强光”，按 Ctrl+T 组合键缩小调整放至合适位置，调整“不透明度”为 60%，添加“图层蒙版”，使用“画笔工具”，采用黑色画笔进行涂抹，使烟雾过渡效果自然。最终效果如图 6-54 所示。

图 6-54　制作烟雾效果

步骤 7：使用“矩形选框工具”，对笔记本电脑屏幕部分拉出矩形选框，新建图层，填充“黑色”，置入“蜘蛛侠素材 .jpg”，按 Ctrl+T 组合键对“蜘蛛侠”进行位置大小的调整，可将“不透明度”调整为 70%，方便观察位置，让蜘蛛侠的手指正好浮于键盘上方，按 Ctrl+J 组合键复制一层做保留，单击鼠标右键，选择“栅格化图层”命令。

步骤 8：右下角空缺部分用“多边形套索工具”框选，选择就近颜色进行适当填充，按 Alt 键并单击图层间创建剪切蒙版。最终效果如图 6-55 所示。

图 6-55　创建剪切蒙版

步骤 9：复制“蜘蛛侠”图层，降低图层透明度，使用“钢笔工具”勾选出超出笔记本电脑屏幕的部分，包括左臂、头部和右臂，按 Ctrl+Enter 组合键将路径转换为选区，按 Ctrl+J 组合键把图层复制出来，恢复透明度。最终效果如图 6-56 所示。

图 6-56 制作“蜘蛛侠”

步骤 10：置入“Logo.jpg”，单击鼠标右键，选择“栅格化图层”命令，使用“魔棒工具”抠取需要的 Logo 部分，按 Delete 键删除不需要的部分。给 Logo 添加一个“颜色叠加”的图层样式，混合模式为正常，颜色色号为“e71f19”，缩放至合适位置。最终效果如图 6-57 所示。

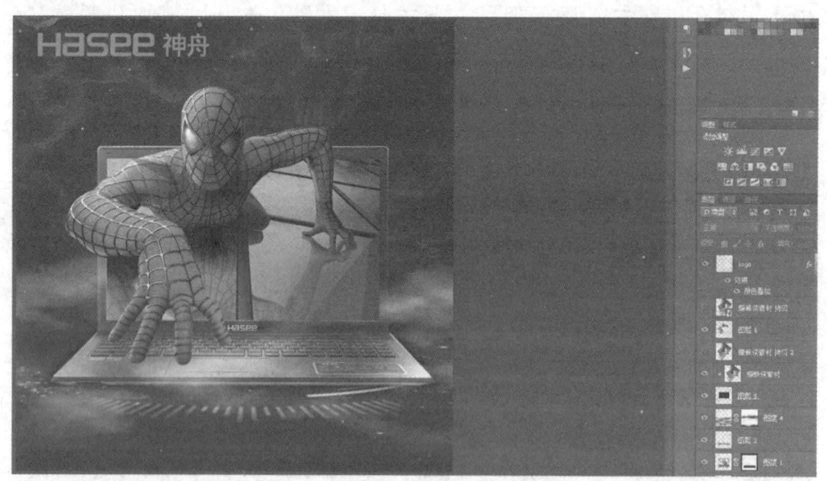

图 6-57 添加 Logo

步骤 11：使用“横排文字工具”，在工具属性栏中设置字体为“微软雅黑 Bold”，字号为 60 点，字符间距为 230，文字颜色为“白色”。输入“15.6 英寸 1 080P 真实感受”，给文字添加投影效果。

步骤 12：使用“横排文字工具”，在工具属性栏中设置字体为“微软雅黑 Regular”，字号为 30 点，字符间距为 230，文字颜色为“白色”。输入“提升可视范围 雾面图层工艺 柔和画面”。同时选中两个文字图层，进行适当角度的旋转，让画面增加一些节奏感。

步骤 13：按 Ctrl+S 键保存 PSD 文件，另存为 jpg 格式图片，完成本次案例实操笔记本电脑创意直通车图设计。最终效果如图 6-58 所示。

图 6-58　笔记本电脑创意直通车图

实训任务三　服装类钻展图设计

任务描述

为波普风女装设计一张钻展图，理解波普风格钻展图的设计方法。能够掌握场景的搭建，能够进行图像的明暗处理，能够进行一些风格化设计。

任务目标

（1）设计一张波普风女装钻展图。

（2）学会服装类目的钻展图设计技巧。

任务核心知识点

（1）钻展图创意想法构思。

（2）画面场景搭建和素材融合。

（3）文案排版和画面颜色搭配。

文案要求

（1）summer new。

（2）唯新主义，夏上新。

（3）满 299 减 30 满 399 减 100。

尺寸要求

1 440 像素 ×700 像素。

实操步骤：

步骤 1：启动 Photoshop，按 Ctrl+N 组合键创建新画布，画布尺寸为 1 440 像素 ×700 像素，分辨率为 72 像素 / 英寸，使用“文字工具”将本次案例的文案输入进去，设置字体为“微软雅黑”，按照文字的层级关系，为其设置粗细和大小对比效果，按 Ctrl+G 组合键将图层编组为“文案”。最终效果如图 6-59 所示。

图 6-59　文字效果

步骤 2：置入模特素材，单击鼠标右键，选择“转换为智能对象”命令，按 Ctrl+T 组合键调整大小及位置，在背景图层上方新建图层，填充浅粉色，新建图层，前景色设置为“黑色”，背景色设置为“白色”，选择“滤镜”→“杂色”→“添加杂色”命令，混合模式为“点光”，图层命名为“杂色”，不透明度为“70%”，给背景一个简单的杂志肌理效果，杂色参数如图 6-60 所示。使用“矩形工具”创建矩形，填充粉色。最终效果如图 6-61 所示。

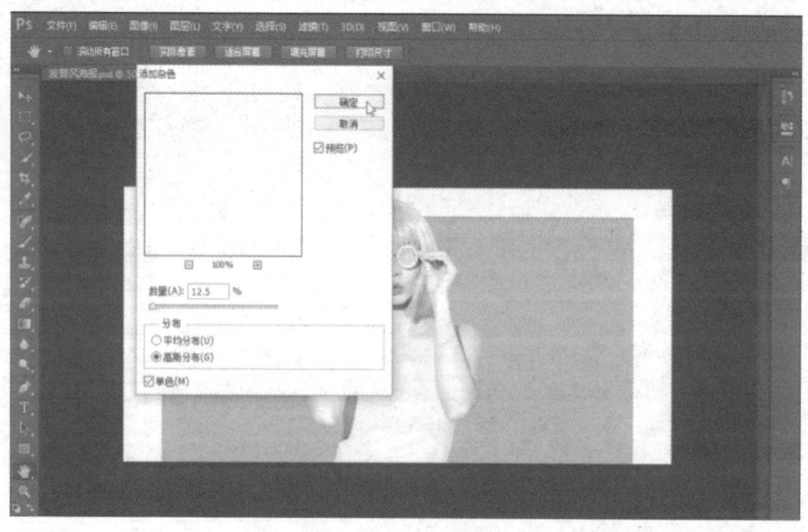

图 6-60　添加杂色

图 6-61 填充粉色

步骤 3：使用“直线工具”绘制直线，按 Ctrl+J 组合键复制，向下移动一定距离，按住 Ctrl+Shift+Alt+T 组合键等距离复制，按住 Shift 键选中图层将其合并，按 Ctrl+J 组合键复制图层，按 Ctrl+T 组合键，单击鼠标右键，选择“垂直翻转 90 度”命令，调整位置做出网格，合并图层，将其命名为“网格”，按 Ctrl+T 组合键调整其位置和大小。最终效果如图 6-62 所示。

图 6-62 制作网格

步骤 4：使用“椭圆工具”绘制圆形，移动到人物图层的下方，为其添加“渐变叠加效果”，青色到黄绿色的渐变，“角度”为 125°，将其命名为“主体”，调整文案的图层顺序、位置及大小。这次案例采用的是居中式构图，将大标题和英文作为前景置于模特前方。最终效果如图 6-63 所示。

图 6-63 添加图形图案

步骤 5：使用“矩形工具”创建矩形，填充白色，给文字添加底色。将“唯新主义”四个字分开成为“唯新”和“主义”，字体设置为“蒙纳超刚黑”，调整其大小和位置。选择文字，单击鼠标右键，选择“转换为形状”命令，使用“钢笔工具”拖动文字笔画的节点，调整形状，对字体进行调整。

步骤 6：使用“矩形工具”创建矩形，填充白色，给文字添加底色。将“满 299 减 30 满 399 减 100”字体设置为“站酷高端黑”。将“summer new”的字体设置为“AIWOOD-ANTIQUECONDENSED”，对整体的字体进行大小、位置的调整。最终效果如图 6-64 所示。

图 6-64 调整文字

步骤 7：接下来设计主标题下像素风的对话框。使用“矩形工具”画出较细的矩形条，按 Ctrl+J 组合键复制，按 Ctrl+T 组合键调整大小及位置，做出楼梯状的错落效果，调整好所有矩形图层后，按 Ctrl+E 组合键合并矩形图层，按 Ctrl+J 组合键复制，填充为蓝色；单击鼠标右键，选择“栅格化图层”命令，选择“滤镜”→“其他”→“最小值”命令，将“半径”设置为“7px”，做出对话框的样式。同样的方法，给上面的矩形做出像素风的对话框形状。最终效果如图 6-65 所示。

图 6-65　制作像素风对话框

步骤 8：下面给主标题进行色彩和肌理的添加。选择文字，字体颜色改为“蓝色”，将前景色改为“玫红色”，使用“画笔工具”在文字上刷出渐变效果，按 Ctrl+J 组合键复制网格，移动到文字图层上方，单击鼠标右键，选择“创建剪切蒙版”命令。最终效果如图 6-66 所示。

图 6-66　修改文字效果

步骤 9：将“夏上新”设置为“蒙纳超刚黑”，然后分离开，文字颜色改为蓝色，使用“矩形工具”绘制矩形，添加底色，每个矩形与每个字居中对齐，将“上”字进行上移，形成错落感。选择矩形，将文字适当调整出“斜切”效果，使用玫红色画笔做出“渐变效果”，给文字添加“投影”效果，投影效果参数如图 6-67 所示。

图 6-67 投影效果参数

步骤 10：选择英文，将英文前移，颜色设置为“浅蓝色”，添加“紫色”描边效果，按 Ctrl+J 组合键复制文字，将其置于画面最前方位置，单击鼠标右键，选择“栅格化文字”命令，下面要为其制作一个错落的斜切效果。使用“多边形套索工具”选择文字的左上角的部分，按 Ctrl+J 组合键复制，向上移动，选择文字的右下角的部分，按 Ctrl+J 组合键复制，向下移动，这样英文字母就更加富有年轻化的斜切动态效果。到这里整体的文案编排设计就完成了，适当调整各个元素的位置和大小关系。最终效果如图 6-68 所示。

图 6-68 文字最终效果

步骤 11：置入房子、斜塔素材，按 Ctrl+T 组合键调整大小和位置，置入花朵 01~07 素材，按 Ctrl+T 组合键调整大小和位置，摆放的时候要注意花朵的前后叠加关系。在背景图层上方新建图层，选择“创建剪切蒙版”命令，使用橙黄色“柔边画笔”在人物的后面绘制出光影效果。最终效果如图 6-69 所示。

图 6-69　添加房子、斜塔、花朵素材

步骤 12：置入“悬浮物”素材，按 Ctrl+T 组合键调整大小和位置；添加“背发光”效果，“不透明度”为 55%，“大小”为 5px，按 Ctrl+T 组合键调整大小，用“画笔”绘制星球的受光面的光影。最终效果如图 6-70 所示。

图 6-70　添加悬浮物

步骤 13：使用“钢笔工具”绘制描边路径，颜色为粉色，大小为 22px。按 Ctrl+J 组合键复制，使用“钢笔工具”拖动手柄调整形状，添加“投影效果”，采用黑色“叠加”，“不透明度”为 45%，“距离”为 19px。按 Ctrl+J 组合键复制曲线到右侧，按 Ctrl+T 组合键垂直翻转，调整位置；创建“曲线”压暗画面。到这里整体画面的一个设计就完成了。最终效果如图 6-71 所示。

图 6-71　波普风女装钻展图

实训任务四　直通车图设计

任务描述

为净化器设计一张直通车图，理解简约风格直通车图的设计方法。能够掌握场景的搭建，能够进行图像的明暗处理，能够处理影子的制作。

实操步骤

步骤 1：启动 Photoshop，新建画布，画布尺寸为 800 像素 ×800 像素，拖入“场景”素材，按 Ctrl+T 组合键调整大小及位置，将需要的部分置于画面中央。使用“矩形工具”绘制矩形，放置于台面处遮挡，降低不透明度便于观察，单击鼠标右键选择“扭曲”命令，变换矩形，使其与台面重合，起到遮挡的作用。最终效果如图 6-72 所示。

图 6-72　置入场景

步骤 2：在后方柜子部分也绘制矩形进行遮挡，然后复制后方背景的一个柱子形状进行摆放。最终效果如图 6-73 所示。

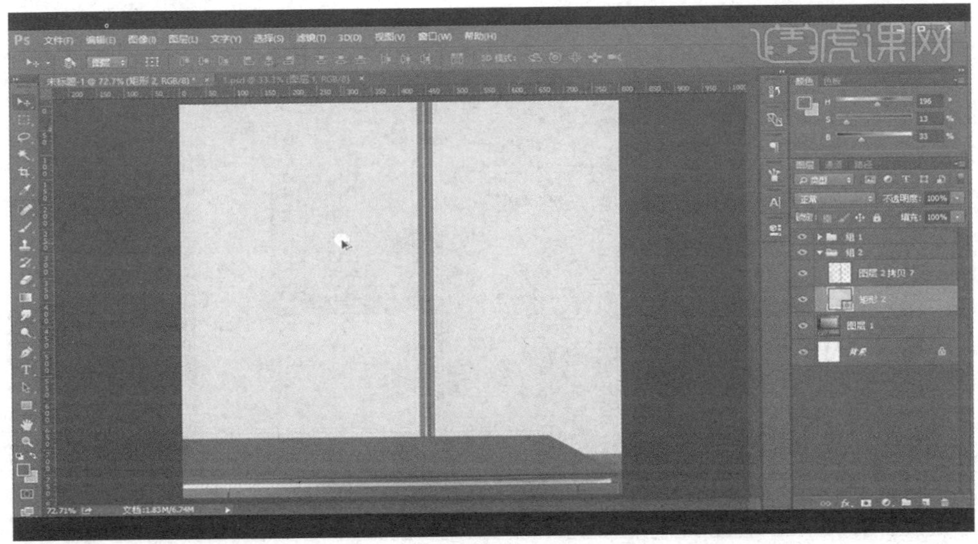

图 6-73　绘制矩形

步骤 3：对绘制的矩形进行颜色修改，色调与产品相匹配，搭建背景与台面场景，营造出一定的空间感。拖入“产品”、装饰的“植物”素材，按 Ctrl+T 组合键调整大小及位置，摆放至合理的地方。最终效果如图 6-74 所示。

图 6-74　置入产品、装饰物

步骤 4：对后方背景矩形添加“曲线”，然后进行压暗处理，涂抹掉不需要的部分。

对背景图层进行“添加杂色”，数量为“1”，对植物和产品添加“曲线”做出明暗对比的效果。最终效果如图 6-75 所示。

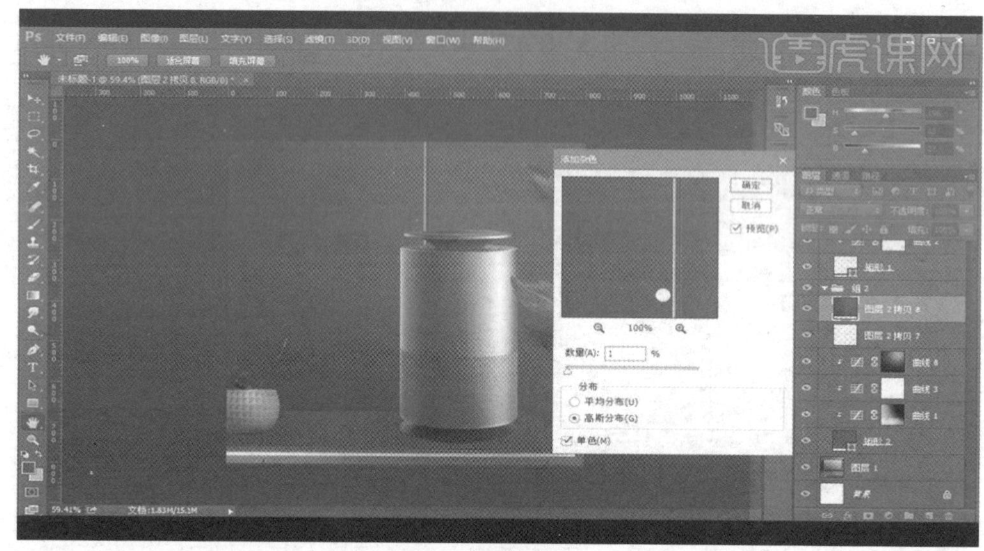

图 6-75　调整明暗对比

步骤 5：对花盆制作影子，新建图层，混合模式为“正片叠底”，直接使用画笔工具进行涂抹。最终效果如图 6-76 所示。

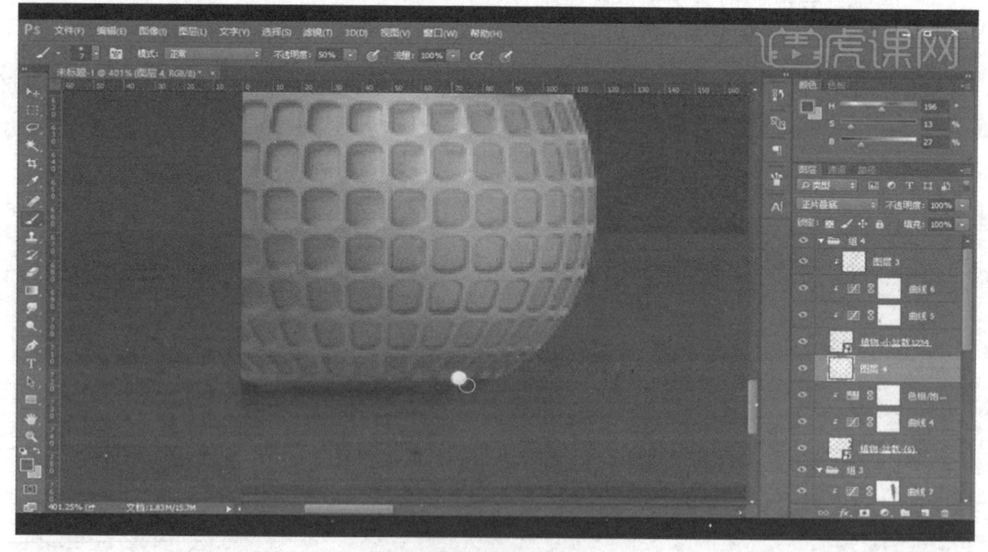

图 6-76　制作花盆影子

步骤 6：产品也同样新建图层设置混合模式为正片叠底，然后选中产品选取填充深色进行下移，添加高斯模糊。最终效果如图 6-77 所示。

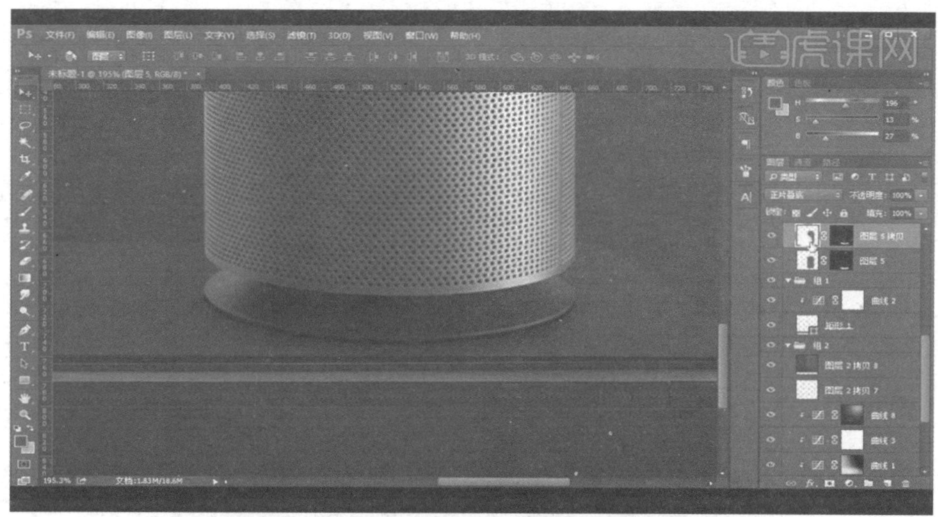

图 6-77　高斯模糊

步骤 7：对右侧的植物添加“投影”，参数如图 6-78 所示。

步骤 8：输入文案“MULTI FILTER DESIGN FOR PURIFYING AIR LAYER BY LAYER”“空气质量管家”“多重过滤设计 层层净化空气”，拖入“卖点”素材，调整文案部分的大小及位置关系。

步骤 9：新建一个调整层，整体添加“蓝色通道曲线”进行调整。添加一个“色阶”加强对比，按 Ctrl+Shift+Alt+E 组合键盖印图层，添加“高反差保留”，调整为“0.5”，混合模式为“线性光”，降低不透明度。到这里整体画面的一个设计就完成了，最终效果如图 6-79 所示。

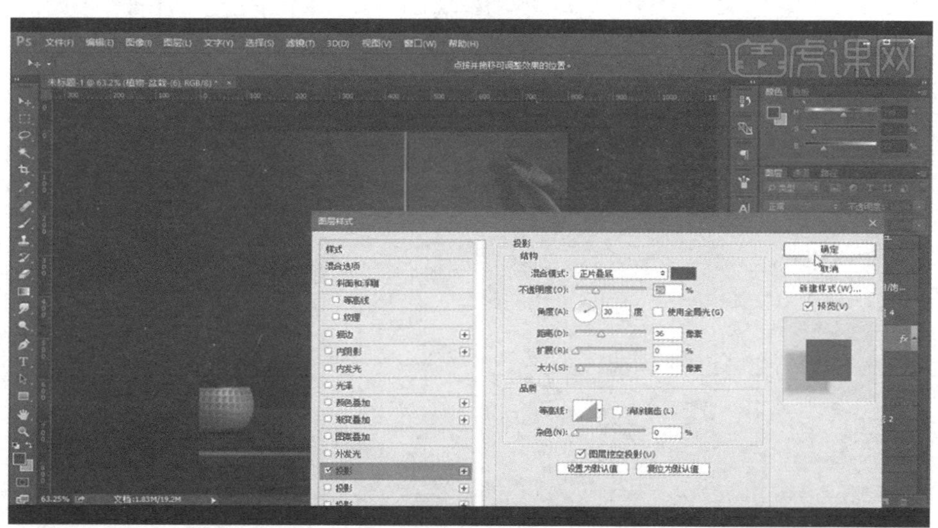

图 6-78　植物添加投影

图 6-79　净化器直通车图

项目总结

通过对本项目内容的学习，参考项目总结模板，对本项目学习情况进行总结。

项目七
电商海报设计

项目介绍

本项目旨在讲授电商海报设计的相关知识，包括基本概述、版面布局以及表现形式等内容，以帮助学生了解和掌握电商海报设计的规范和技巧。我们将通过深入浅出的方式，让学生了解电商海报的基本概念、设计原理和技巧，以及如何根据不同的产品、品牌和目标受众进行有针对性的设计。

在实践环节，我们将要求学生设计“双十一”促销竖版海报和春节促销横版海报。这些实践训练旨在让学生将理论知识应用到实际操作中，培养他们的创意、表现、图形设计以及版面设计等技能。学生将有机会进行实际操作，深入了解电商海报的设计流程和规范，从而熟练掌握这一技能。

学习目标

1. 熟悉电商海报的常见类型及其对应的尺寸标准。
2. 理解电商海报的版面布局类型及其设计原则。
3. 掌握电商海报整体视觉效果的呈现方法。
4. 具备独立设计海报的能力，能够根据主题和要求创作出符合规范的海报作品。
5. 具备良好的创意和审美能力，能够运用所学知识进行创新设计。
6. 培养持续学习和自我提升的意识，关注行业动态和技术发展，不断更新自己的知识和技能。

知识结构

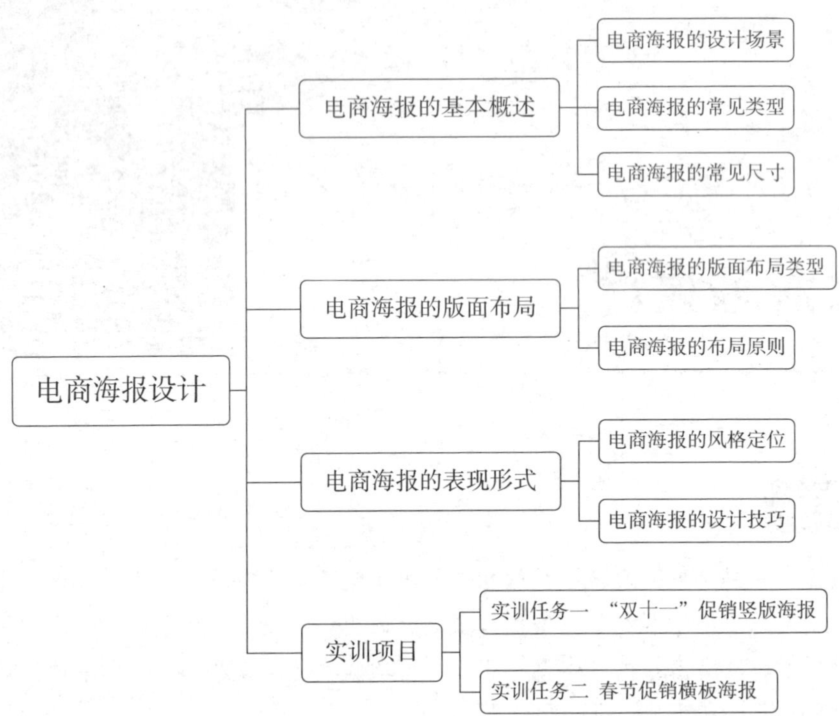

学习计划

<table>
<tr><td colspan="2">小节内容</td><td>电商海报的基本概述</td><td>电商海报的版面布局</td><td>电商海报的表现形式</td></tr>
<tr><td rowspan="2">课前预习</td><td>预习时间</td><td></td><td></td><td></td></tr>
<tr><td>预习自评</td><td colspan="3">难易程度　□易　□适中　□难
问题总结：</td></tr>
<tr><td rowspan="2">课后巩固</td><td>复习时间</td><td></td><td></td><td></td></tr>
<tr><td>复习自评</td><td colspan="3">难易程度　□易　□适中　□难
问题总结：</td></tr>
</table>

知识储备

知识点一　电商海报的基本概述

海报设计是视觉传达的表现形式之一，通过版面的构成在第一时间吸引人们的目光，让人获得瞬间的视觉刺激，这就要求设计者将图片、文字、色彩、空间等要素进行完美的结合，以恰当的形式向人们展示出宣传信息。

随着时代与科技的发展，人们不再满足于在实体店消费获得的服务。为此，网店涌入买家的视线，电商海报也成为网店经营者的一种营销手段，如图 7-1 所示。

图 7-1　电商海报

一、电商海报的设计场景

电商海报的设计场景丰富多样，根据具体的营销目标、产品特性和受众群体，设计师可以创造出各种具有吸引力和独特性的海报。以下是一些常见的电商海报设计场景。

1. 商品促销海报

这类海报通常用于宣传特定的促销活动，如打折、满减、买一送一等。设计师会运用醒目的色彩、字体和排版技巧，突出活动的优惠信息，吸引消费者的注意力，如图 7-2 所示。

2. 新品上市海报

当电商平台推出新品时，需要设计新品上市海报来吸引消费者的关注。这类海报通常会展示新品的外观、特点和使用场景，强调其独特性和创新性，如图 7-3 所示。

图 7-2 双 11 促销海报　　图 7-3 新品上市海报

3. 节日主题海报

在重要的节日或纪念日，电商平台会推出与节日主题相关的海报。设计师会根据节日的文化内涵和氛围，运用相应的色彩、图案和元素营造出浓厚的节日氛围，如图 7-4 所示。

4. 产品介绍海报

产品介绍海报是产品信息的直观展示，还是品牌形象提升、品牌故事传递以及促销转化的重要工具，如图 7-5 所示。

图 7-4 节日主题海报

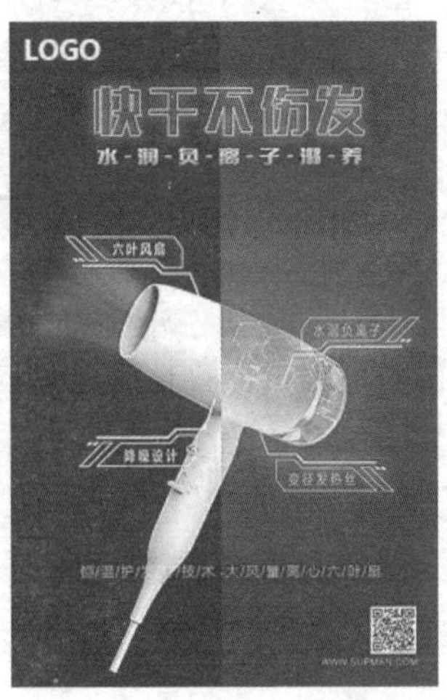

图 7-5 产品介绍海报

二、电商海报的常见类型

电商海报的类型有很多种，如食品类、婴幼儿类以及服装类等，虽然电商海报的产品类型不同，但是大致组成内容相同。作为一名合格的设计师，无论是何种类型的电商海报设计，都需要遵循设计原理设计出符合大众审美的海报作品。

1. 食品类

食品类的电商海报主要是向买家传递美味可口的感觉，随着人们健康养生理念的日益增强，食品类的电商海报也打破了传统的海报设计方法，需要从健康养生、绿色天然以及环保等角度出发，向买家传递健康、放心食用的理念，如图 7-6 所示。

图 7-6　食品类电商海报

2. 婴幼儿类

婴幼儿类的电商海报主要是向客户传达一种专业健康的感觉。因此，在制作该类产品的电商海报时，通常会使用可爱的婴儿照片或者婴幼儿用品的产品图片作为主图，文案则会使用主题明确的编排方式，向浏览者传递放心、健康和舒适的理念，如图 7-7 所示。

图 7-7　婴幼儿产品类电商海报

3. 服装类

服装类的电商海报是目前比较常见的海报之一。由于面对的人群较多，因此在设计海报时，需要根据不同的对象来使用不同的色彩。

例如，男士一般是沉稳大气的，就需要使用深色的色调，如深蓝色和黑色等，如图 7-8 所示；而女士一般是妩媚柔和的，就需要使用粉色、红色、绿色等色调，如图 7-9 所示；儿童一般是天真烂漫的，就需要使用黄色、粉色或者浅蓝色等色调。

图 7-8　男装电商海报

图 7-9　女装电商海报

4. 家居类

家居类的产品有很多种，如空调、冰箱、风扇、床上用品、收纳箱等。由于产品比较常见，因此在设计家居类的电商海报时，不宜设计得过于复杂，而应该简单明了，将宣传主题清楚表达即可，如图 7-10 所示。

一般情况下，家居产品的海报采用蓝色或者绿色作为背景色，给人一种整洁、清爽、简单的感觉，如图 7-11 所示。

图 7-10　家居类电商海报

图 7-11　家居类电商海报

5. 数码产品类

数码产品类的电商海报一般给人神秘、高科技、高技能的感觉。因此，在为数码产品的电商海报选择背景色时，一般选择蓝色、紫色或者黑色等带有稳重和神秘气息的颜色，且文案与产品图的搭配要整齐，这样才能更好地体现出产品的品质，如图 7-12 所示。

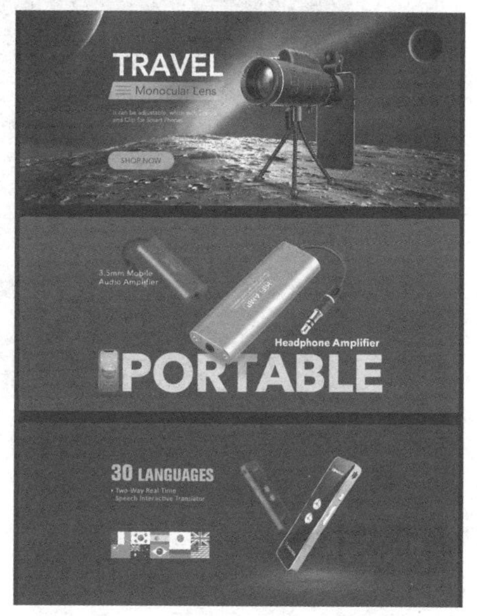

图 7-12　数码产品类电商海报

三、电商海报的常见尺寸

在完成电商海报的设计后，会将电商海报应用到店铺中的不同位置。店铺中不同的位置，对于海报尺寸有着不同的要求。所以，在设计电商海报时，需要根据实际情况选择合适的尺寸，以最大限度地吸引消费者的关注并激发他们的购买欲望。

1. PC 端横版海报

PC 端横版海报的常见尺寸为：1 920px × 600~1 000px，对于一些特殊需求的商家来说，也可以根据实际情况选择其他尺寸的海报，以满足自身的宣传需求，如图 7-13 所示。当然，不同的电商平台对于海报的尺寸和设计也有不同的要求。

图 7-13　PC 端横版海报

2. 移动端横版海报

目前大部分电商平台上的移动端横版海报的尺寸为 750px × 390px。这类海报的使用场景一般为店铺主页 banner 图、平台的直播广场等，如图 7-14 所示。

在商家主页上，我们常可以看到这类横版海报滚动展示，它是用户进入直播间的另一大入口，消费者点击海报即可进入直播间参与互动。

图 7-14　移动端横版海报

知识拓展

banner（翻译为横幅）：网页某个版块显示的宣传海报称为 banner，一般放在导航下面的区域，用来吸引用户注意力，突出宣传主题，导流到活动页面或者产品页面。

3. 竖版海报

目前大部分电商竖版海报的统一尺寸为 1 242px × 2 208px。竖版电商海报的使用场景相当丰富多样，它以其独特的视觉呈现方式在不同的电商营销活动中发挥着重要作用。以下是一些竖版电商海报常见的使用场景。

（1）移动端展示。在移动互联网日益普及的今天，竖版海报非常适合在智能手机、平板电脑等移动设备上展示。其纵向的布局能够更好地适应移动设备的屏幕比例，提供更佳的观看体验，如图 7-15 所示。

（2）社交媒体推广。在社交媒体平台，如微信、微博、抖音等，竖版海报因其竖直的形状能够占据更多的屏幕空间，从而吸引更多的注意力。商家常利用竖版海报进行产品推广、活动宣传或品牌形象展示。

（3）电商平台详情页。在电商平台的产品详情页中，竖版海报可以作为主视觉展示，帮助消费者更快速地了解产品特点、优势和品牌故事。同时，通过与其他元素的搭配，如文字说明、优惠信息等，形成强有力的销售信息，如图 7-16 所示。

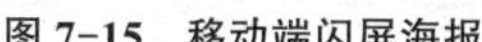
图 7-15　移动端闪屏海报

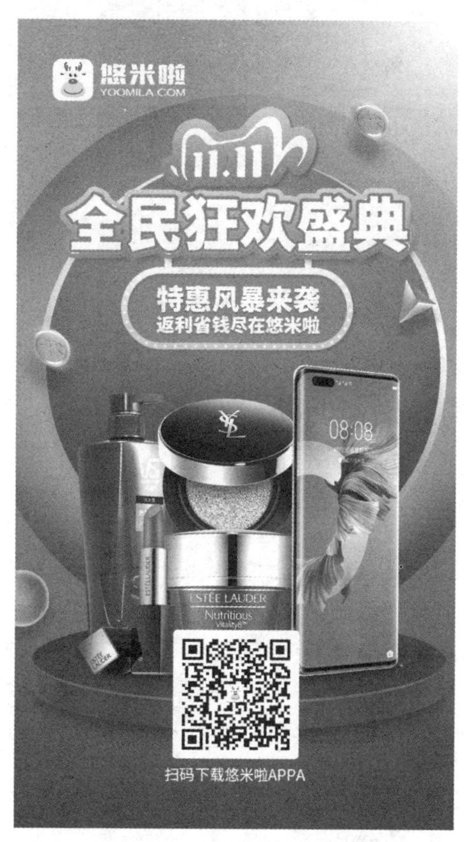

图 7-16　移动端竖板海报

（4）线下门店宣传。竖版海报也可以作为线下门店的宣传工具，其尺寸适中，便于悬挂或摆放，能够吸引过往顾客的注意，提高品牌知名度和产品曝光率。

（5）邮件营销与电子贺卡。在邮件营销活动中，竖版海报可以作为邮件的附件或嵌入内容，以增加邮件的吸引力和可读性。同时，竖版海报也可以制作成电子贺卡，用于节日祝福、客户感谢等场合，增强与客户的情感联系。

4. 直播封面图

目前淘宝和抖音都建议直播封面图的尺寸为 750px × 750px。当消费者进入平台的直播广场，封面图是吸引他们点击的重要因素，如图 7-17 所示。

(a) 淘宝直播广场

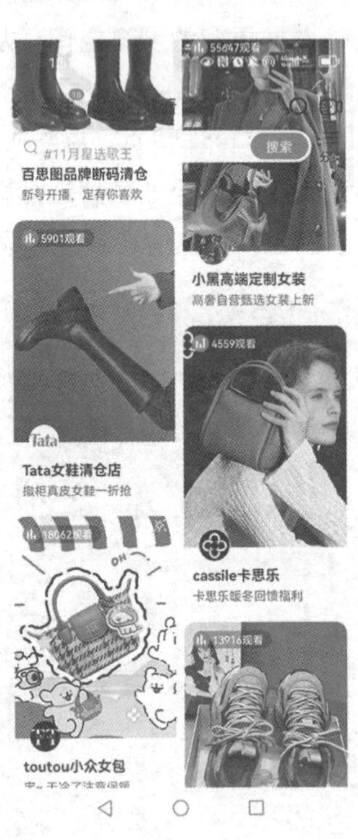

(b) 抖音直播广场

图 7-17　直播封面图

在做封面图的时候，官方会提示什么样的封面图会更容易获得更高的点击率，比如淘宝直播平台要求：封面图不掺杂文字（除平台要求的角标之外），不使用拼接图，不使用表情包等元素；淘宝直播的标题不能出现“测试”等字样，并且标题封面图与直播标签必须相符。

学有所思

根据你对电商海报的基本概述的学习，请思考电商海报设计的常见尺寸有哪些。

知识点二　电商海报的版面布局

一、电商海报的版面布局类型

通常，电商海报版面包括主体、文案、背景和点缀元素四个部分，设计时要做到主次分明，排版合理。

知识拓展

主体：主体一般是产品（或模特），这是视觉的焦点，主导着整个设计。

文案：对主体进行辅助说明或引导。

背景：可以分为纯色、彩色肌理、图片、图形等。

点缀元素：装饰性的元素，根据版面的需求可有可无。

电商海报的设计构图多种多样，每种构图风格都展现出其独特的魅力和优势。接下来，我们将重点探讨 banner 的几种主流构图布局。

1. 黄金比例分割构图

黄金分割是指将整体一分为二，较大部分与整体部分的比值等于较小部分与较大部分的比值，其比值约为 0.618，如图 7-18 所示。这个比例被公认为是最能引起美感的比例，被称为黄金比例。因此，黄金比例分割构图符合大多数用户的审美标准，可以使海报看起来更美观、更合理。

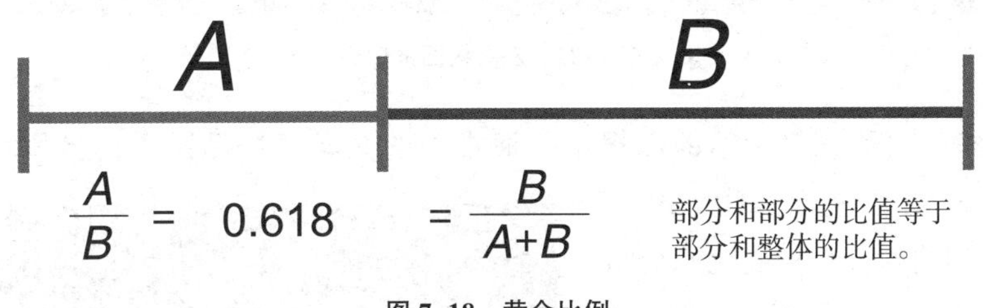

图 7-18　黄金比例

黄金比例分割构图包含左右构图、上下构图、三等分构图和对角构图。

（1）左右构图。文案左，商品模特右；文案右，商品模特左。这种构图是 banner 中经常出现的，主要特点是视觉上会比较清晰，容易分辨，文案产品模特一目了然，如图 7-19 ~ 图 7-21 所示。

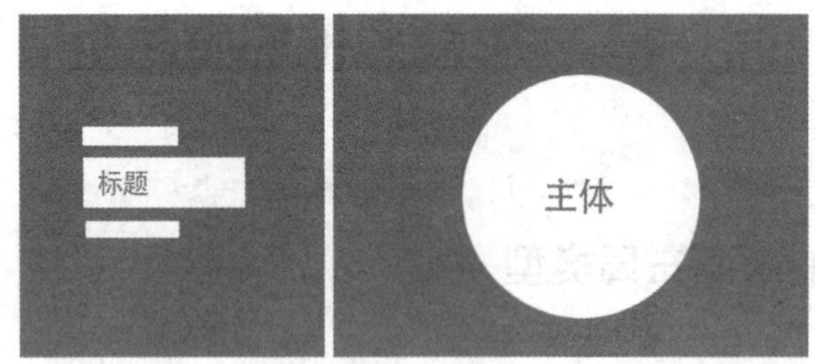

图 7-19　左右构图

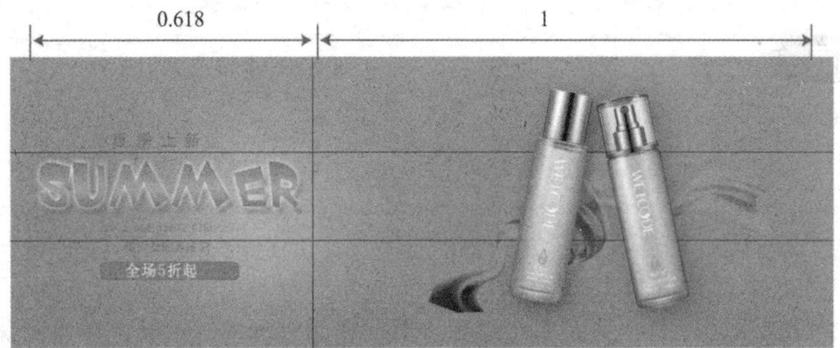

图 7-20　左右构图案例 1

图 7-21　左右构图案例 2

在图 7-20、图 7-21 所示的海报中，海报中的文案和产品图主体分别位于海报的两侧，所占位置的比例大约为 0.618 ∶ 1，符合黄金分割的比例构图方式。通过这种构图方式可以使得整个海报看起来主题明确。

（2）上下构图。这种版式比较适合偏正方，高度大于宽度的尺寸，上下布局对模特和商品特点要求比较高，在选择这种布局的时候要结合商品模特的特点来考虑，如图 7-22 所示。

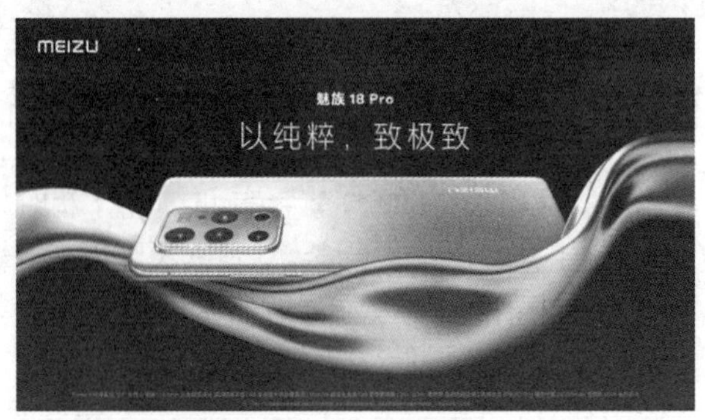

图 7-22　上下构图案例

（3）三等分构图。三等分构图是黄金比例分割构图的简化，如图 7-23 所示。三等分构图是指把画面横向分为三份，每一份中心都可放置海报的主体形态，这种构图适宜多形态、平行焦点的主体。这种画面构图表现鲜明、构图简练。

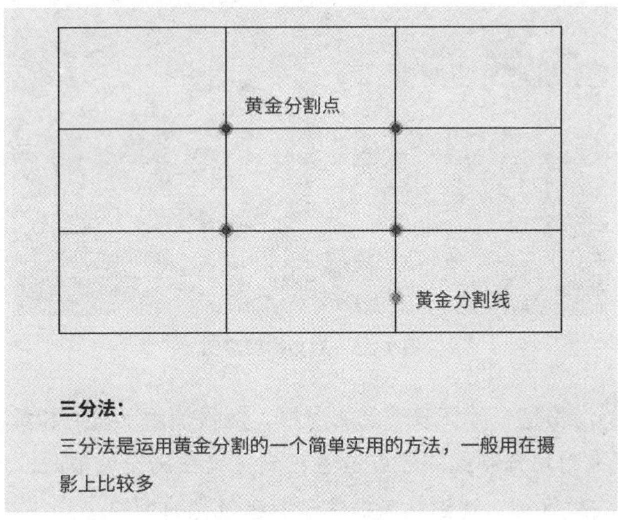

图 7-23　三等分构图

图 7-24 所示的海报是一款零食产品的电商宣传海报，该海报使用三等分的构图方式，将海报中的所有产品分别放置在三等分两条线的交点位置。通过这种摆放方式，可以一下子吸引住浏览者的目光。

图 7-24　三等分构图案例

知识拓展

三等分构图方式是黄金比例分割构图的衍生，使用该种构图布局，不仅可以集中摆放产品，也可以将海报的主要内容放置在线条两两相交的位置。

（4）对角构图。对角构图方法，与黄金构图、水平构图、垂直构图相对应，是物体在画幅中两对角的连线。使用对角线构图可以利用倾斜的四角线将视觉中心引向任意两条线相交的交点，即视觉的兴趣区域所在点，如图 7-25 所示。

图 7-25　对角构图案例

图 7-25 所示的海报是一款怀表产品的海报，海报使用了橙色和黄色相间的背景色，并将怀表产品放置在对角分制线的焦点位置，浏览者在浏览海报时，可以一下子就看到自己视觉兴趣点所在的区域，达到快速抓住浏览者目光的目的。

知识拓展

对角线构图布局也是利用黄金分割法的一种构图方法，其构图布局方法与三等分构图布局方法类似。

2. 三角形构图

三角形构图在画面中所表达的主体是放在三角形中或海报本身形成三角形的样式，此构图是视觉感应方式，有形态形成的，也有阴影形成的三角形态。如果是自然形成的线形结构，可以把主体安排在三角形斜边的中心位置上，以图有所突破。三角形构图具有安定、均衡但不失灵活的特点，如图 7-26 所示。

图 7-26　三角形构图案例

在图 7-26 所示的海报中采用的是三角形的构图布局，通过该布局方式可以将主要产品图与文案标题置于三角形的顶点与边的部位，通过该位置可以吸引浏览者的视线，从而起到更好的宣传作用。

3. 对称构图

这种布局类型将页面分成两个对称的部分，然后将不同的内容放置在不同的部分中，如图 7-27 所示。这种布局可以很好地平衡页面的视觉效果，同时也能增强品牌的识别度。在制作电商海报时，可以使用简洁明了的文字和图像来传达信息，如图 7-28 所示。

无论采用哪种布局类型，都要注意合理安排内容的位置和大小，以保持整体的视觉平衡和和谐感。同时，要根据目标受众的需求和喜好来进行设计和调整，以提高海报的吸引力和转化率。

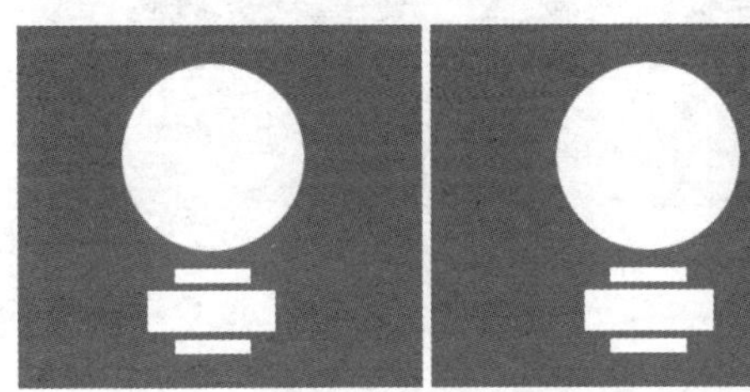

图 7-27　对称构图

图 7-28　对称构图案例

二、电商海报的布局原则

电商海报是商业活动中广泛使用的一种宣传工具，其布局原则对于海报的视觉效果和信息传达至关重要。图 7-29 所示是一些电商海报的布局原则。

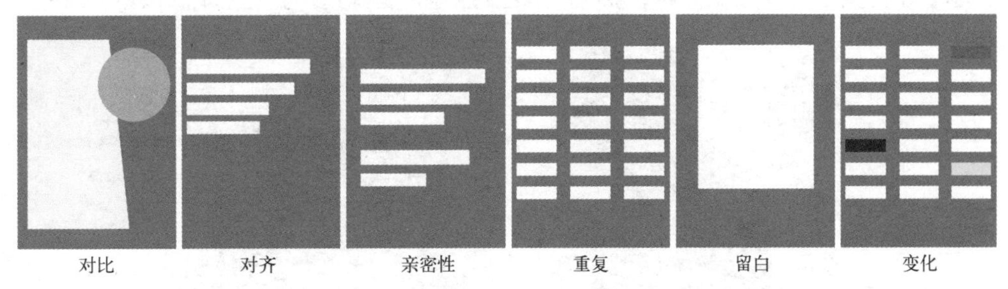

图 7-29　布局原则

1. 对比

缺乏对比，作品会变得平淡乏味，并且不能有效地传递信息。不管是哪种对比，不要畏畏缩缩，需要大胆一些，明显一些，如图 7-30 所示。例如，不要拿 12 号和 13 号文字做大小对比，这是没有任何意义的。

2. 对齐

任何元素都不能在版面上随意安放，应当与页面上的某个内容存在某种视觉联系。在版面上找到可以对齐的元素，形成一条明确清晰的对齐线，让版面产生秩序美，如图 7-31 所示。

图 7-30　对比布局案例

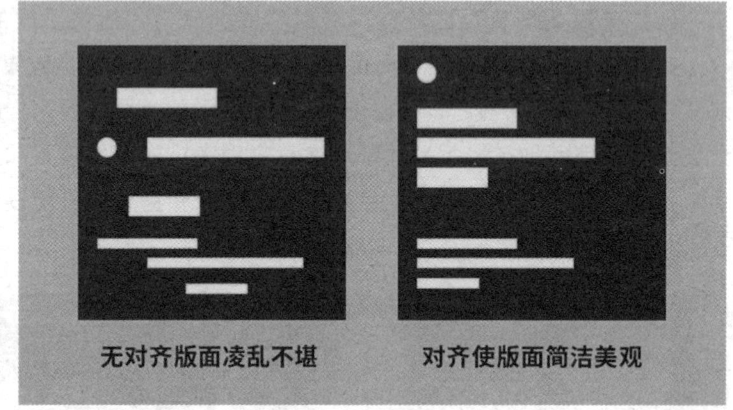

图 7-31　对齐布局案例

3. 亲密性

亲密性是指将元素进行合理的分组与归类，划分信息层级，相关的归组成为一个视觉单位，如图 7-32 所示。

4. 留白

留白是虚实空间对比的作用。适当的留白能让页面透气，有呼吸，给人舒适感。所以，尽量在视觉上减少视觉分组；多利用负空间创作一些巧妙的负空间，如图 7-33 所示。

图 7-32　亲密性布局案例

图 7-33　留白布局案例

5. 变化

变化是指画面要有层次感，有位置、大小或者颜色等的变化，可以打破版面呆板、平淡的格局，如图 7-34、图 7-35 所示。

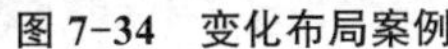
图 7-34　变化布局案例

图 7-35　变化布局案例

学有所思

根据你对电商海报版面布局的学习，请你说一说banner主流的构图布局类型有哪些。

知识点三　电商海报的表现形式

电子商务与传统的商务模式相比，具有交易网络化、虚拟化、透明化及成本低等特征，特别是跨境电商、农村电商、移动电商的发展，使得电子商务经营和交易变得更加丰富和复杂，因此学习电子商务、了解电子商务法律、规范电子商务经营、保护自身交易权益有着现实的意义。

一、电商海报的风格定位

电商海报的风格多种多样，设计出的电商海报是为产品售卖而服务的。太过艺术让用户看不懂，太过复杂容易让用户摸不清重点，这在电商海报设计中都是极为避讳的。下面讲述几种当下比较流行的电商海报的设计风格。

1. 极简风格

极简风格以简洁、清新和直观为主，通过简单的图形、文字和色彩来展示产品信息，避免过多的装饰和复杂的布局。这种风格强调突出产品本身，让用户快速了解产品的特点、优势和用途。

华为选择将放大的图片结合超精简的文字，以及左右对称的构图，将产品的特点表达得直接又清晰。而背景以白色或者浅灰色衬托则更能突出品牌追求的简约化自身设计和独特质感，如图 7-36 所示。

2. 国潮风格

国潮风格爆火之后，很多品牌都开始走这类风格，有的品牌将国潮与品牌、产品、营销结合得十分完美，建立了自己独特的品牌差异化；有的品牌则只是单纯在视觉层面结合。这个风格本质是来自于中国传统文化和历史流传的徽章图腾、色彩搭配和民间艺术，将中国特有的美学法则引入现代设计理念中。其特点就是高饱和色调，中国传统民族化图腾符号，以及偏民间化用色。

“花西子”是将国潮与化妆品完美结合的品牌。“花西子”的“双十一”页面重点凸显主推产品的特性，展现苗族的特色，拉开与其他品牌的差异性，页面添加互动音效和微动效，每当滑动页面时就会发出“银饰”晃动的声音，细节处理到位，如图 7-37 所示。

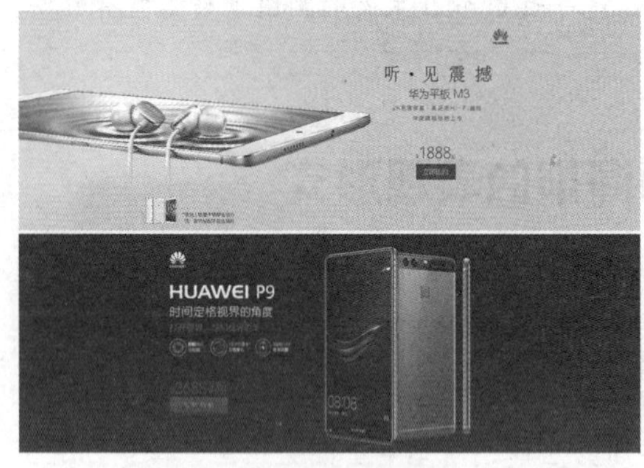

图 7-36　极简风格案例

图 7-37　国潮风格案例

3. 故障风格

故障风格艺术源于电子设备在使用过程中出现异常，画面失真的视觉效果。故障风格多用于偏潮流、时尚的设计中，受众人群比较年轻化。比如一些年轻人喜欢的服饰、穿搭产品的故障风格设计，其接受程度更高一些，如图 7-38 所示。

4. 电子霓虹风格

每年的节日促销，这种“电子霓虹风”就会不可避免地被商家和设计师拿来再玩一次。该风格带有强辨识度的发光字体和线条，会给人一种强烈的视觉冲击和立体感染视觉效果。加上“自古红蓝出 CP”的原色搭配所产生的迷幻未来感，也会让消费者不自觉再多看两眼。其特点是霓虹灯，红蓝色调，未来感，如图 7-39 所示。

图 7-38　故障风格案例

图 7-39　电子霓虹风格案例

5. 插画风格

插画风格一直都是主流的设计风格，在页面中应用插画构图采用特殊一点的视角（俯视、仰视）、场景绘制得大一些，层次感会更丰富，氛围感和画面的张力更足。插画的使用领域和受众一直非常广泛。对于家居、食品、创意、小工艺品等品类，简单轻松的插画加上可爱卡通人物形象的出现，可以拉近观者距离，增强品牌互动，制造热点。其特点是手绘笔触，色彩活泼，不受年龄限制。

老金磨方采用的插画的形式如图 7-40 所示。五芳斋采用建筑物的特殊透视效果，让画面更加具有张力，古代的门这个元素经典好用，搭配卷轴从里向外展开，如图 7-41 所示。

图 7-40　老金磨方插画风格案例

6. 扁平风格

扁平风格的插画，加上大小分布的图标和粗描边的字体，再结合一部分的渐变色效果，可以让整体的设计更加丰富的同时，也提高了趣味和层次感，如图 7-42 所示。

图 7-41　五芳斋插画风格案例

图 7-42　扁平风格案例

7. 科技风格

科技风，主要体现时代的发展和科学技术的进步，多用于科技产品。配色也多采用蓝紫色结合，或黑金结合，注重质感的呈现，如图 7-43 所示。

图 7-43　科技风格案例

8. 3D 风格

近年来，随着软件的多样化，3D 风格也逐渐盛行起来。有别于其他风格的是，3D 风格的意图是在二维空间内打造三维的感觉，如图 7-44 所示。

图 7-44　3D 风格案例 1

英氏婴童洗护将自己的吉祥物通过 C4D 立体化，增加上未来科技的场景，这是 C4D 出现最多的画面，也很容易出效果，如果前排公仔的动态、表情再灵活一点会更出彩，如图 7-45 所示。

图 7-45　3D 风格案例 2

课堂讨论

国潮文化作为近年来兴起的文化现象，体现了年青一代对于传统文化的重新认识和热爱。它融合了传统与现代元素，将传统美学与当代设计相结合，形成了一种独具特色的风格。

想一想：国潮风格海报的设计特点有哪些？

二、电商海报的设计技巧

电商海报的设计是电商营销中的重要一环，它能够吸引消费者的注意力，激发他们的购买欲望，并最终促进销售。以下是一些电商海报的设计技巧。

（1）突出主题。海报的主题应清晰明确，并通过布局和设计元素突显出来。主题可以是产品、品牌、促销活动或任何其他具有吸引力的元素。要确保主题在海报中占据中心位置，并使其在视觉上引人注目。

（2）保持简洁。尽管电商海报需要吸引人，但不要让海报过于复杂或混乱。使用简洁的设计和布局，可以避免让观众感到困惑或分散注意力。尽量精简文字和图像，只展示最重要的信息。

（3）图文结合。文字和图像是电商海报中最重要的两个元素，将它们有效地结合在一起，可以增强海报的吸引力和信息传递效果。要确保使用高质量的图片，图像可以是产品图片、品牌标识或者与主题相关的插图。文字应简洁明了，以吸引读者的注意力。

（4）对比鲜明。使用对比鲜明的颜色、字体和图像来引导观众的视线。对比可以突出重要的信息和元素，并使整体布局更加生动有趣。但要注意不要过度使用对比，以免让整体效果显得过于刺眼或混乱。

（5）信息层次分明。确保海报的信息层次分明，以引导读者的视线。重要信息应放在中心位置，并通过字体大小、颜色或特殊排版使其突出。次要信息则可以放在周围或作为背景元素呈现。

（6）符合品牌形象。电商海报的设计和布局应符合品牌的形象和风格。这样可以增强品牌的识别度，并提高消费者对品牌的信任感。在布局和设计元素中应融入品牌标识、口号和色彩方案。风格既可以根据产品属性来定，又可以根据季节、节日等其他因素来定。此外，海报的风格要和整个店铺的风格相协调、统一才行。

（7）引导行动。电商海报的主要目的是引导消费者采取行动，如购买产品、访问网站或关注品牌。因此，要确保在布局中突出显示这些行动召唤（CTA），并使其易于识别和点击。例如，使用醒目的按钮、图标或突出显示的文本来引导行动；强调限时优惠，限时优惠可以激发消费者的购买欲望和紧迫感，在海报中可以运用倒计时、促销倒计时等方式强调优惠的时间限制，让消费者产生紧迫感，促进购买行为。

知识拓展

CTA 是一个英文缩写，它代表的是“Call To Action”，在网页设计和营销中，CTA 通常用于指示用户下一步应该做什么，比如点击链接、下载文件、填写表格等。CTA 按钮是引导用户采取行动的一种方式，通常放置在网页上的显眼位置，以吸引用户的注意力并促使用户采取行动。

（8）创新与个性化。在遵循以上原则的同时，可以尝试创新和个性化的布局设计。通过独特的排版、图形和色彩方案来吸引读者的注意力，并使海报在众多竞争对手中脱颖而出。但要确保创新设计不会破坏整体的美感和易读性。比如利用故事化的情境，故事化的情境可以让消费者更容易产生情感共鸣。例如，可以将产品融入日常生活场景中，利用温馨、浪漫、欢乐等情感元素，增强消费者的代入感和购买欲望。

（9）空白与留白。尽管海报的设计应紧凑且充满活力，但也要注意适当使用空白和留白。空白可以平衡整体布局，使读者更容易关注重要的信息和元素。同时，留白也可以为读者提供喘息的机会，避免视觉疲劳。

（10）响应式设计。考虑到各种设备和屏幕尺寸，要确保电商海报在桌面、平板电脑和手机等不同设备上都能良好地展示。响应式设计可以确保海报在不同设备上的布局和可读性达到最佳效果。

知识拓展

响应式设计是一种网页设计方法，它允许网站根据用户的设备（如手机、平板电脑或桌面电脑）的屏幕尺寸和分辨率进行调整。响应式设计允许网站在各种设备上提供一致的用户体验，无论屏幕尺寸如何。它通常使用 CSS3 和 JavaScript 技术来实现，以适应不同的屏幕尺寸和设备类型。

（11）测试和优化。在发布海报之前，进行测试和优化是非常重要的。测试可以帮助设计师了解消费者的反馈和需求，并优化海报的设计，以提高其效果。

总之，电商海报的设计需要考虑到消费者的需求和心理，同时也需要遵循一定的设计原则和技巧。通过不断地测试和优化，可以设计出更具吸引力和效果的电商海报。

学有所思

根据对电商海报的表现形式的学习，谈一谈，当下比较流行的海报设计风格有哪些？如何在众多海报设计中脱颖而出？

知识总结

电商海报设计是电商营销的重要环节，可以吸引消费者的目光，增加产品的曝光和销售。设计时需注意尺寸和比例，根据使用场景和品牌形象选择最佳比例。主题和风格是关键，要与产品和品牌相关，突出主题和风格。布局和元素排布要简洁明了，方便消费者理解。文案要简洁明了、有吸引力，突出产品特点和优势，符合品牌形象和消费者需求。设计需要掌握基本技巧，不断实践和创新，提高设计水平。

项目实训

实训任务一　“双十一”促销竖版海报

任务描述

主题“双十一狂欢”，“双十一”是一个全民参与的购物狂欢节，目标受众涵盖了广大网民，特别是热衷于网络购物的年轻人和中年人。因此，海报设计需要符合这部分人群的审美偏好，同时突出促销活动的吸引力和优势，如图 7-46 所示。

任务目标

（1）确定主题与风格；

（2）设计布局与排版；

（3）突出优惠与活动；

（4）强调品牌形象；

（5）色彩搭配与调色。

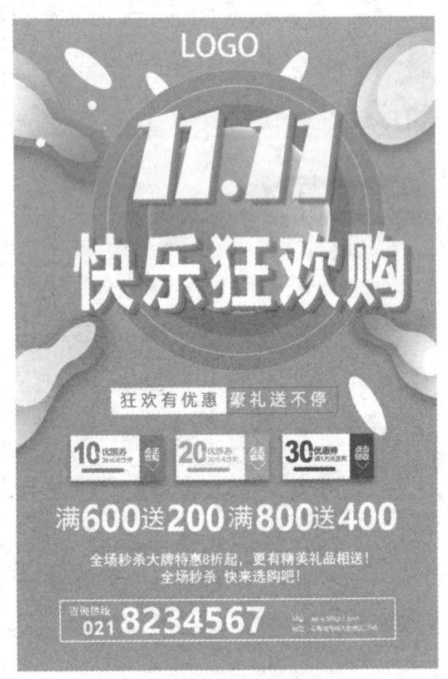

图 7-46 效果图展示

任务核心知识点

（1）图层样式的使用；

（2）常用快捷键；

（3）钢笔工具绘制背景装饰元素；

（4）文字自定义设计；

（5）海报文字排版规范。

文案要求

（1）“双十一”快乐狂欢购。

（2）狂欢有优惠，豪礼送不停。

（3）10 ￥优惠券满 66 元使用，20 ￥优惠券满 88 元使用，30 ￥优惠券满 120 ￥使用。

（4）满 600 送 200，满 800 送 400。

全场秒杀大牌特惠 3 折起，更有精美礼品相送！全场秒杀，快来选购吧！

（5）咨询热线：021-8234567。

网址：www.888pic.com。

地址：云南省昆明市官渡区 19 号。

尺寸要求

海报尺寸：1 242px × 2 208px；

图片色彩模式 RGB；

分辨率：300dpi。

实操步骤

（1）新建一个宽度为 1 242 像素，高度为 2 205 像素的画布，分辨率为 300，颜色模式为 RGB，如图 7-47 所示。

（2）填充背景颜色，颜色色值为 #fe7316，如图 7-48 所示。

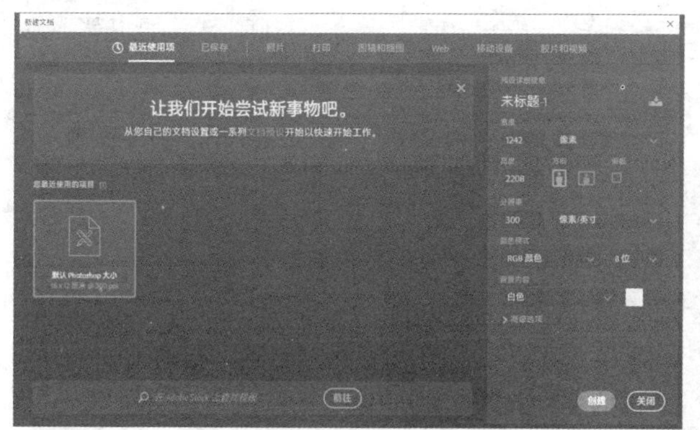

图 7-47　新建画布

图 7-48　填充背景颜色

（3）背景装饰效果。首先，使用“钢笔工具”画出如图 7-49 所示的形状，按 Ctrl+Enter 组合键创建选取填充颜色，使用渐变工具填充成如图 7-50 所示的渐变效果，并命名为形状 1；复制形状 1 改变大小和填充颜色，命名为形状 2，按 Ctrl+G 组合键将形状 1 和形状 2 编组命名为组 1，如图 7-51 所示。

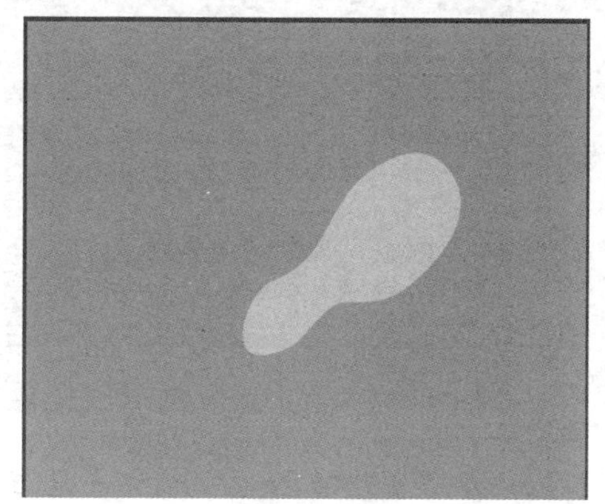

图 7-49　绘制图形

图 7-50　渐变效果

图 7-51　绘制形状并编组

其次，在形状 1 上单击鼠标右键，选择“混合选项”命令，为形状添加投影，如图 7-52 所示。

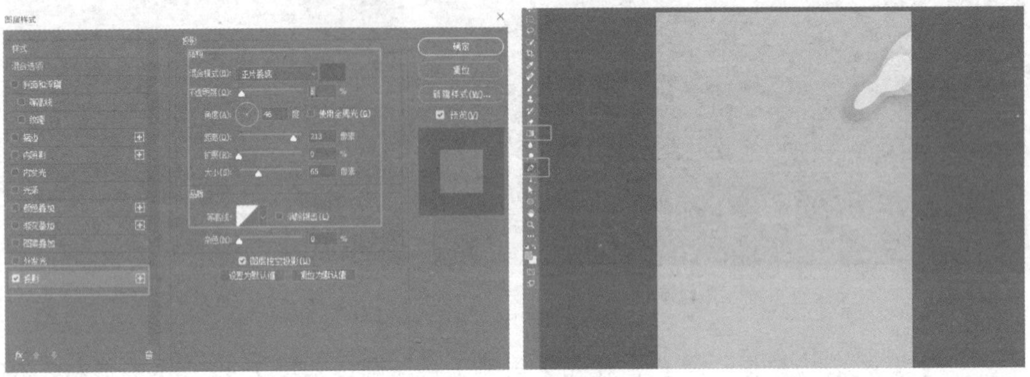

图 7-52　添加投影

最后，将组1元素复制，改变颜色和大小；再添加一些椭圆装饰，得到如图 7-53 所示的效果。

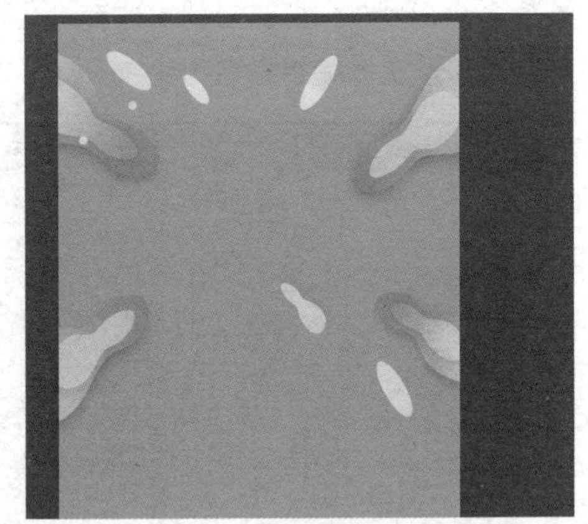

图 7-53　背景装饰效果

（4）方形优惠券：使用“矩形工具”画一个矩形并填充白色，单击鼠标右键，选择“混合选项”命令，添加投影，如图 7-54 所示。

使用“矩形工具”画一个长条矩形，其圆角参数如图 7-55 所示。

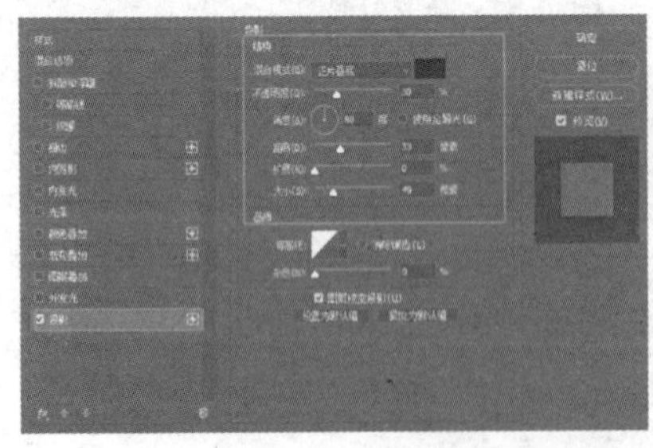

图 7-54　投影参数

图 7-55　圆角参数

添加文字“10 ¥优惠券，满 66 元使用”。数字“10”字体采用 Arial 加粗，其他字体用微软雅黑。将背景和文字元素编组，并命名为方形优惠券 1。复制方形优惠券 1，更改文字内容，如图 7-56 所示。

图 7-56　制作方形优惠券

（5）添加文字，字体选择微软雅黑，强调优惠活动的数字加大加粗，如图 7-57 所示。部分文字添加一个矩形框，增加版面美观，如图 7-58 所示。

图 7-57　添加文字

图 7-58　添加矩形框

（6）选择椭圆工具画一个圆，填充颜色为 #ff4e61。复制三层改变颜色（图 7-59），给第一层和第二层添加内发光效果，参数如图 7-60 所示。

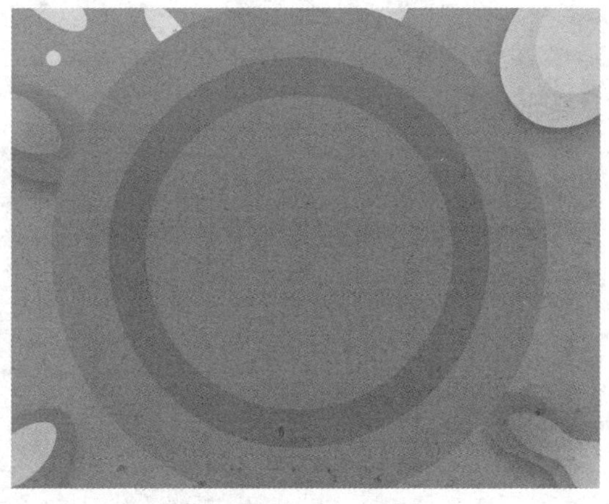

图 7-59　绘制圆

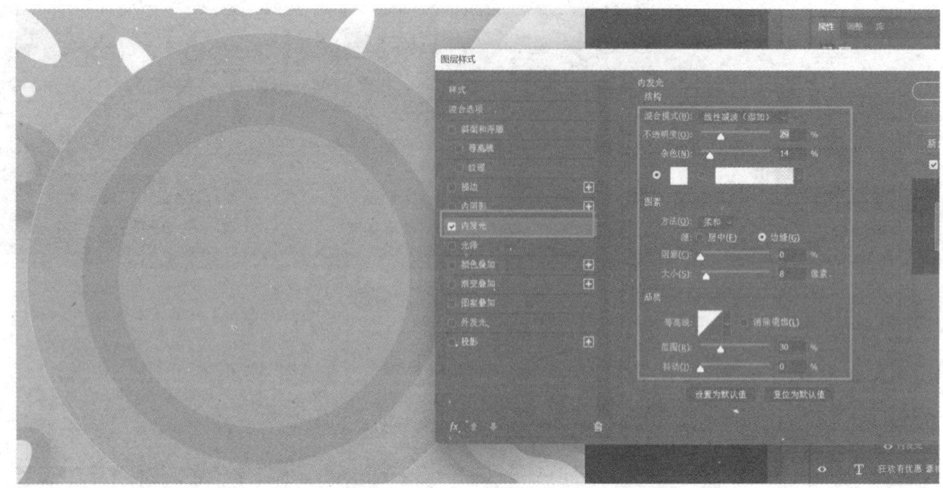

图 7-60　内发光参数

给第四层添加内发光和渐变叠加效果，参数如图 7-61 所示。

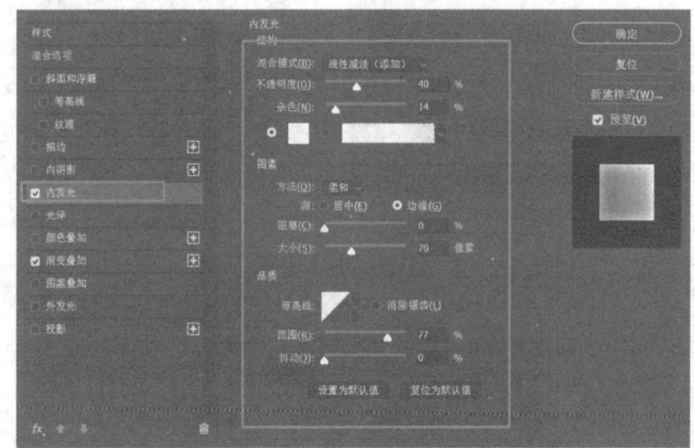

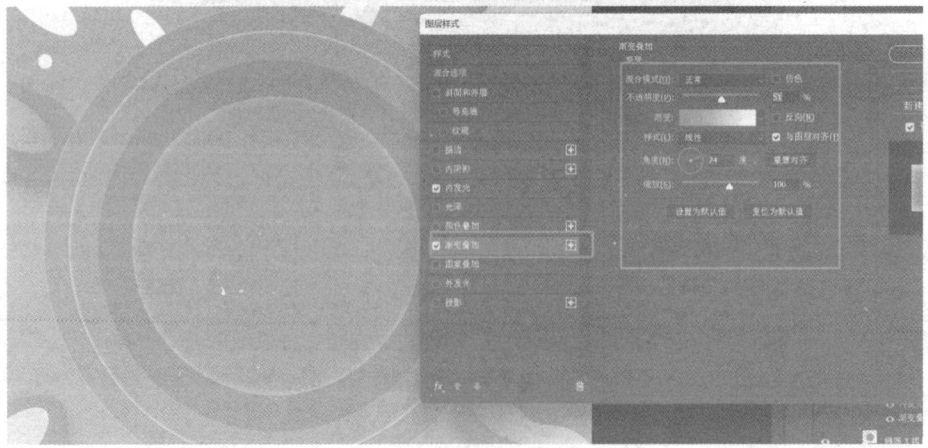

图 7-61　内发光和渐变叠加效果

（7）使用文字工具输入“1”，字体为微软雅黑，字号为 120，字重为 Bold。按住 Alt 键和鼠标左键拖动复制一层，文字改为“快乐狂欢购”，改变字间距为 100。效果如图 7-62 所示。

在数字“1”上单击鼠标右键，选择“转换为形状”命令。调整数字“1”的形状，并复制。按住 Ctrl+T 键将“快乐狂欢购”文字拉大拉长，如图 7-63 所示。将“11.11”和“快乐狂欢购”编组并命名为“11”，如图 7-64 所示。

图 7-62　制作文字 1

图 7-63　制作文字 2

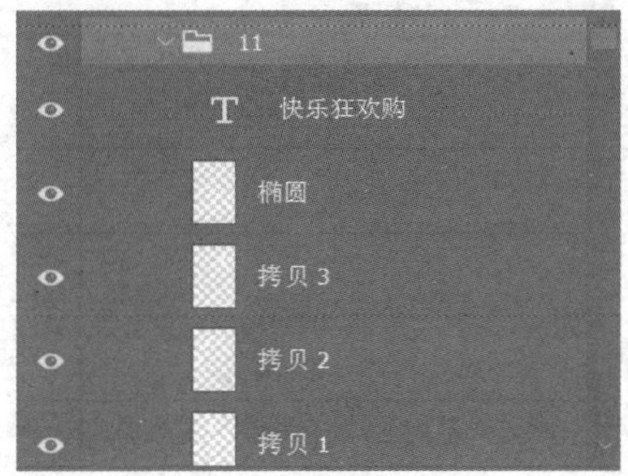

图 7-64　编组 11

选择组 11 进行复制，单击鼠标右键，选择“混合选项”命令，在“颜色叠加”中进行颜色的修改，如图 7-65 所示。

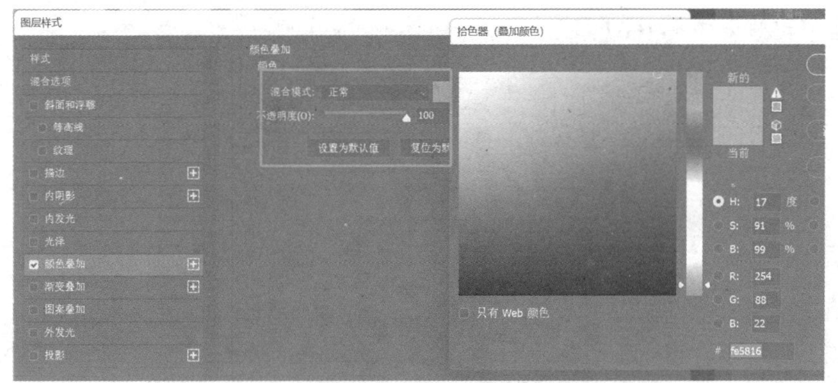

图 7-65　颜色叠加

选择组 11，单击鼠标右键，选择“混合选项”命令，修改“颜色叠加”和“投影”参数，如图 7-66 所示。

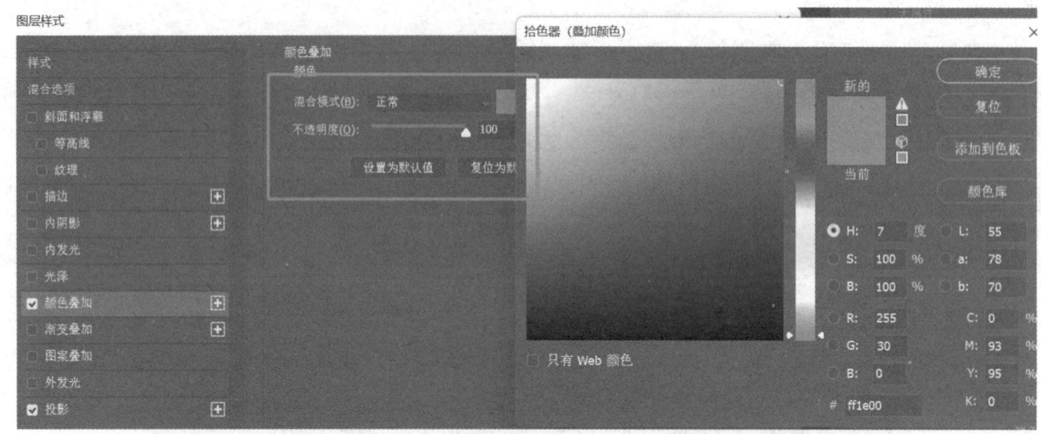

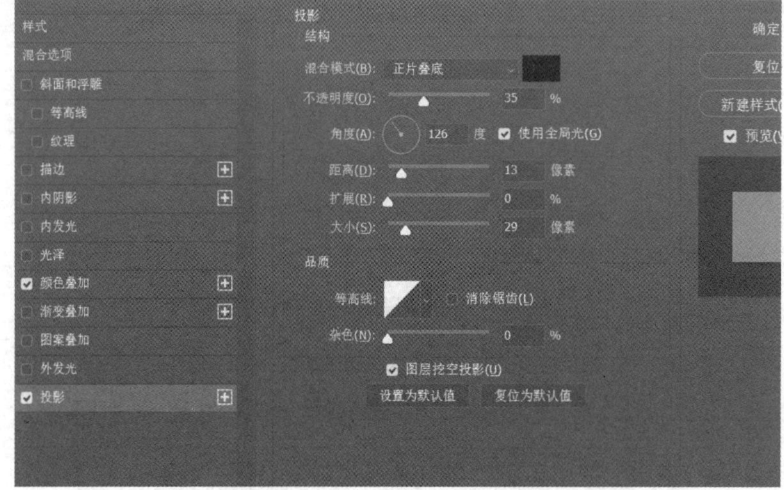

图 7-66 修改“颜色叠加”和“投影”参数

文字最终效果如图 7-67 所示。

图 7-67 文字效果

（8）最后放上 LOGO，如图 7-68 所示。

图 7-68　放上 LOGO

实训任务二　春节促销横版海报

任务描述

春节促销横版海报的主题设定需紧扣春节氛围，同时突出产品特色与优惠活动，让消费者在第一时间感受到浓厚的节日气息与购物的喜悦，如图 7-69 所示。

图 7-69　效果图展示

任务目标

（1）确定主题与风格。

（2）设计布局与排版。

（3）突出优惠与活动。

（4）色彩搭配与调色。

任务核心知识点

使用“移动工具”添加素材图片，使用“钢笔工具”“渐变工具”制作banner背景，使用“渐变叠加”命令、“矩形工具”和“文字工具”制作网页的内容信息。

文案要求

活动时间：1 月 25—31 日；

聚惠到家 陪你团圆；

满 399 送 199 满 599 送 399。

尺寸要求

海报尺寸：1 920px × 700px；

图片色彩模式 RGB；

分辨率：72 像素 / 英寸。

实操步骤

（1）按 Ctrl+N 组合键，弹出“新建文档”对话框，设置“宽度”为 1 920 像素，“高度”为 700 像素，“分辨率”为 72 像素 / 英寸，“颜色模式”为 RGB，“背景内容”为白色，设置参数如图 7-70 所示，单击“创建”按钮，新建一个文件。

图 7-70　新建文档

（2）在图层面板中，单击背景的“图层锁定”按钮取消锁定，将“填充”颜色设为红色（其 R、G、B 的值分别为 255、69、19），按 Alt+Delete 键填充背景颜色。单击“创建新图层”按钮，选择新增加图层，在工具栏中单击“渐变工具”按钮，设置合适的渐变效果，如图 7-71 所示。最终背景效果如图 7-72 所示。

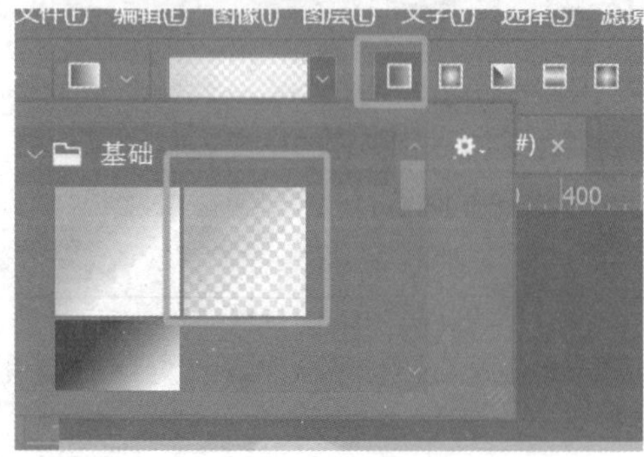

图 7-71　选择渐变效果

图 7-72　背景效果

（3）按 Ctrl+O 组合键，打开云盘中的“Ch07”→“素材”→“制作节日促销 banner”→“01”文件，使用“移动”工具，将需要的图片拖曳到新建图像窗口中的适当位置，效果如图 7-73 所示，按 Ctrl+G 组合键，把拖进来的图层打包组合，并命名为团圆饭场景。

图 7-73　团圆饭场景

（4）按 Ctrl+O 组合键，打开云盘中的“Ch07”→“素材”→“制作 PC 端首页节日促销 banner”→“01”文件，使用“移动”工具，将需要的图片拖曳到新建图像窗口中适当的位置，并命名左灯笼，选中左灯笼复制改名为右灯笼。选中右灯笼单击属性面板中的“水平翻转”按钮。按 Ctrl+G 组合键，将左灯笼和右灯笼编组命名为灯笼，效果如图 7-74 所示。

图 7-74　灯笼

（5）单击“创建新图层”按钮，改名为背景装饰。在工具栏中，单击“弯度钢笔工具”按钮，如图 7-75 所示，在背景装饰图层画出自己需要的形状，如图 7-75 所示。按 Ctrl+Enter 键转换为选区，“填充”颜色设为黄色（其 R、G、B 的值分别为 255、182、77），单击鼠标右键，选择“混合选项”命令，设置“投影”参数如图 7-76 所示，最终效果如图 7-77 所示。

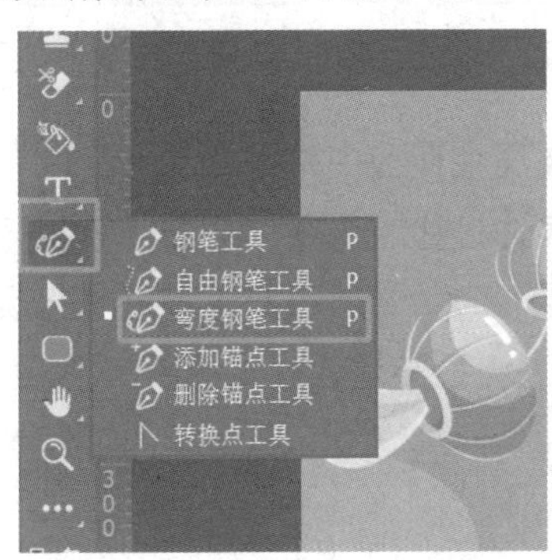

图 7-75　绘制形状

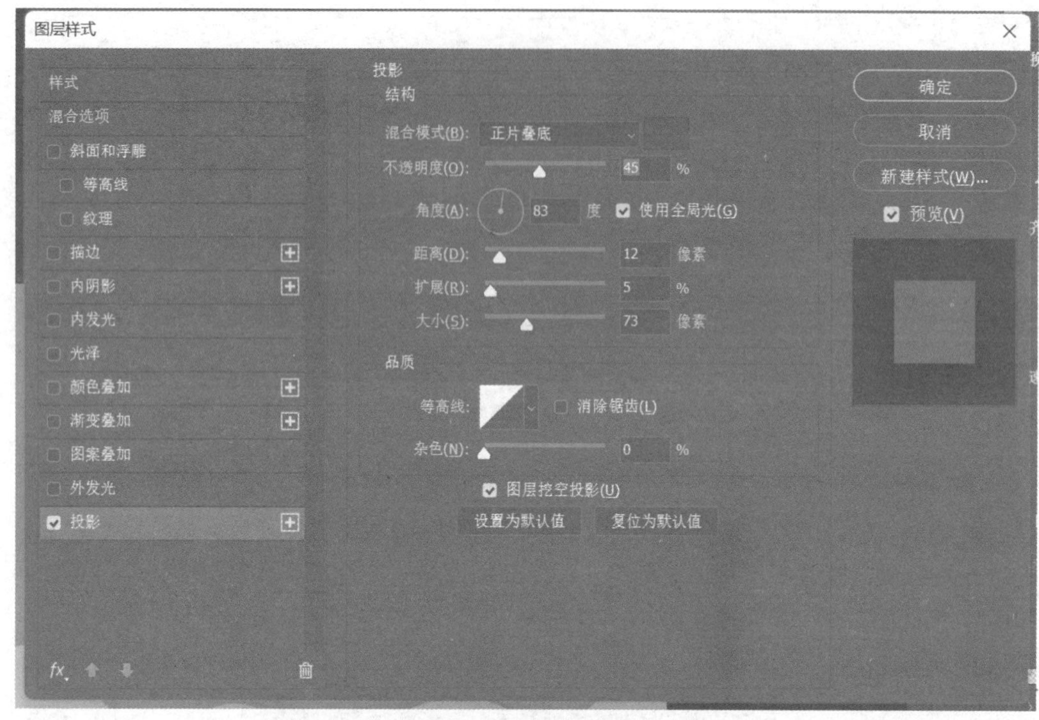

图 7-76 “投影”参数

图 7-77 背景装饰 1

（6）复制背景装饰图层，命名为“背景装饰 1”，在属性面板中单击“水平翻转”按钮。选择背景装饰 1 图层，单击鼠标右键，选择“混合模式”命令，选择“颜色叠加”，将混合颜色设置为浅黄色（其 R、G、B 的值分别为 255、204、131），更改背景装饰 1 图层效果下方的投影，更改投影混合模式为正片叠底，投影混合模式颜色 R、G、B 的值分别为 130、83、18，如图 7-78 所示。

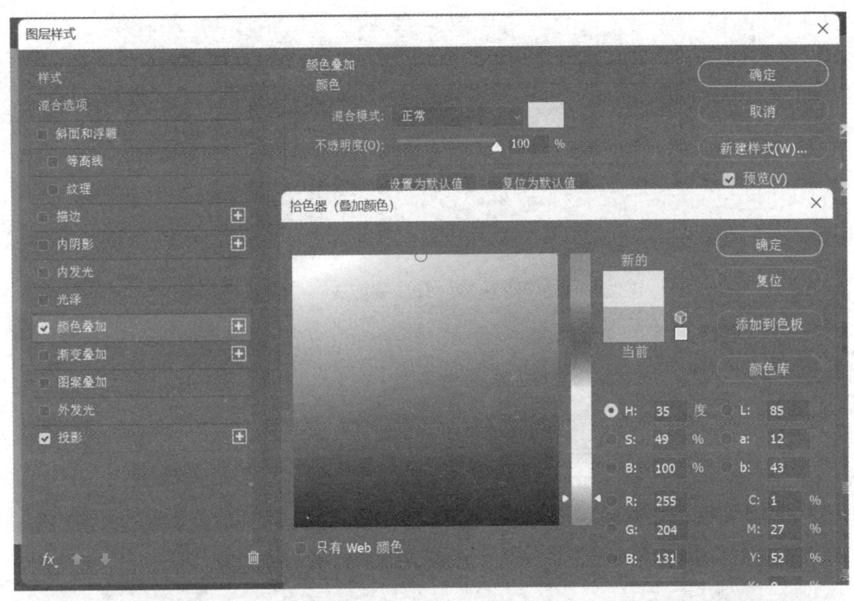

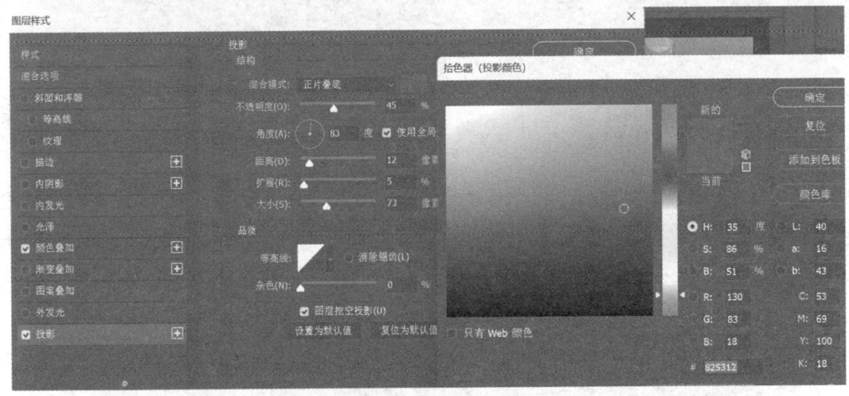

图 7-78　背景装饰 2

（7）选择背景装饰及复制的图层，按 Ctrl+G 组合键编组，命名为“背景装饰 1”并复制，在属性面板中单击“垂直翻转”按钮，移动到上方调整至合适位置。接着在图层面板调整不透明度，效果如图 7-79 所示。

图 7-79　背景装饰 3

（8）使用“横排文字”工具，在适当的位置分别输入需要的文字并选取文字，在属性栏中分别选择合适的字体并设置大小，效果如图 7-80 所示。

图 7-80　文字效果 1

（9）在“聚惠到家 陪你团圆”文字图层上方增加新图层，选择新增加图层，在工具栏中单击“渐变工具”按钮，设置合适的渐变效果。在新图层上单击鼠标右键，选择“创建剪贴蒙版”命令，效果如图 7-81 所示。

聚惠到家 陪你团圆

图 7-81　文字效果 2

（10）更改“活动时间：1 月 25-31 日”文字颜色为黄色（其 R、G、B 的值分别为 252、190、135），在“活动时间：1 月 25-31 日”文字上方增加新图层，选择新增加图层，在工具栏中单击“渐变工具”按钮，设置合适的渐变效果。在新图层上单击鼠标右键，选择“创建剪贴蒙版”命令，效果如图 7-82 所示。

活动时间：1月25-31日

图 7-82　文字效果 3

（11）在工具栏中选择“圆角矩形工具”，在属性面板中把圆角像素改为“20”。把圆角矩形添加到“满 399 送 199 满 599 送 399”文字图层的下方，更改文字颜色，效果如图 7-83 所示。

图 7-83　文字效果 4

项目总结

通过对本项目内容的学习，参考项目总结模板，对本项目学习情况进行总结。

项目总结模板

项目八
活动专题页设计

项目介绍

本项目主要讲述活动专题页的设计思路和方法技巧。活动专题页设计在整个电商设计中是一项非常重要的任务，一个优秀的活动专题页能够吸引用户的注意力，提高网站的流量和转化率。

本项目针对活动专题页的基本类型、表现形式、板块设计等基础知识进行系统讲解，并针对现今比较成熟的活动专题页进行设计演示。通过对本项目的学习，学生对活动专题页的设计有一个系统的认识，并快速掌握活动专题页的设计规范和制作方法，通过实训任务让学生对活动专题页建立系统全面的认知。

学习目标

1. 了解活动专题页的基本类型。
2. 熟悉活动专题页的表现形式和呈现特点。
3. 熟悉活动专题页的板块设计。
4. 明确活动专题页的设计思路。
5. 提升对平面设计行业的认知度。

知识结构

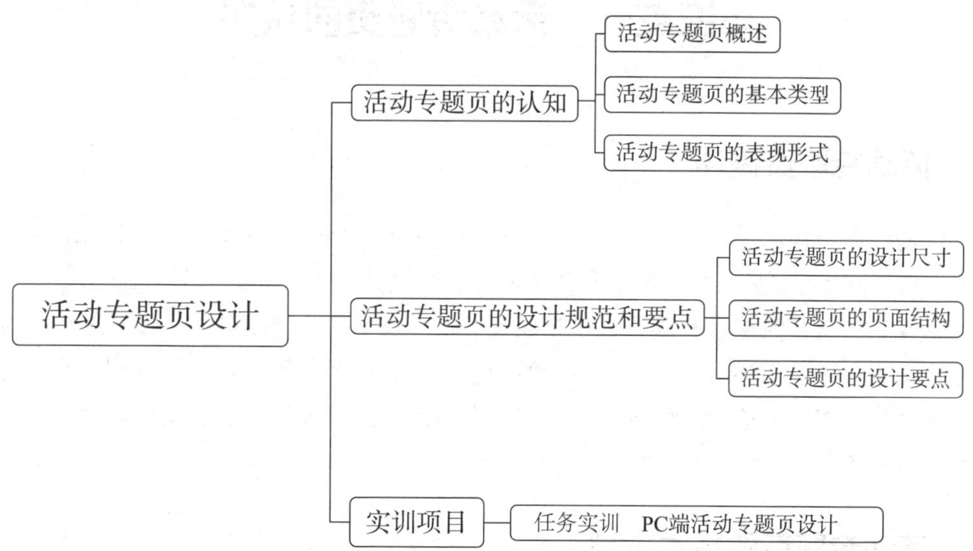

学习计划

<table>
<tr><td colspan="2">小节内容</td><td>活动专题页的认知</td><td>活动专题页的设计规范和要点</td></tr>
<tr><td rowspan="2">课前预习</td><td>预习时间</td><td></td><td></td></tr>
<tr><td>预习自评</td><td colspan="2">难易程度　□易　□适中　□难
问题总结：</td></tr>
<tr><td rowspan="2">课后巩固</td><td>复习时间</td><td></td><td></td></tr>
<tr><td>复习自评</td><td colspan="2">难易程度　□易　□适中　□难
问题总结：</td></tr>
</table>

知识储备

知识点一　活动专题页的认知

一、活动专题页概述

活动专题页指利用一个点、一件事、一个主题来策划一个页面或者一个活动的流程页面，该页面会包括网站相应模块和频道所涉及的功能与该主题事件的内容展示。

活动专题页面时效性有限（大多专题是有推广及活动时间限制的，过了这个时间，就很少会有人再访问该页面了），多为活动推广和吸引用户等内容，能在限定的时间内吸引更多用户才能形成有力的推广，需要强有力的视觉效果和有趣的浏览体验，来达到吸引用户的特点。

二、活动专题页的基本类型

活动专题页是指在各种活动下，进行商品促销的电商页面。根据类型，活动专题页可分为 PC 端活动专题页和移动端活动专题页。根据服务对象，活动专题页可分为平台活动专题页和店铺活动专题页，如图 8-1 和图 8-2 所示。

图 8-1　平台活动专题页

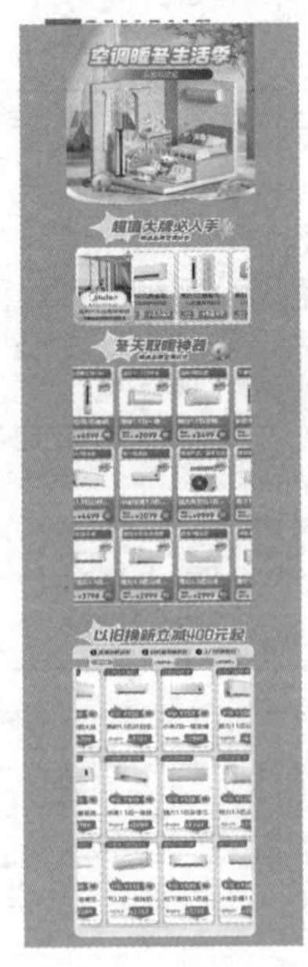

图 8-2　店铺活动专题页

平台活动专题页是一种针对特定活动所推出的页面，通常由活动相关的图片、文字、视频、音频等元素组成。这些元素共同宣传活动信息，吸引用户参与活动，提升活动曝光率以及加强品牌与用户之间的互动。其 Banner 常设计为高度较小的小尺寸类型，便于在首屏展示更多的信息。

店铺活动专题页所呈现的是商家店铺里的某单一商品或者是某品牌下的少量商品，整体布局比较宽松，Banner 常设计为高度较大的大尺度类型，以便呈现更好的主题和氛围。

三、活动专题页的表现形式

根据淘宝、京东、天猫等大型电商平台活动专题页的信息架构和商品的排列，活动专题页分为矩形排列和场景展示两种表现形式。

1. 矩形排列

矩形排列即用矩形的形式将商家的产品、信息等按照一定规则进行排列。这种表现形式能够直观地展示店铺商品和活动内容。根据不同的设计风格，矩形排列可细分为扁平化矩形和拟物化矩形。扁平化矩形是放弃一切的装饰效果，运用矩形或是其他元素形成清新的层次和布局，从而更好地凸显商品和信息，如图 8-3 所示。拟物化矩形则是将矩形模拟真实物体的材质、质感、细节、光亮刻画成的具有立体感的元素，使矩形成为画面亮点，让画面具有一定的视觉效果，如图 8-4 所示。

图 8-3　扁平化矩形

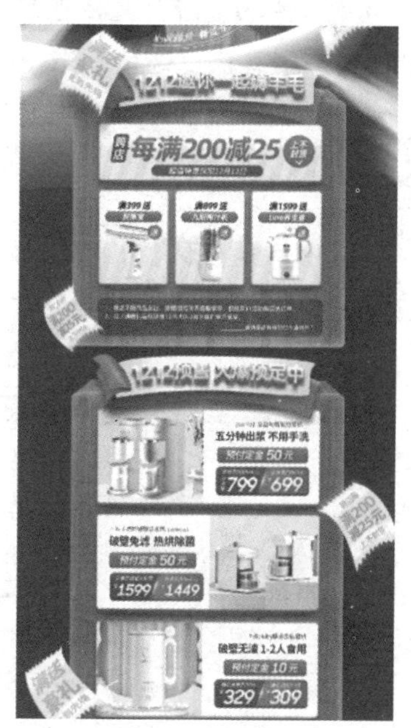

图 8-4　拟物化矩形

2. 场景展示

场景展示即用场景化的形式和布局呈现页面中的商品和活动信息。这种表现形式能够突出店铺活动主题和商品信息，使信息和商品巧妙地融入场景，如图 8-5 所示。

图 8-5　场景展示

知识拓展

扁平化设计（Flat Design）是指“零 3D 属性的设计”，它仅是二维空间的一种表现形式，即使用单纯的不加上任何三维效果的图形进行设计的风格。扁平化设计的来源可以追溯到三种艺术风格，即国际主义平面设计风格、包豪斯风格和极简主义。其目的是希望通过简介界面减少信息层级，使信息传递变得清晰、高效。其优势就在于它可以更加简单直接地将信息和事物的工作方式展示出来，减少认知障碍的产生。

拟物化风格，顾名思义是模拟现实物品的造型和质感，通过叠加高光、纹理、材质、阴影等效果对实物进行再现，也可适当变形和夸张，使设计界面模拟真实物体。拟物设计会让你第一眼就认出这是个什么东西。

学有所思

根据你对活动专题页的认知的学习，分析华为店铺有哪几种表现形式。

知识点二　活动专题页的设计规范和要点

活动专题的页类型和排版多样化，但也有一定的设计原理。在本知识点中，将通过学习活动专题页的设计尺寸、页面结构、设计要点等来掌握活动专题页的设计思路和方法。

一、活动专题页的设计尺寸

参考现今比较主流的几大电商平台，PC 活动专题页的宽度设置为 1 920 像素，若是重要的信息和商品，安全宽度设置在 1 200 像素以内，高度不限，如图 8-6 所示。移动端店铺活动专题页的宽度为 1 200 像素，移动端平台活动专题页的宽度为 750 像素，边距采用 30 像素及以上的边距，高度不限。设计师可以根据商家的不同需求对设计尺寸进行灵活调整。

二 . 活动专题页的页面结构

活动专题页通常由店招、页头 Banner（文案、商品 / 模特、背景、点缀物）、活动促销区和商品陈列区组成，如图 8-6 所示。根据栅格系统来说，活动专题页的页面结构分为紧凑型和宽松型两种。紧凑型中，模块排列紧凑、占屏小，适合展示文字较少或者版面紧张的内容；宽松型中，模块排列宽松、占屏大，适合文字较多或需要重点突出的内容。模块的高度可以根据商品和信息的内容进行灵活的变化。

图 8-6　页面结构

知识拓展

栅格系统用于规范化信息布局，辅助设计人员组织信息的工具，且能够尽可能保证设计与开发过程的规范高效，并提高布局视效的一致性、韵律感、秩序严谨、比例良好等方面。在平面设计领域通常采用“网格”的方式来规范化布局，网格就像设备屏幕上的一个个像素点，平面设计师将物料核心版面区域拆分为等分的方格，以保证对齐、节奏、比例、视觉面积等方面的协调感和一致性，从而保证设计美感和视觉传达效率。

三、活动专题页的设计要点

（1）明确目标。在设计活动专题页时，首先要明确目标。目标是指通过活动专题页所期望达到的效果，如提高品牌知名度、促进用户注册、增加销售量等。明确目标有助于制定合理的设计方案，确保页面内容与目标保持一致。

（2）确定主题。主题是活动专题页的核心，所有的设计元素都应该围绕主题展开。确定主题有助于我们选择合适的色彩、图片和文字元素，确保页面设计的整体性和连贯性，如图 8-7 所示。

（3）用户需求。活动专题页的设计需要考虑用户的需求和习惯。用户的需求包含对页面的浏览体验、信息获取、互动等方面的需求。在设计过程中，需要关注用户的行为和心理，提供符合用户需求的内容和服务，以提高用户的参与度和满意度。比如不同的视角可以给人带来不同的感受，其中平视和俯视角度会令商品展示更为自然，因此被广泛使用，如图 8-8 所示。俯视角度会给人带来刻意的感受，使商品的真实感和亲切感不足，因此较少被使用，如图 8-9 所示。

图 8-7　中秋主题

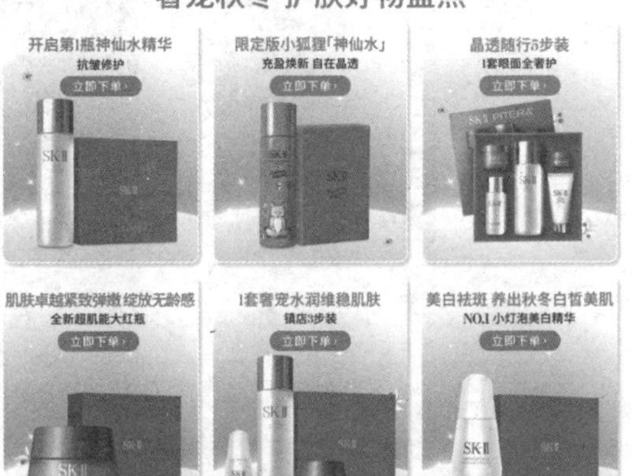

图 8-8　平视角度

（4）图片优化。图片是活动专题页中重要的元素之一。优化图片可以减少页面的加载速度，提高用户的浏览体验。在设计过程中，需要对图片进行压缩、裁剪、优化等处理，确保图片的质量和大小符合要求。同时，应该选择与活动主题相关的图片，来提高页面的视觉效果和吸引力。

（5）布局合理。活动专题页的布局应该合理、清晰，避免过多的元素和复杂的排版。在设计过程中，需要根据活动的流程和信息结构，选择合适的布局方式。比如在活动专题页中，内容展示区包含活动促销区和商品陈列区，这些区域在设计时应有明确的分隔，以保持页面的一致性和连贯性，使用户能够快速地找到需要的信息和商品。在设计时，建议采用图 8-10 所示的布局，否则容易让版块在结构上失衡。

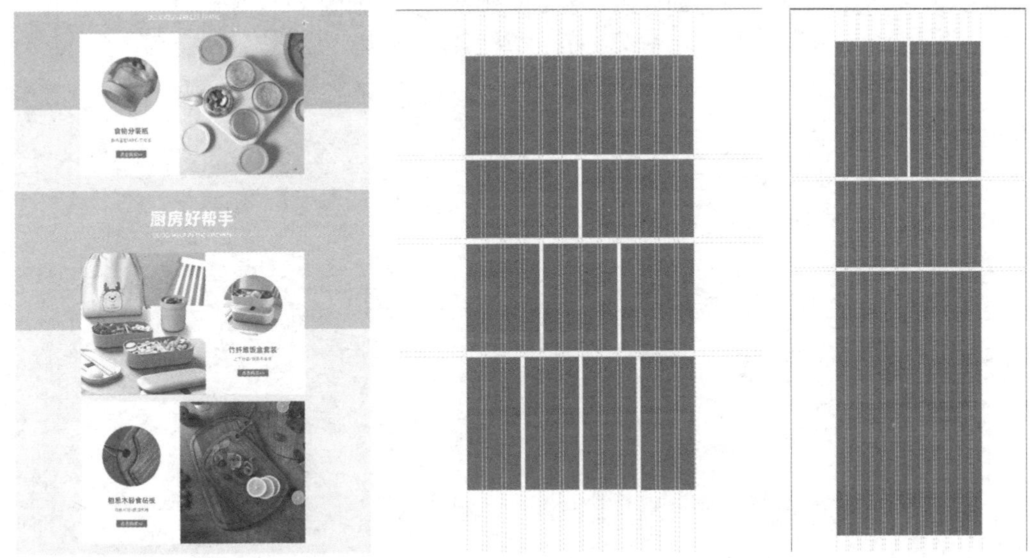

图 8-9　俯视角度　　　　图 8-10　页面布局

（6）色彩搭配。色彩是影响活动专题页设计效果的重要因素之一。不同的色彩搭配会给用户带来不同的感受和情绪。在设计过程中，需要根据活动的主题和品牌形象选择合适的色彩搭配，确保页面的视觉效果和品牌形象的一致性。同时，应该避免使用过于刺眼或过于沉闷的颜色，以保持页面的清新和活力，建议参考COLRD网站，如图8-11所示。

图 8-11　色彩搭配

（7）文字内容。文字内容是活动专题页中传递信息的重要手段之一。在设计过程中，需要根据活动的主题和目标，撰写合适的文字内容，包括标题、描述、按钮文案等。文字内容应该简洁明了、有吸引力，能够引起用户的兴趣和关注。同时，应该避免使用过于复杂的语言和表述方式，以免使用户感到困惑和不知所措。

（8）创意设计。创意设计是活动专题页的灵魂。一个富有创意的设计可以吸引用户的注意力，提高店铺或是网站的流量和转化率。我们应该通过创意设计打造独特的视觉效果和用户体验，使用户对活动专题页留下深刻的印象，如图 8-12 所示。

图 8-12 创意设计

（9）商品展示。常用的商品展示形式有摄影图片、背景设计和台面设计 3 种，这 3 种商品展示形式各有所长，适用于大多数品类商品的展示。摄影图片即拍摄一套调性统一的商品图片进行商品展示，如图 8-13 所示。这种展示形式的运用难度较高，但可以令商品看起来更加生动、更具质感。背景设计是将商品本身的背景更换为白色等其他扁平化背景进行商品展示，如图 8-14 所示。这种展示形式需保证背景的风格一致，以使商品清晰明了。台面设计即利用桌面或方盒承载商品进行商品展示，如图 8-15 所示。采用这种展示形式时，电商设计师需要具有较高的台面刻画能力，以表现商品的立体感和透气性。

图 8-13 摄影图片

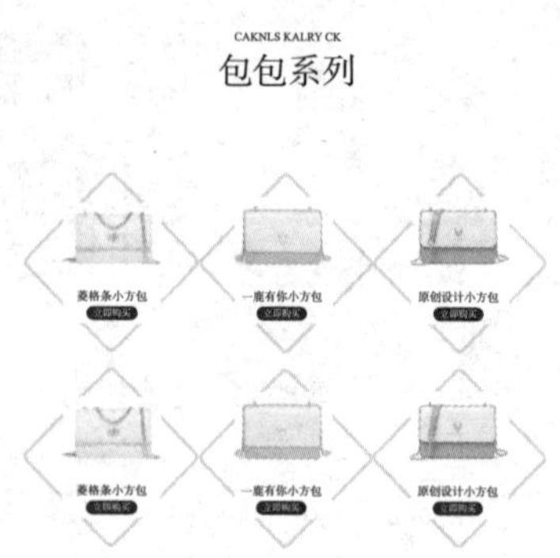

图 8-14 背景设计图

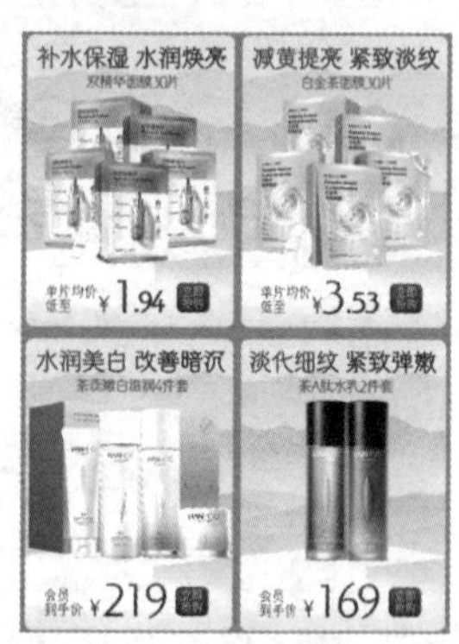

图 8-15 台面设计

课堂讨论

2019年，为全面落实高校思想政治工作精神，浙江万里学院设计艺术与建筑学院以浙东革命老区梁弄镇发展为蓝本，以“学回信、悟初心、践使命”为价值导向，以组织学生“走出课堂”实地感受梁弄厚植“红色文化”内涵为形式，以“学习回信精神，传承红色基因”为指导思想，构筑完整的课程主题创作内容。旨在将习近平总书记的亲切关怀、殷切期望转化为学习的强大动力，“以小见大”反映中华人民共和国成立七十年来的乡村巨大发展成果，深化大学生对主流价值的理性认识，增强大学生以“四个自信”为基础进行《七十年乡村之变——“走进梁弄”》主题创作，并得到总书记两封回信。纸短情长，嘱托殷切；千山万水，心心相印。十五年前，故人一游，如流星坠落在这个平凡的小村庄里。十五年后，千里之外，故人两页信笺，激起万丈波澜，如春风拂面，拂动发展的河流，唱响富裕的赞歌。十五年的道路，深深脚印背后，是“不忘初心，牢记使命”的坚守，是“砥砺前行，持续奋斗”的不竭动力。

做一做：以乡村振兴政策和中华人民共和国成立七十年来的乡村巨大发展成果为主题设计一个活动专题页。

学有所思

根据你对活动专题页设计规范和要点的学习，如果让你做一个圣罗兰口红的专题页设计，你会从哪些方面入手？

知识总结

1. 活动专题页的设计要点主要包括9个方面，分别是明确目标、确定主题、用户需求、图片优化、布局合理、色彩搭配、文字内容、创意设计、商品展示。

2. 活动专题页通常由店招、页头Banner（文案、商品/模特、背景、点缀物）、活动促销区和商品陈列区组成。根据栅格系统来说，活动专题页的页面结构分为紧凑型和宽松型两种。

项目实训

小怡是一名刚毕业的数字媒体专业的学生，要去面试一家平面设计公司。恰巧当时赶上“双十一”活动，要求小怡设计一张活动专题页作为入职测试题。该商家主要销售计算机，甲方要求整个界面需要结合科技和未来进行设计。

实训任务 PC 端活动专题页设计

任务目标

（1）熟练掌握 PC 端活动专题页的设计思路和技巧；

（2）熟练掌握 PS 软件的使用。

任务核心知识点

（1）活动专题页创意想法构思；

（2）画面场景搭建和素材融合；

（3）文案排版和画面颜色搭配。

尺寸要求

1 920 像素 ×5 804 像素。

设计最终参考效果如图 8-16 所示。

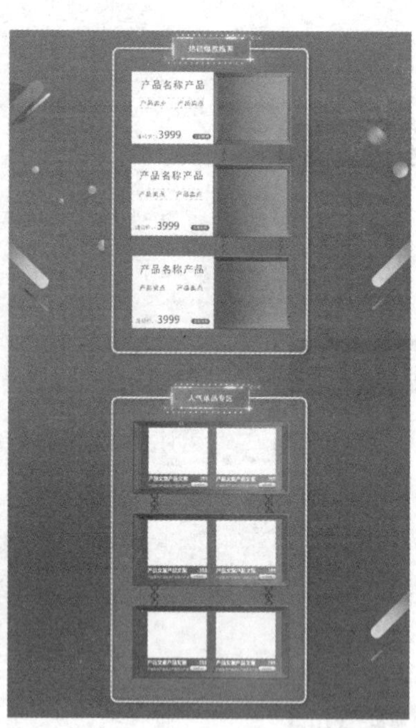

图 8-16 设计最终参考效果

操作步骤

1. 背景制作

（1）按 Ctrl+N 组合键，弹出“新建文档”对话框，设置“宽度”为 1 920 像素，“高度”为 5 804 像素，“分辨率”为 72 像素 / 英寸，“颜色模式”为 RGB 颜色，“背景内容”

为白色，如图 8-17 所示，单击“创建”按钮，新建一个文档。

（2）选择“视图”→“新建参考线”命令，在距离页面顶部 1 370 像素的位置创建水平参考线，设置如图 8-18 所示，单击“确定”按钮。

（3）解锁背景图层，设置前景色颜色为 69、0、155，按 Alt+Delete 组合键填充前景色。

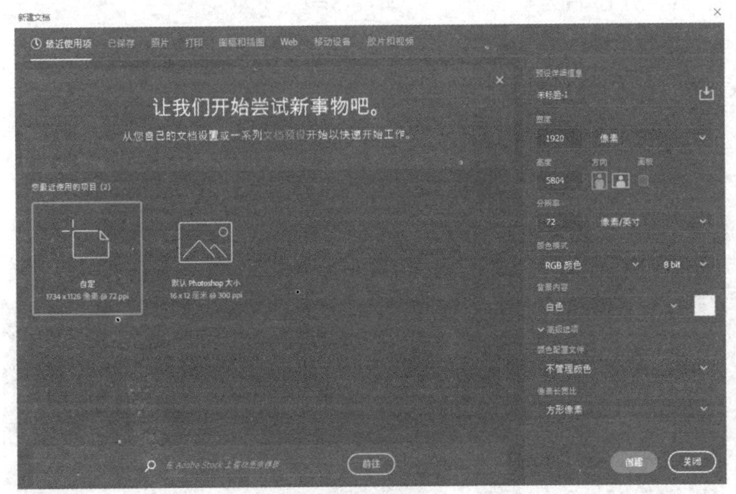

图 8-17　新建文档

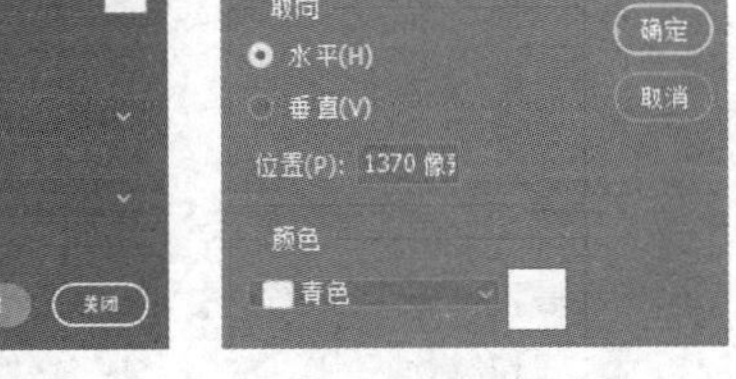

图 8-18　新参考线

（4）新建一个图层，命名为“背景渐变”。选择“窗口”→“渐变”命令，打开“渐变面板”，选择“紫色”里的“紫色 _17”，如图 8-19 所示。

（5）单击“渐变填充 1”图层的蒙版，使用“画笔工具”，擦除不需要的颜色，图层“不透明度”改为 60%，如图 8-20 所示。

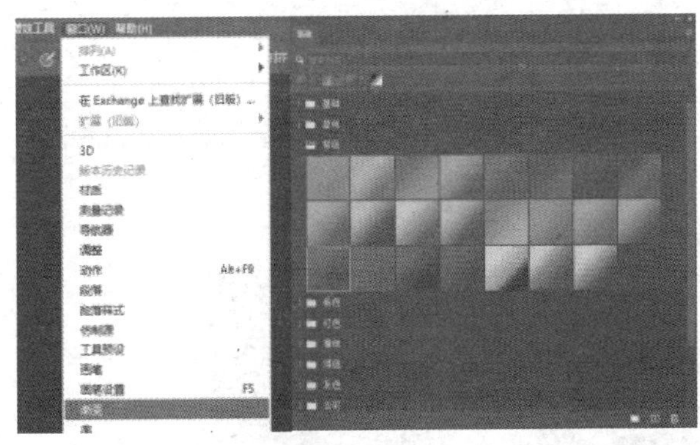

图 8-19　渐变面板

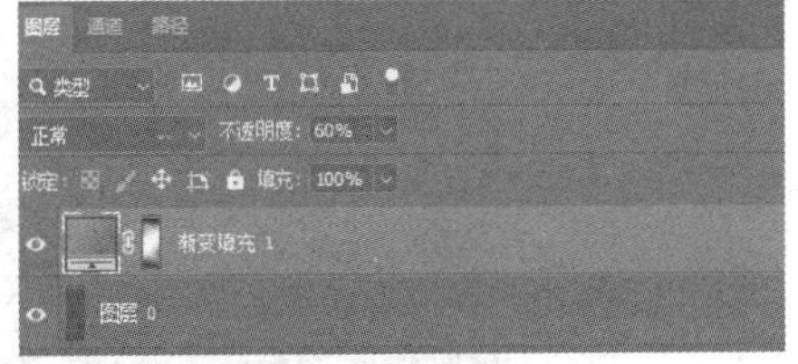

图 8-20　渐变填充 1

（6）选择“文件”→“置入嵌入对象”命令，弹出“置入嵌入对象对话框”，选择“背景装饰”文件，单击“置入”按钮，将图片置入图像窗口中，按 Enter 键确认操作。在图层面板中将其命名为“背景装饰”。

（7）选择“窗口”→“图案”命令，弹出“图案面板”，选择“旧版图案”→“旧版默认图案”里的“嵌套方块”，“图层”面板里自动生成新的图层，名字为“图案填充1”，如图 8-21 所示。

（8）选择图层面板里的“背景”“渐变填充 1”“背景装饰”“图案填充 1”图层，按 Ctrl+G 组合键，创建一个组，并命名为“背景”，如图 8-22 所示。

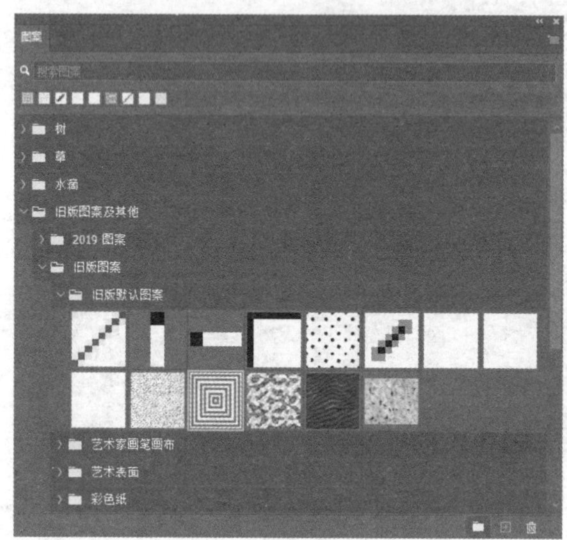

图 8-21　图案面板

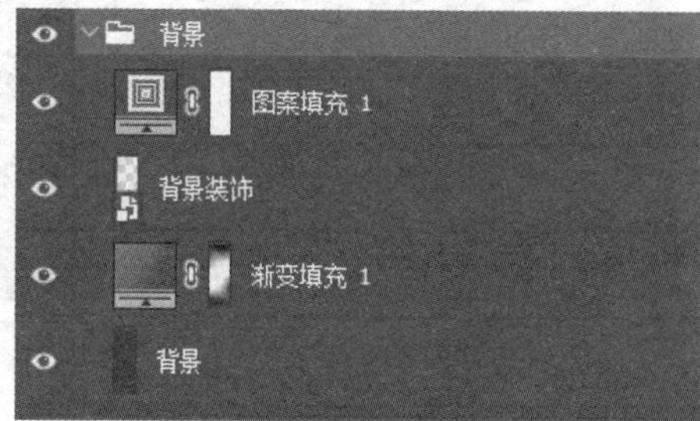

图 8-22　“背景”组

2.Banner 制作

（1）选择“文件”→“置入嵌入对象”命令，弹出“置入嵌入对象”对话框，选择“天猫 Logo”文件，单击“置入”按钮，将图片置入图像窗口中，拖拽图片到适当的位置并调整大小，按 Enter 键确认操作。在图层面板中将其命名为“天猫 Logo”。

（2）单击“天猫 Logo”图层，选择“滤镜”→“模糊”→“动感模糊”命令，设置“角度”为 0 度，“距离”为 250 像素，如图 8-23 所示。

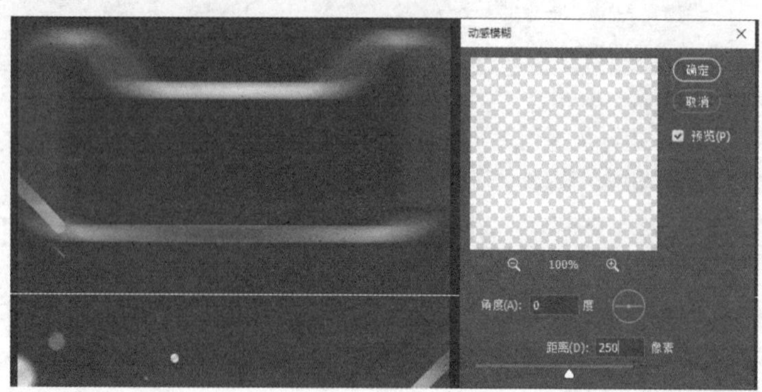

图 8-23　动感模糊

（3）使用“矩形工具”创建一个矩形，选择“直接选择工具”更改矩形的形状，使其呈现一定的透视关系。复制 8 个“形状 1”图层，并进行如图 8-24 所示的摆放，选中所有的形状图层，按 Ctrl+G 组合键创建组，并命名为“矩形形状”。

（4）选中“矩形形状”组，选择“图层”→“图层样式”→“渐变叠加”命令，“混合模式”设置为正常，“渐变类型”选择“紫色 _05”，如图 8-25 所示。

图 8-24 矩形形状

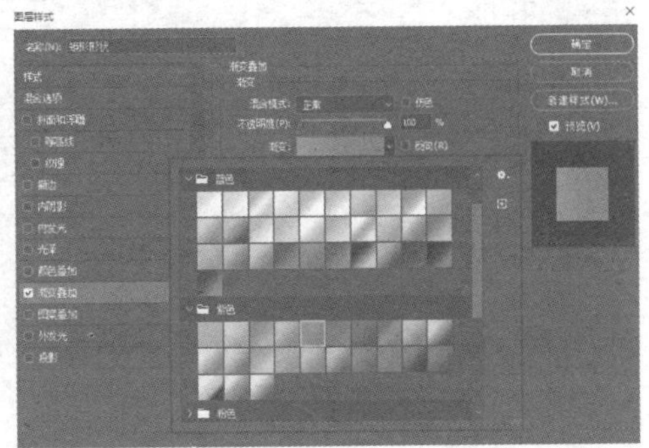

图 8-25 图层样式

（5）使用“矩形工具”创建三个矩形，使用“直接选择工具”更改矩形的形状，使其呈现一定的透视关系，并进行如图 8-26 所示的摆放，选中三个矩形层，按 Ctrl+G 键编组，并命名为“侧边矩形”。

（6）复制“侧边矩形”，按 Ctrl+T 组合键，单击鼠标右键，选择“水平翻转”命令，并进行大小和位置的调整。

图 8-26 侧边矩形

（7）选择“文件”→“置入嵌入对象”命令，弹出“置入嵌入对象”对话框，选择“天猫 Logo”文件，单击“置入”按钮，将图片置入图像窗口中，拖拽图片到适当的位置并调整大小，按 Enter 键确认操作。在图层面板中将其命名为“天猫 Logo1”。

（8）使用“钢笔工具”沿着“天猫 Logo1”的内圈画出钢笔路径，按 Ctrl+Enter 组合键，把钢笔路径转换成选区，选择“选择”→“修改”→“羽化”命令，设置羽化值为 10 像素，如图 8-27 所示。

（9）新建一个空白层，将其命名为“LOGO 渐变填充”，填充渐变颜色“253、202、137；237、85、225”，使用“渐变工具”，从上到下拉一个渐变，效果如图 8-28 所示。

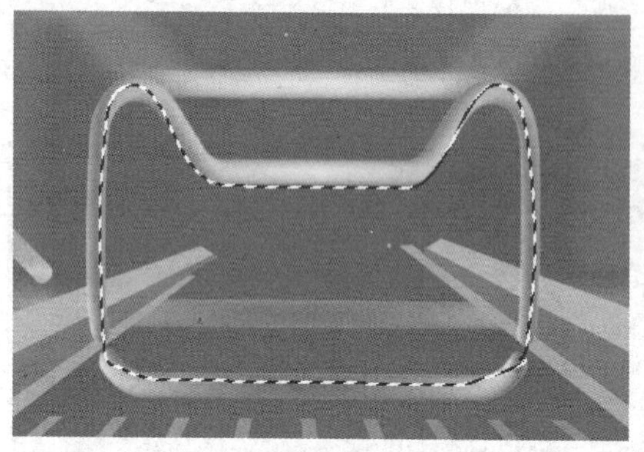

图 8-27　羽化

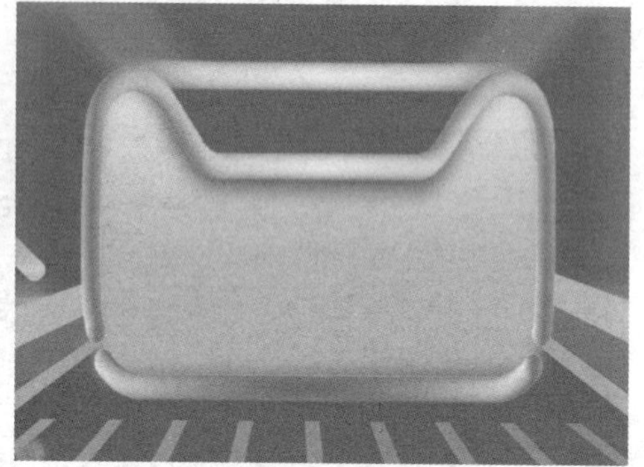

图 8-28　渐变颜色

（10）选择“文件”→“置入嵌入对象”命令，弹出“置入嵌入对象”对话框，选择“双 11LOGO”文件，单击“置入”按钮，将图片置入图像窗口中，拖拽图片到适当的位置并调整大小，按 Enter 键确认操作。在图层面板中将其命名为“双 11LOGO”。

（11）选择“双 11LOGO”图层，为其添加斜面和浮雕、外发光、内发光、颜色叠加、光泽等图层样式，如图 8-29 所示，并添加“曲线”，调整“双 11LOGO”的亮度。

图 8-29　添加图层样式

（12）选择“文件”→“置入嵌入对象”命令，弹出“置入嵌入对象”对话框，选择“赛博背景”文件，单击“置入”按钮，将图片置入图像窗口中，拖拽图片到适当的位置并调整大小，按 Enter 键确认操作。在图层面板中将其命名为“赛博背景”，并把图层的“叠加模式”改为“变亮”，移动“赛博背景”图层到“LOGO 渐变填充”图层的下方，如图 8-30 所示。

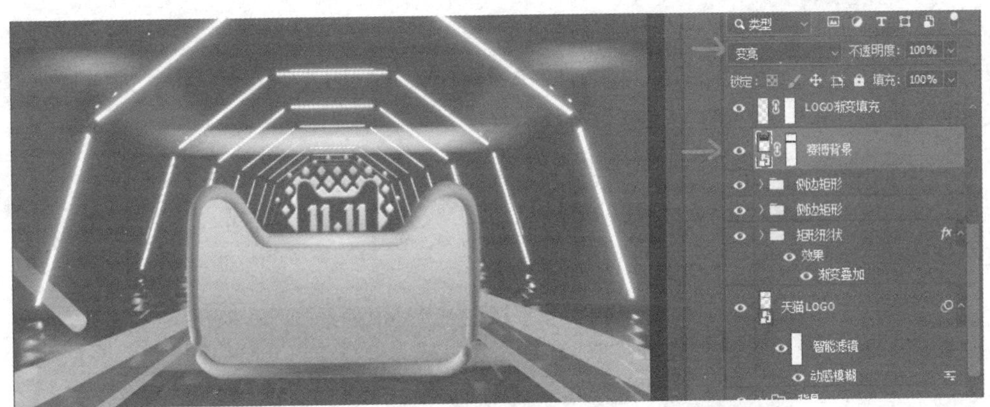

图 8-30　赛博背景

（13）选择“文件”→“置入嵌入对象”命令，弹出“置入嵌入对象”对话框，选择“Banner 房子”文件，单击“置入”按钮，将图片置入图像窗口中，拖拽图片到适当的位置并调整大小，按 Enter 键确认操作。在图层面板中将其命名为“banner 房子”，移动“banner 房子”图层置于“背景”图层的上方。

（14）为“banner 房子”图层添加“图层蒙版”，选择黑色画笔擦掉不需要显示的区域，使其融合进背景里，如图 8-31 所示。

图 8-31　banner 房子

（15）单击“天猫 LOGO”图层，添加蒙版，使用黑色画笔把画面中显眼的区域去除，如图 8-32 所示。

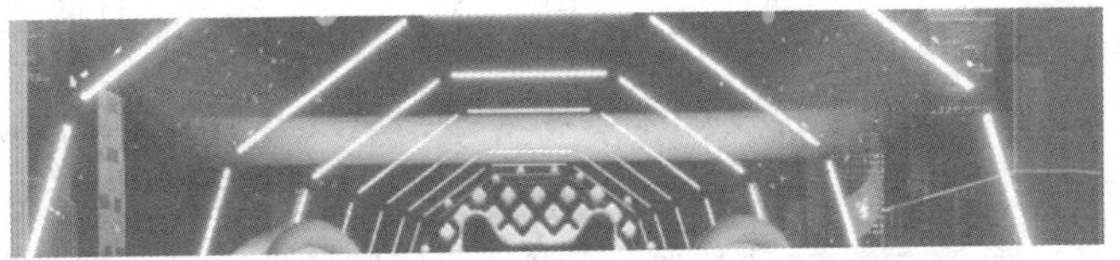

图 8-32　去除显眼区域

（16）选择“文件”→“置入嵌入对象”命令，弹出“置入嵌入对象”对话框，选择“灯”文件，单击“置入”按钮，将图片置入图像窗口中，拖拽图片到适当的位置并调整大小，按 Enter 键确认操作。在图层面板中将其命名为“灯”。

（17）使用“画笔”工具勾画出光照的大致轮廓，新建一个图层并命名为“光”，按 Ctrl+Enter 组合键，把路径转换成选区，选择“选择”→“修改”→“羽化”命令，设置羽化值为 10 像素，如图 8-33 所示。

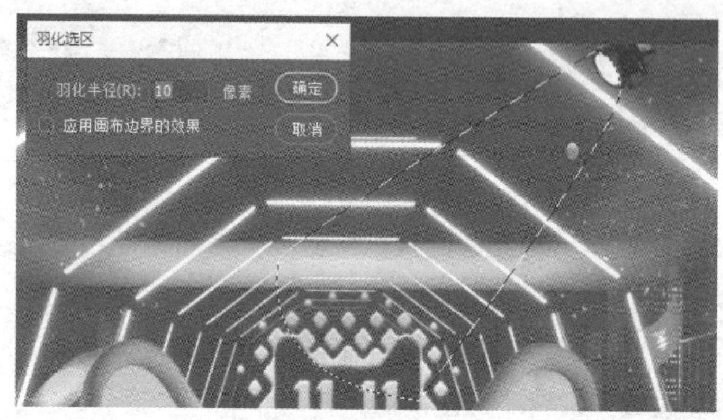

图 8-33 羽化选区

（18）设置“光”图层的叠加模式为“叠加”，填充白色，修改“不透明度”为 80%，按 Ctrl+D 组合键取消选区，添加图层蒙版，使用黑色画笔擦除多余的光，如图 8-34 所示。

图 8-34 擦除多余的光

（19）复制“灯”和“光”图层，按 Ctrl+T 组合键，单击鼠标右键，选择“水平翻转”命令，并放置在合适的位置。

（20）选择“矩形工具”绘制一个六边形，使用“直接选择工具”更改六边形的形状，并填充颜色“176、152、240”，按 Ctrl+T 组合键，更改大小和位置，如图 8-35 所示。

（21）选择“矩形工具”绘制一个矩形，使用“直接选择工具”更改矩形的形状，作为六边形的暗部，并填充颜色“94、61、170”，复制绘制好的矩形，按 Ctrl+T 组合键，单击鼠标右键，选择“水平翻转”命令，并放置在合适的位置，如图 8-36 所示。

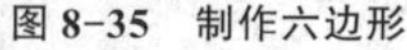

图 8-35 制作六边形

图 8-36 制作六边形暗部

（22）选择“横排文字工具”，输入“快乐盛典 疯狂抢购”，字体设置为方正粗黑宋简体，大小为 125 点，间距为自动，并添加图层样式描边效果，颜色填充为“183、105、245；129、61、240；93、16、244”，效果如图 8-37 所示。

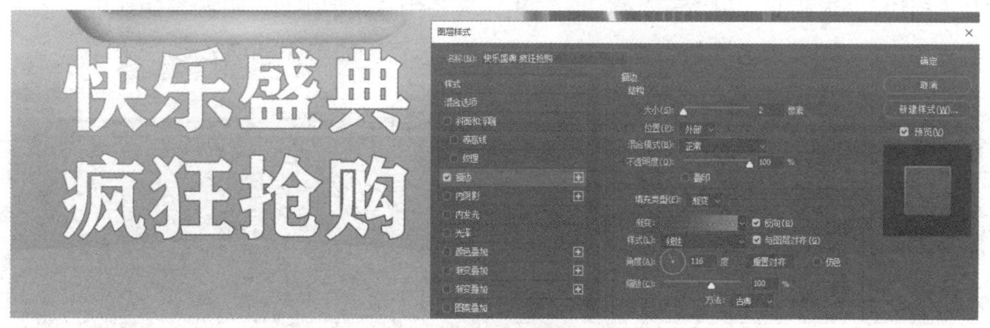

图 8-37 文字效果 1

（23）复制出文字图层 02，并把文字颜色设置为“255、95、255”，按 Ctrl+T 组合键更改位置，添加投影效果，设置如图 8-38 所示。

图 8-38 文字效果 2

（24）复制两个文字图层，分别为文字 03 和文字 04，按 Ctrl+T 组合键更改位置，把文字 03 描边大小设置为 21，把文字 04 的描边大小设置为 25，如图 8-39 所示。

图 8-39　文字效果 3

（25）使用“矩形工具”创建一个圆角矩形，按 Ctrl+T 组合键，更改大小和位置，添加“描边”“内阴影”和“渐变叠加”效果，并使用“文字工具”在圆角矩形里写上“全场买一台 9.5 折 / 买两台 9 折，上不封顶”的活动标语，如图 8-40 所示。

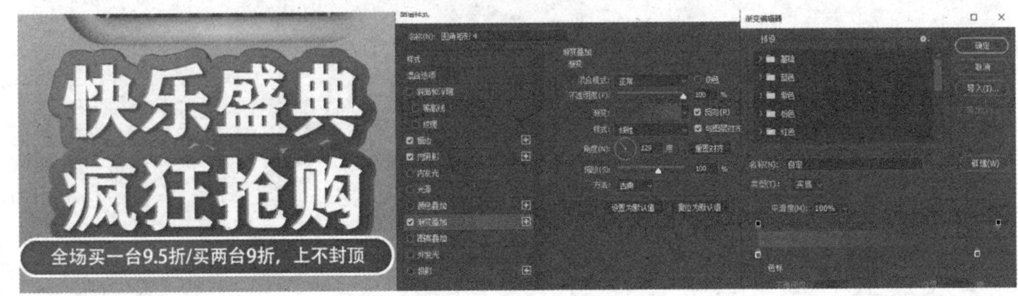

图 8-40　文字效果 4

3. 活动促销区

（1）选择“文件”→“置入嵌入对象”命令，弹出“置入嵌入对象”对话框，选择“边框”文件，单击“置入”按钮，将图片置入图像窗口中，拖拽图片到适当的位置并调整大小，按 Enter 键确认操作，在图层面板中将其命名为“边框”。

（2）使用“矩形工具”创建一个圆角矩形，填充渐变颜色“178、31、221；120、19、234”，按 Ctrl+T 组合键，更改大小和位置，并放在边框图层的下方，效果如图 8-41 所示。

图 8-41　制作圆角矩形 1

（3）使用“矩形工具”创建一个圆角矩形，填充颜色“120、19、234”，按 Ctrl+T 组合键，更改大小和位置，并放在边框图层的下方，并添加“描边”和“内阴影”效果，如图 8-42 所示。

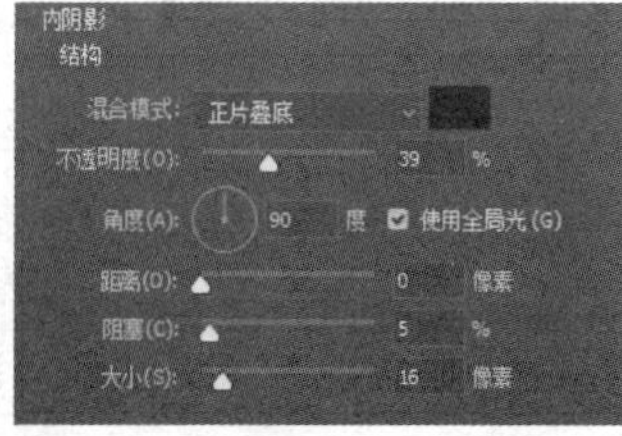

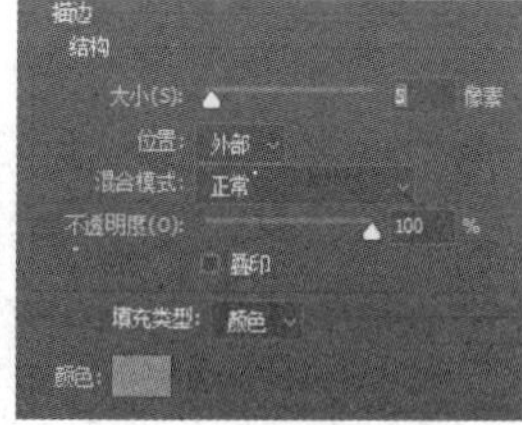

图 8-42　制作圆角矩形 2

（4）复制“矩形”并置于其下方，把图层填充修改为“0%”，修改描边参数，并添加投影效果，如图 8-43 所示。

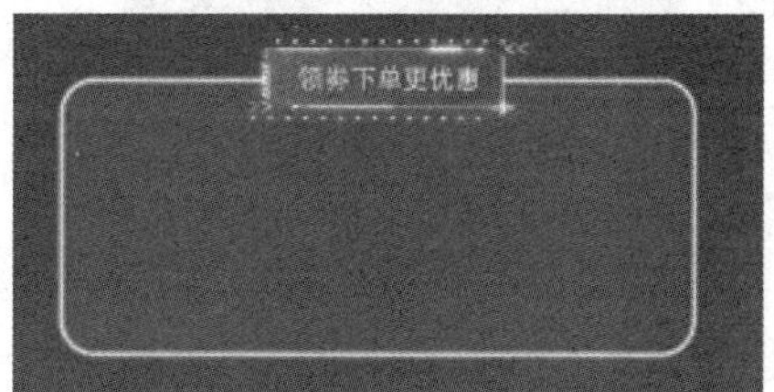

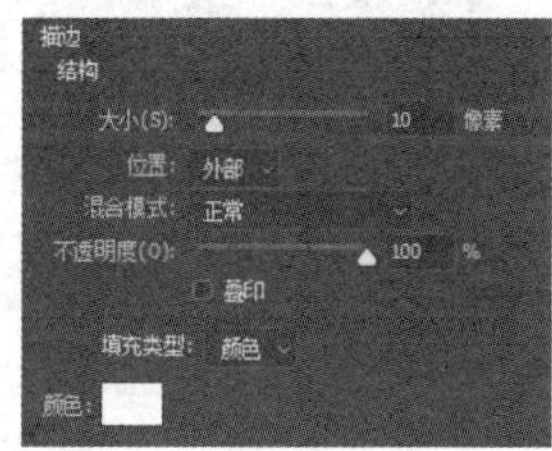

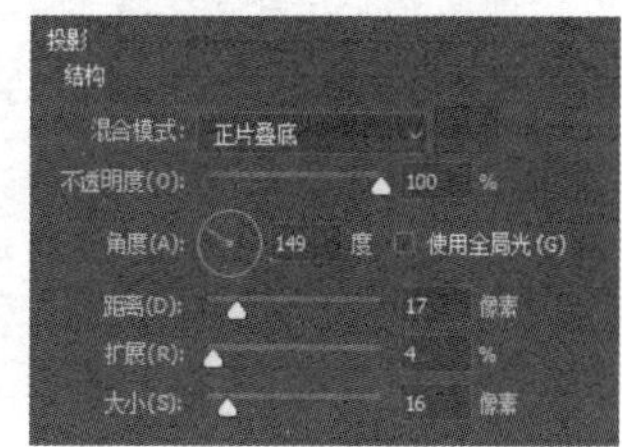

图 8-43　制作圆角矩形 3

（5）选择“边框”“矩形 1”“矩形 2”“图层 1”，按 Ctrl+G 组合键创建一个组，并命名为“边框 01”。

（6）使用“矩形工具”创建一个圆角矩形，颜色填充为白色，使用“文字工具”在圆角矩形的上方输入“￥30 元，满 2 000 元可用”。

（7）使用“矩形工具”创建一个圆角矩形，颜色填充为“120、19、234”，使用“文字工具”输入“点击领取”。

（8）选择“￥30 元，满 2 000 元可用”“点击领取”“矩形”图层，按 Ctrl+G 组合键进行编组，将其命名为“优惠券 1”，效果如图 8-44 所示。

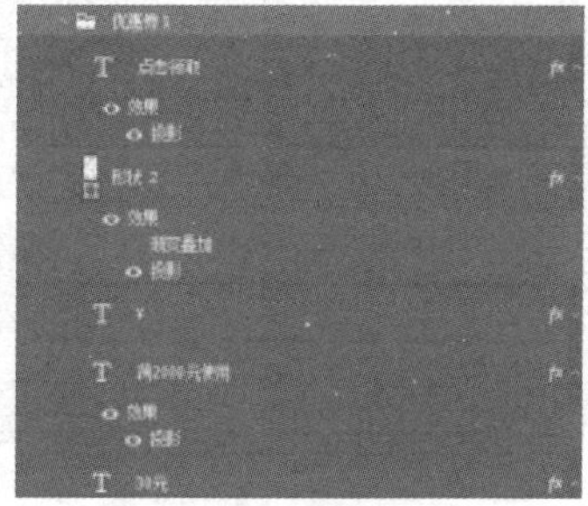

图 8-44　优惠券 1

（9）复制三个“优惠券 1”组，按 Ctrl+T 组合键进行排列，使用“对齐工具”进行对齐并修改对应文字信息，效果如图 8-45 所示。

（10）复制“领券下单更优惠”一整个组，按 Ctrl+T 组合键，放在合适的地方，把“领券下单更优惠”文字修改为“全场满额就送豪礼”，并修改文字信息，如图 8-46 所示。

图 8-45　对齐文字

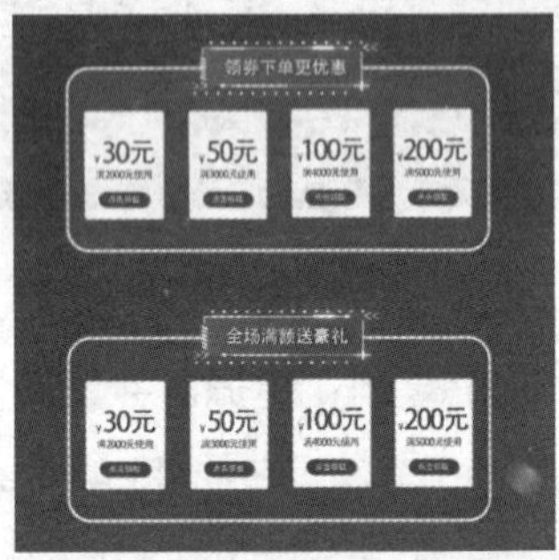

图 8-46　复制、修改文字信息

4. 商品陈列区

（1）复制两个“边框 1”，按 Ctrl+T 组合键，调整边框的大小和位置，把边框 1 的“全场满额就送豪礼”文字修改为“热销爆款推荐”，把边框 2 的“全场满额就送豪礼”文字修改为“人气单品专区”，如图 8-47 所示。

（2）选择“文件”→“置入嵌入对象”命令，弹出“置入嵌入对象”对话框，选择“立体框”文件，单击“置入”按钮，将图片置入图像窗口中，拖拽图片到适当的位置并调整大小，按 Enter 键确认操作，在图层面板中将其命名为“立体框”，如图 8-48 所示。

（3）复制“立体框”，并放在“人气单品专区”的上方，修改大小和位置，如图 8-49 所示。

图 8-47　制作文字

图 8-48　制作立体框 1

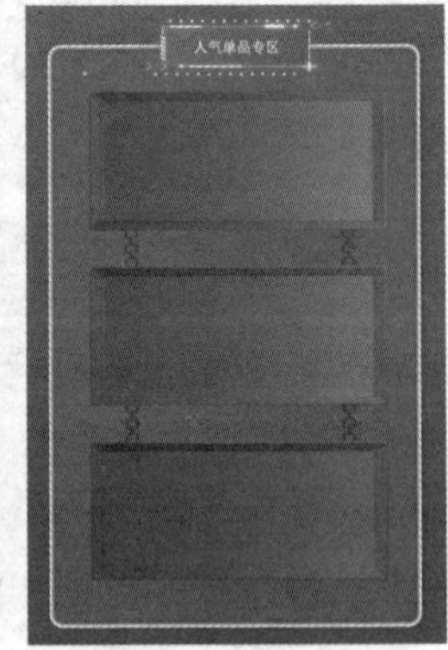

图 8-49　制作立体框 2

（4）添加“曲线”提亮“立体框 1”的亮度，添加一个“可选颜色”对立体框进行颜色的校正，再次添加“曲线”提亮“立体框 1”的亮度，分别选中三个调色图层，按 Alt+ 鼠标右键，创建剪贴蒙版，具体设置如图 8-50 所示。

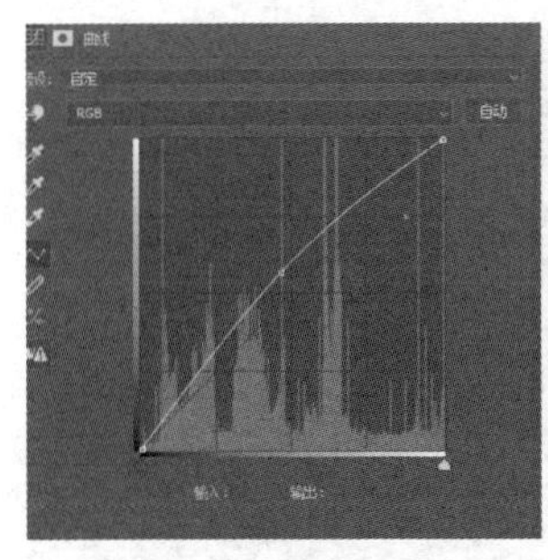

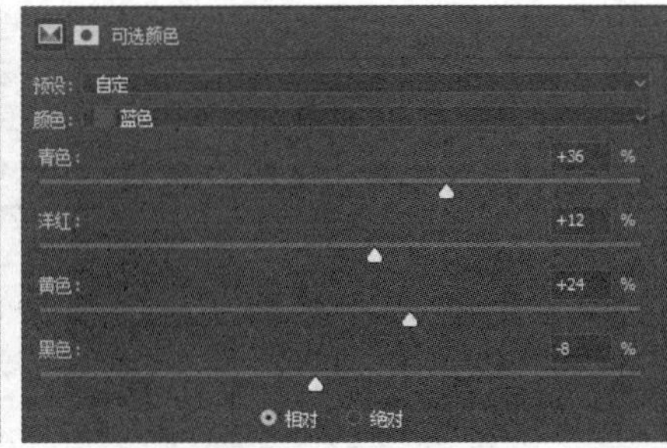

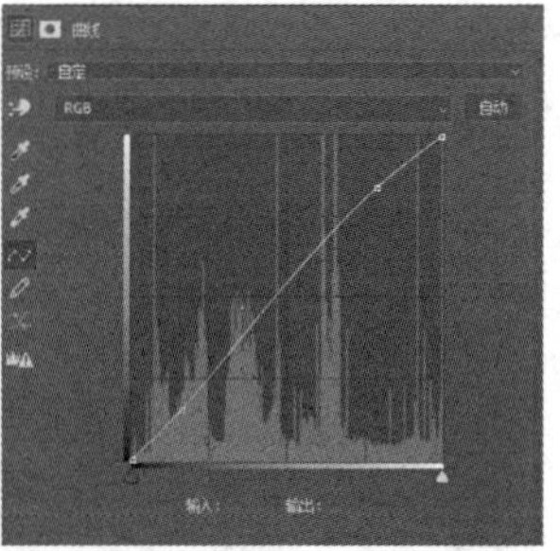

图 8-50　调整亮度与颜色

（5）复制“曲线工具 1”“可选颜色 1”和“曲线工具 2”，放在“立体框”图层的上方，对“立体框”进行颜色校正。

（6）使用“矩形工具”创建三个圆角矩形，颜色填充为白色，按 Ctrl+T 组合键，修改圆角矩形的大小和位置，如图 8-51 所示。

（7）使用“文字工具”输入如图 8-52 所示的文字，在文字“产品卖点”的上方和下方创建两条“虚线”，在“立即抢购”的下方使用“矩形工具”创建一个矩形，颜色填充为紫色“93、6、199”，并把“立即抢购”文字颜色修改为白色，如图 8-53 所示。

图 8-51　创建白色圆角矩形

产品名称产品
产品卖点　产品卖点
活动价：¥3999　立即抢购

图 8-52　输入文字

产品名称产品
产品卖点　产品卖点
活动价：¥3999　立即抢购

图 8-53　添加修饰

（8）选中“文字图层”“虚线图层”和“矩形层”，按 Ctrl+G 组合键，创建一个组，命名为“产品 1”。

（9）复制两个“产品 1”图层，按 Ctrl+T 组合键，修改位置，效果如图 8-54 所示。

（10）使用“矩形工具”创建圆角矩形，颜色填充为白色，按 Ctrl+T 组合键，修改圆角矩形的大小和位置，如图 8-55 所示。

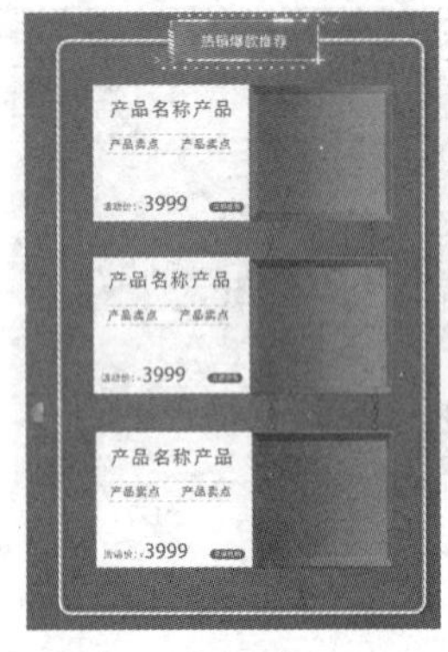

图 8-54　复制“产品 1”

图 8-55　创建圆角矩形

（11）使用“文字工具”输入“产品文案”“产品文案”“商品价格”和“立即抢购”文字。

（12）在“立即抢购”的下方使用“矩形工具”创建一个圆角矩形，添加“斜面和浮雕”“颜色叠加”以及“投影效果”，具体设置如图 8-56 所示。

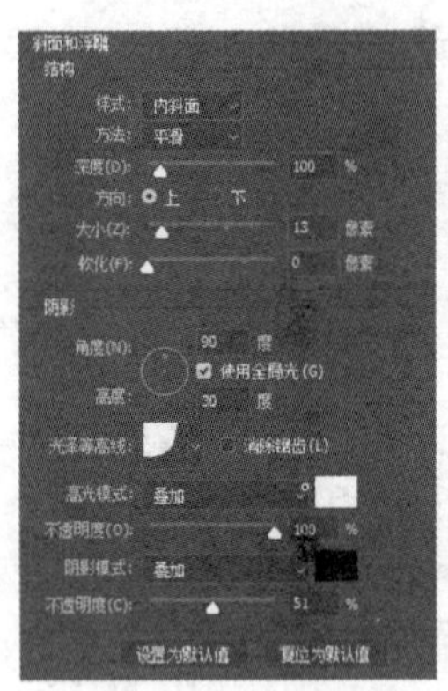

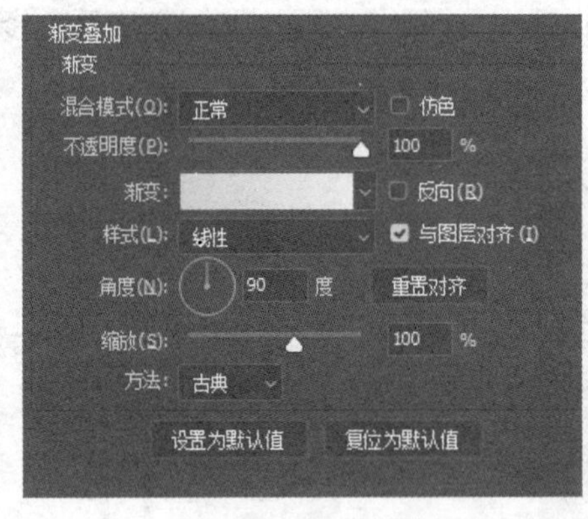

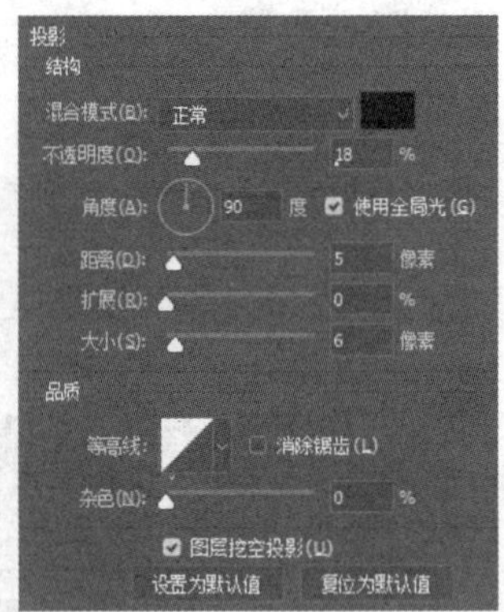

图 8-56　制作圆角矩形

（13）选择“圆角矩形”和所有的文本层，按 Ctrl+G 组合键创建一个组，命名为“产品文案”，复制 5 个“产品文案”图层，按 Ctrl+T 组合键，进行位置的改变，如图 8-57 所示。

图 8-57　复制图层

项目总结

通过对本项目内容的学习，参考项目总结模板，对本项目学习情况进行总结。

项目总结模板

项目九
网店商品短视频制作

项目介绍

本项目旨在传授网店商品短视频制作的基础知识，包括剪辑思路、实际操作技巧、画面分屏效果制作、片尾动画效果制作、字幕添加以及视频调色等。通过学习，学生能够全面了解并掌握网店商品短视频的剪辑知识和实际操作技能。

此外，本项目的实训任务将帮助学生建立对广告设计专业的系统认知，并重点培养学生的实际运用能力。通过实践操作，学生将熟悉短视频在实际运用过程中的制作方法，从而更好地适应岗位的工作要求。

学习目标

1. 了解网店商品的特点及目标受众以及创意方案。
2. 了解网店商品短视频的剪辑思路。
3. 掌握制作画面分屏效果和片尾动画效果的方法。
4. 掌握添加字幕视频调色效果的方法。

知识结构

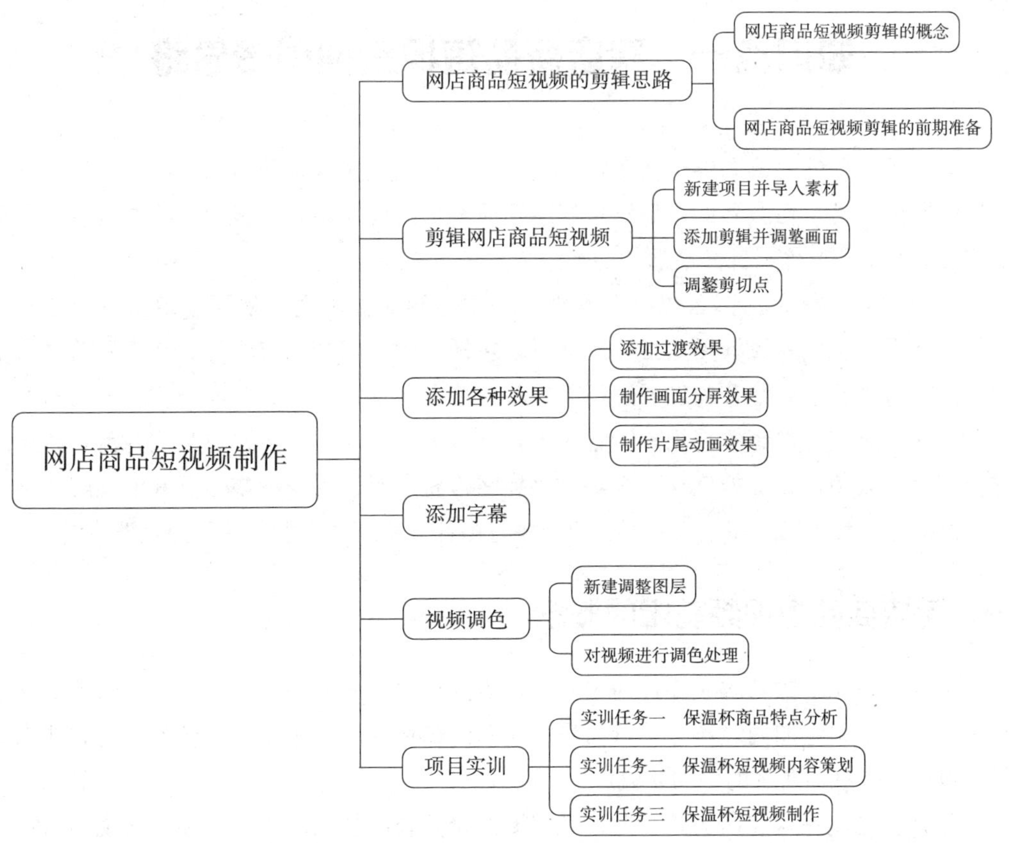

学习计划

小节内容		网店商品短视频的剪辑思路	剪辑网店商品短视频	添加各种效果	添加字幕	视频调色
课前预习	预习时间					
	预习自评	难易程度　□易　□适中　□难 问题总结：				
课后巩固	复习时间					
	复习自评	难易程度　□易　□适中　□难 问题总结：				

知识储备

知识点一　网店商品短视频的剪辑思路

随着互联网的普及和电子商务的快速发展，越来越多的消费者通过线上购物来满足自己的需求。为了在激烈的市场竞争中脱颖而出，网店需要以更吸引人的方式展示自己的商品。为此，制作一部高品质的商品短视频是非常必要的。

在剪辑短视频之前，首先要明确视频的主题和目标受众，从而确定剪辑的方向和风格。选择与主题和目标受众相符的素材，包括视频、图片、音频等。其次是剪辑和拼接，将素材按照故事情节的发展进行剪辑和拼接，要注意节奏感和流畅度。接着添加特效和音效，以增强视频的视觉和听觉效果。然后调整色彩和亮度，对视频的色彩和亮度进行调整，以使视频更加美观。其次是添加字幕和注释，以帮助观众更好地理解视频内容。最后导出和分享，完成剪辑后，将视频导出并分享到适当的平台和受众群体中。

一、网店商品短视频剪辑的概念

网店商品短视频剪辑主要是通过视频剪辑的方式，将商品的特点和优势清晰地展现给消费者，吸引他们的注意力，从而提高商品的销售量。它不仅可以节省时间和成本，还可以大大提高消费者的购物体验。

此外，在制作网店商品剪辑时，还需要注意剪辑的技巧。首先，要确保视频清晰、稳定、流畅，同时要注意背景音乐的选择，使之能够更好地突出商品的特点。其次，要注意镜头的运用，多采用推、拉、摇、移等镜头来展现商品的全貌和细节。最后，要注意剪辑的节奏，通过剪辑手法来控制节奏，使视频更具吸引力。

网店商品短视频剪辑需注意以下几点。

简洁明了：通过简单明了的语言和画面，让消费者迅速了解产品的特点和优势。

直观生动：通过图像和声音来展示商品的特点和优势，使消费者有身临其境的感觉。

可重复播：让消费者反复观看，更好地了解产品。

互动性强：可以与消费者进行互动，让消费者参与其中，提高购物体验。

知识拓展

视频剪辑是一种使用软件对视频源进行非线性编辑的过程，它包括将图片、背景音乐、特效、场景等素材与视频进行混合，对视频源进行切割、合并，通过二次编码，生成具有不同表现力的新视频。

网店商品是一个广泛的概念，它包括所有可以在网上销售的商品，无论是实物产品还是虚拟产品。

对于实物产品，它是指真实存在的物品，例如衣物、食品、电子产品等。这些产品通常具有物理形态，并且可以通过物流方式发送给买家。

对于虚拟产品，它是指没有物理形态的产品，例如数字音乐、电子书、软件等。这些产品可以通过互联网直接传输给买家，无需物流配送。

无论是实物产品还是虚拟产品，网店商品通常都包括产品的描述、价格、图片、评价等信息。这些信息可以通过网店的界面展示给买家，帮助买家了解商品并做出购买决策。

此外，网店商品还可能包括一些额外的服务，例如售后保障、退换货服务等，这些服务可以帮助买家增强购买信心并提高满意度。

二、网店商品短视频剪辑的前期准备

网店商品短视频剪辑的前期准备包括确定目标受众、制定脚本、准备场景与道具、确定拍摄设备、寻找合适的模特或演员、进行市场调研、确定剪辑风格、了解相关道德规范一系列流程，如图 9-1 所示。网店商品剪辑的前期准备需要全面考虑，仔细策划和准备，以确保剪辑过程顺利进行，同时也能提高视频的质量和效果。

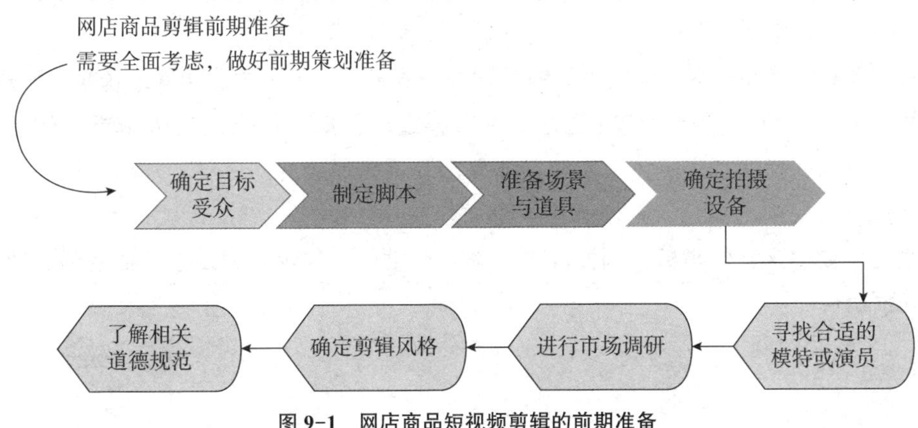

图 9-1　网店商品短视频剪辑的前期准备

（1）确定目标受众。网店商品的目标受众群体可以根据不同的类目和产品特点进行分类。以下是一些常见的目标受众群体的类别。

年龄：不同年龄段的人群有不同的消费需求和偏好，网店可以根据目标受众的年龄段来定位商品，如儿童、青少年、成年人、老年人等。

性别：不同性别的消费者对商品的需求和偏好也不同，网店可以根据目标受众的性别来定位商品，如女装、男装、女性内衣、男性剃须用品等。

收入水平：不同收入水平的人群对商品的价格和品质有不同的需求和偏好，网店可以根据目标受众的收入水平来定位商品，如高端奢侈品、中档商品、平价商品等。

职业：不同职业的人群对商品的需求和偏好也不同，网店可以根据目标受众的职业来定位商品，如白领、蓝领、学生、教师等。

兴趣爱好：不同兴趣爱好的人群对商品的需求和偏好也不同，网店可以根据目标受众的兴趣爱好来定位商品，如运动爱好者、音乐爱好者、阅读爱好者等。

（2）制定脚本（图 9-2）。根据网店定位和目标，确定拍摄主题。例如，如果销售的是时尚服装，那么主题可以是“时尚潮流穿搭”。

根据主题和商品特点，确定拍摄场景和需要的道具。例如，如果销售的是厨房用品，那么场景可以是厨房，道具包括烹饪器材、食材等。

根据网店的日程安排和商品特点，确定最佳的拍摄时间。例如，如果销售的是季节性商品，那么需要在季节到来之前完成拍摄。

根据网店定位和目标，确定适合的人物形象进行拍摄。例如，如果销售的是年轻时尚的服装，那么可以选择时尚达人或模特进行拍摄。

根据主题、场景、道具和人物形象，确定具体的拍摄内容。例如，拍摄模特穿着新衣服在某个场景中展示，或者演示如何使用某个厨房用品。

根据网店定位和目标，确定适合的剪辑风格。例如，如果想要展示商品的质感，那么可以选择使用慢动作展示商品细节；如果想要吸引顾客的注意力，那么可以选择使用快节奏的音乐和剪辑效果。

根据剪辑风格和内容，确定需要的后期制作效果。例如，添加字幕、音效、配乐等。

根据网店定位和目标，选择适合的发布渠道。例如，如果想要吸引更多的潜在客户，那么可以选择在社交媒体上发布；如果想要提高网店的知名度，那么可以在自己的网站上发布。

最后需要确定评估指标，例如观看次数、点赞数、评论数等，以评估视频的效果是否达到预期目标。

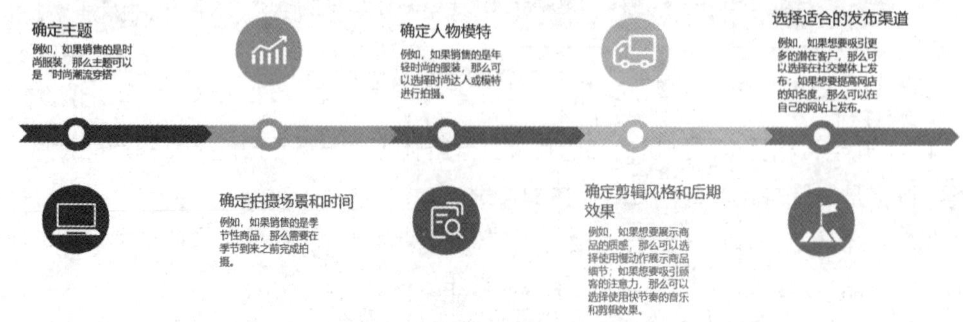

图 9-2　网店商品剪辑 4 个确定，1 个选择

（3）准备场景与道具。首先，要选择适合拍摄的产品。这些产品可以是具有吸引力的商品，要注意产品的质量、外观和特点，确保产品能够吸引消费者的注意力。道具可以增加拍摄的趣味性和吸引力，使拍摄更加生动。在准备道具时，可以根据产品类型和拍摄风格选择合适的道具。场景布置可以影响拍摄的效果和氛围。在布置场景时，要注意背景、光线、颜色等因素，确保拍摄环境能够营造出舒适的氛围。要注意细节把控，确保每个镜头都符合要求。例如，要注意产品摆放的位置、光线的角度、道具的搭配等细节问题。后期制作可以提升拍摄效果和品质。在后期制作时，可以对图像进行裁剪、调整色彩、添加文字等处理，使图像更加生动有趣。

（4）确定拍摄设备。拍摄设备包括以下几种。

摄像机：摄像机是商品拍摄的主要设备，可以根据拍摄需求选择不同的型号和规格。

三脚架：三脚架是拍摄稳定器，可以固定摄像机并防止抖动，保证拍摄效果。

灯光设备：灯光设备可以提供不同的光线效果，如柔光灯、聚光灯等，可以根据拍摄需求进行选择。

拍摄道具：拍摄道具可以包括背景纸、装饰品、道具等，用于营造不同的拍摄氛围和效果。

反光板：反光板可以用于反射光线，使商品表面更加光滑和明亮。

拍摄台：拍摄台可以提供平稳的拍摄平台，使商品在拍摄时更加稳定。

后期制作设备：后期制作设备可以包括计算机、显示器、软件等，用于后期处理和编辑拍摄素材。

除了以上设备，还有一些其他设备也可以根据拍摄需求进行选择，如无人机、显微镜等。

（5）寻找合适的模特或演员。首先需要明确自己的产品定位和目标客户，以便选择适合的模特和演员。例如，如果销售的是运动装，那么选择具有青春活力和积极形象的模特可能更为合适。其次考虑形象和风格：模特和演员的形象和风格应该与产品定位相匹配。例如，如果销售的是女性服装，那么选择女性模特更好。同时，演员的表演风格也应该与产品特点相符。再考虑专业技能：模特和演员需要具备一定的专业技能，能够展示出产品的特点和优势。例如，一些模特可能擅长拍摄时尚大片，而一些演员可能擅长演绎产品的使用场景和体验。接着考虑价格因素：不同的模特和演员价格也不同，商家需要根据自己的预算选择合适的模特和演员。如果预算有限，可以选择价格相对较低的模特和演员；如果预算充裕，可以选择价格相对较高的模特和演员以获得更好的拍摄效果和表现力。然后考虑品牌形象：选择的模特和演员应该与品牌形象相符合。他们的形象应该能够代表品牌的特点和价值观，从而增强品牌的认可度和可信度。最后综合考虑多样性：为了吸引更多的消费者，可以尝试选择不同类型、身材、外貌、年龄、性别、风格的模特和演员，以展示产品的多样性和包容性。

课堂讨论

据数据显示，近年来中国网店商品交易总额位居世界第一，我国的数字消费者达到7.925亿，占全球总数的33.3%，位于世界之首。在零售方面，我国52.1%的零售交易额来自电商，中国也将成为历史上第一个线上零售额超过线下零售额的国家。

想一想：中国网店商品交易平台有哪些？在网店商品交易中如何体现企业的社会责任感？

（6）进行市场调研。明确市场调研的目的、收集文献资料、确定调研对象、设计调研问卷或访谈提纲、实施调研、分析调研结果、制定建议。

在实施调研时，需要注意以下几点：

① 确定合适的样本数量和分布，以保证调研结果的代表性和可靠性。

② 采用多种调研方法，以获得更全面和准确的数据和信息。

③ 对调研结果进行交叉分析和深度分析，以发现潜在问题和趋势。

④ 结合行业背景和实际情况，对调研结果进行综合分析和解读。

最后，根据调研结果和制定的建议，网店商品视频剪辑企业可以更好地了解市场和客户需求，提高产品和服务质量，增强竞争力。

（7）确定剪辑风格。剪辑风格应与商品品牌形象相符，体现品牌的核心价值和品牌形象。突出商品的特点和优势，让消费者能够快速了解商品并产生购买欲望。风格应简洁明了，不要过于复杂和烦琐，以免让消费者感到困惑和反感；创意要新颖，在保证与商品类型、目标受众和市场趋势相符的前提下，可以尝试一些新颖的剪辑手法和特效，以吸引消费者的注意力。

（8）了解相关道德规范。在制作和发布商品短视频时，要尊重他人的权益和尊严。避免使用贬低、侮辱或攻击性的言论，保持友善和尊重的态度。

遵守国家和地区的法律法规，要确保不违反任何法律法规，包括但不限于商标法、著作权法、广告法等。

商品短视频应当真实反映商品的实际情况，避免虚假宣传和误导消费者。如果视频中涉及商品的功效、性能、质量等描述，应当以事实为依据，不得夸大其词或隐瞒真相。

应当遵循公平竞争的原则，不进行不正当竞争或侵犯他人的合法权益。避免使用不正当手段获取商业机会或损害竞争对手的声誉。

保护消费者权益，不得误导消费者或做出不实承诺。如果视频中涉及消费者的购买决策，应当提供准确、全面的信息，以便消费者做出明智的选择。

商品短视频应当包含健康、积极的内容，不得含有色情、暴力、恶俗等不良元素。

要保持良好的社会公德心和道德风尚，传递正能量和正确的价值观。

尊重知识产权，在制作和发布商品短视频时，应当尊重他人的知识产权，不得盗用他人的创意、素材或未经授权使用他人的商标、专利等。

学有所思

根据你对网店商品短视频的剪辑思路的学习，请你想一想拍摄网店服装需要考虑哪些因素。

知识点二　剪辑网店商品短视频

一、新建项目并导入素材

视频实操素材

步骤一：打开 Adobe Premiere Pro（以下简称 PR）软件，选择“新建项目”。

（1）打开 PR 软件，单击“新建项目”按钮，如图 9-3 所示。

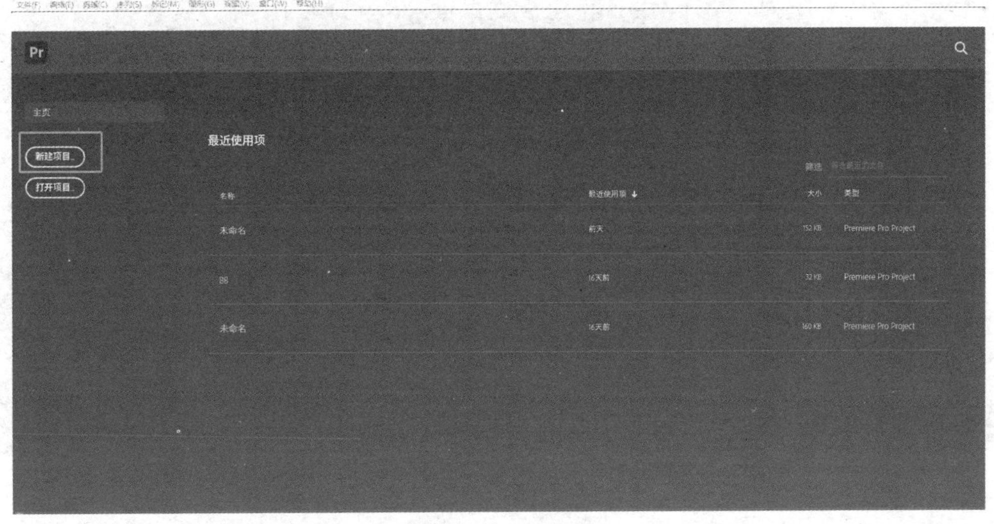

图 9-3　新建项目

（2）在弹出的“新建项目”对话框中，输入项目名称“商品视频”，选择项目保存位置，设置完成后单击“确定”按钮，如图 9-4 所示。

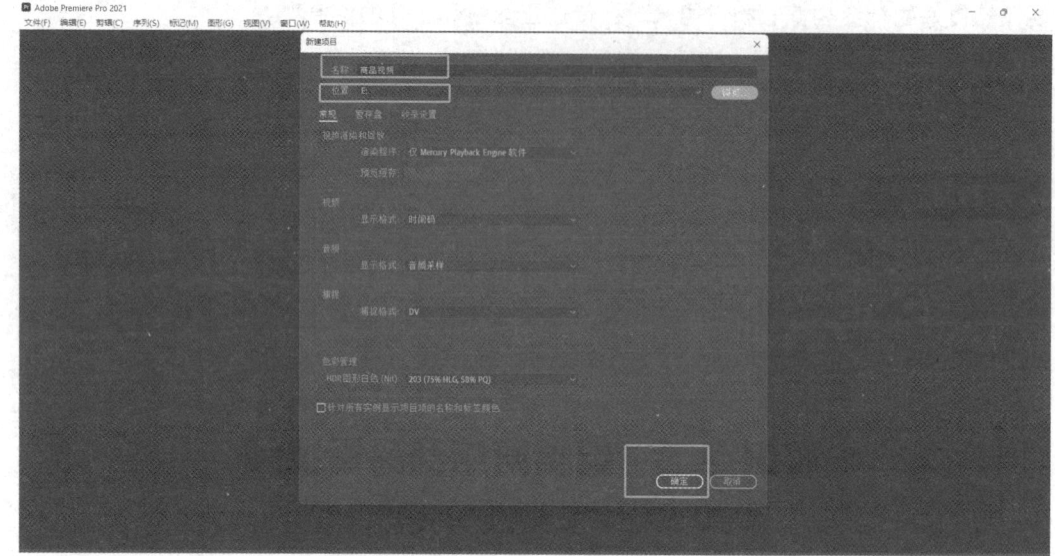

图 9-4　选择项目保存位置

步骤二：导入素材。

（1）选择“文件”→“导入”命令，或者按“Ctrl+I”键导入，如图 9-5 所示。

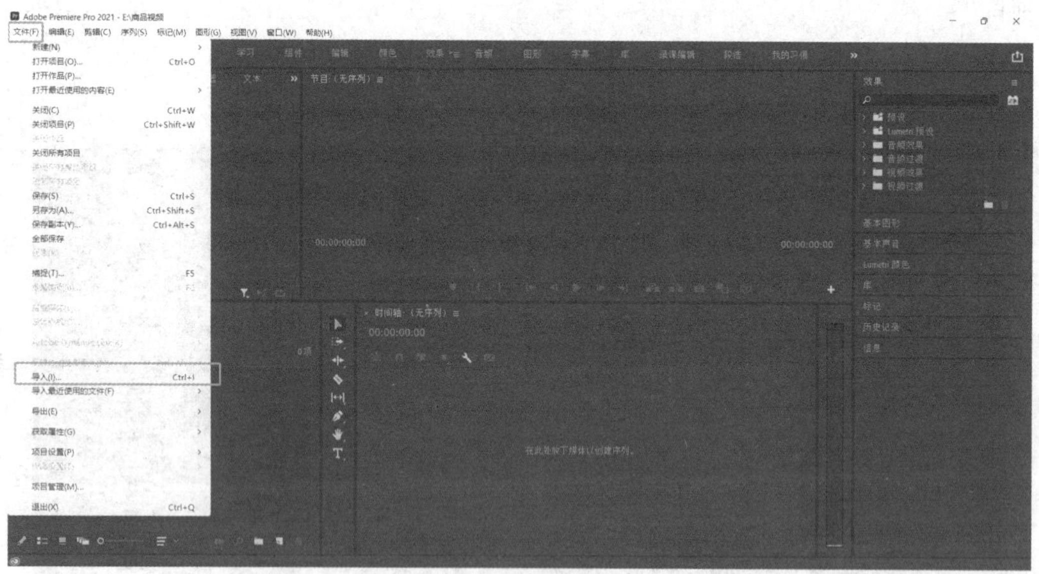

图 9-5　导入素材

（2）在弹出的“导入”对话框中，选择“冰糖”素材文件。选择完成后，单击“打开”按钮，素材文件将被导入 PR 项目中，如图 9-6 所示。

图 9-6　导入素材 2

步骤三：创建序列并添加素材。

（1）在“项目”面板中，在空白处单击鼠标右键，选择“新建项目”→“序列”命令，或者按快捷键 Ctrl+N，如图 9-7 所示。

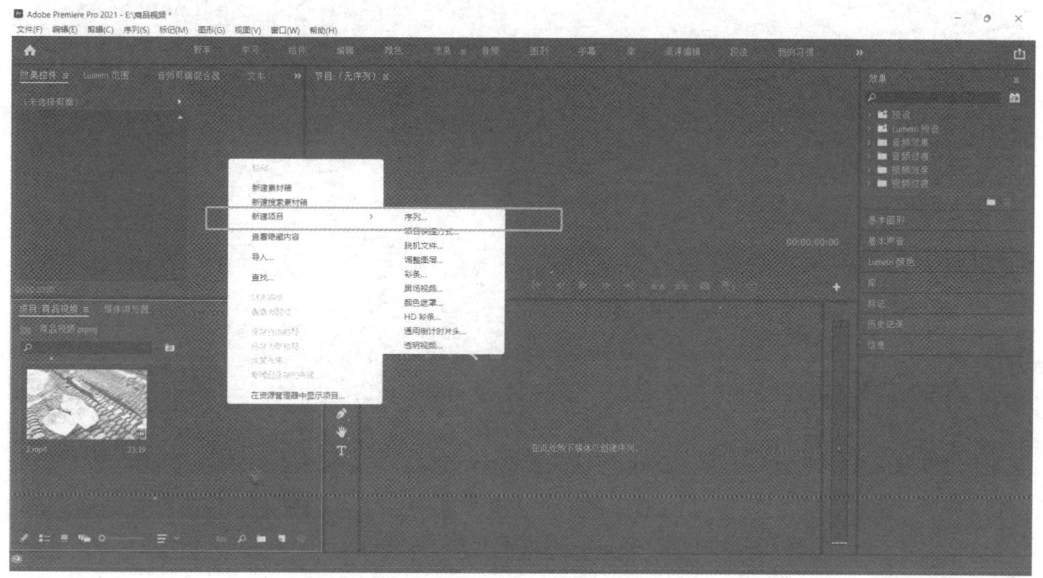

图 9-7　新建序列

（2）在弹出的“新建序列”对话框中输入序列名称，选择合适的预设模板，设置完成后单击“确定”按钮，如图 9-8 所示。

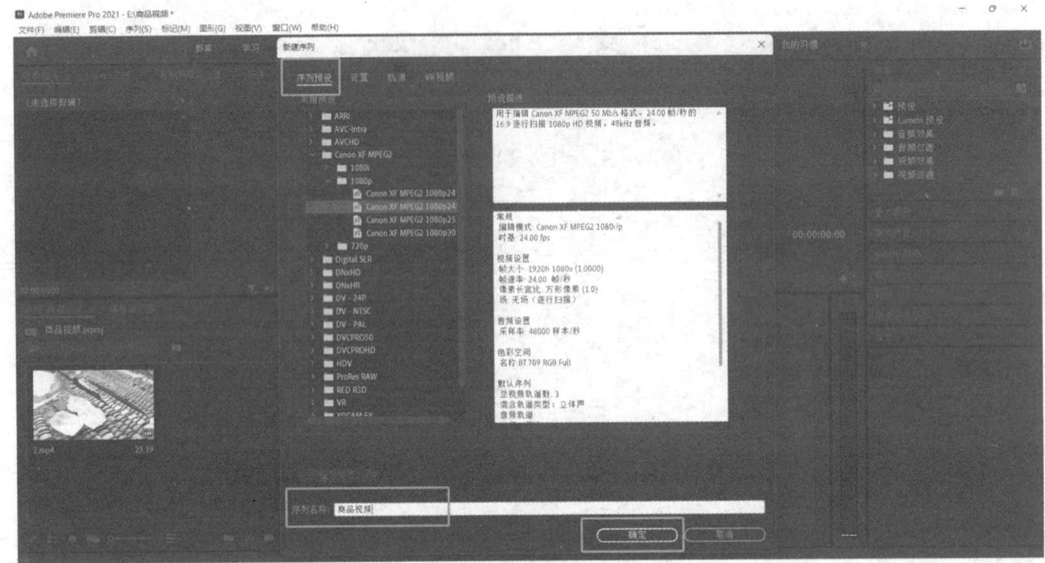

图 9-8　序列设置

（3）在“序列”面板中，将需要编辑的素材拖拽到时间线上，如图 9-9 所示。

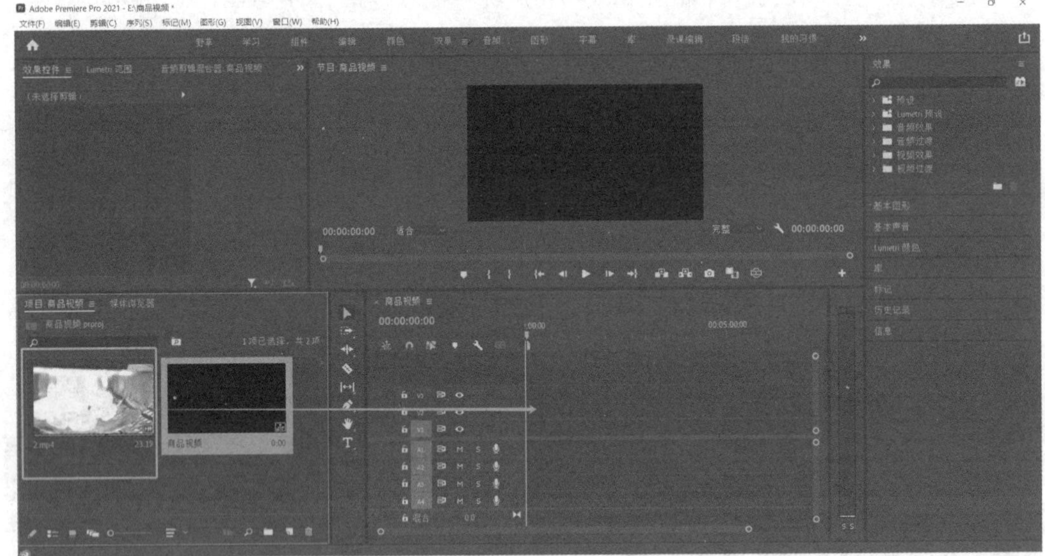

图 9-9　拖拽素材

二、添加剪辑并调整画面

在时间轴面板上对素材文件进行剪辑，具体步骤如下。

（1）使用工具栏的“剃刀工具”对视频进行剪辑，把冰糖主体部分剪辑出来，如图 9-10 所示。

图 9-10　剪辑素材

（2）对画面大小程度进行调整，使用效果控件面板“缩放”属性和“位置”属性，将画面中三颗冰糖调整至画面中心，放大，如图 9-11 和图 9-12 所示。

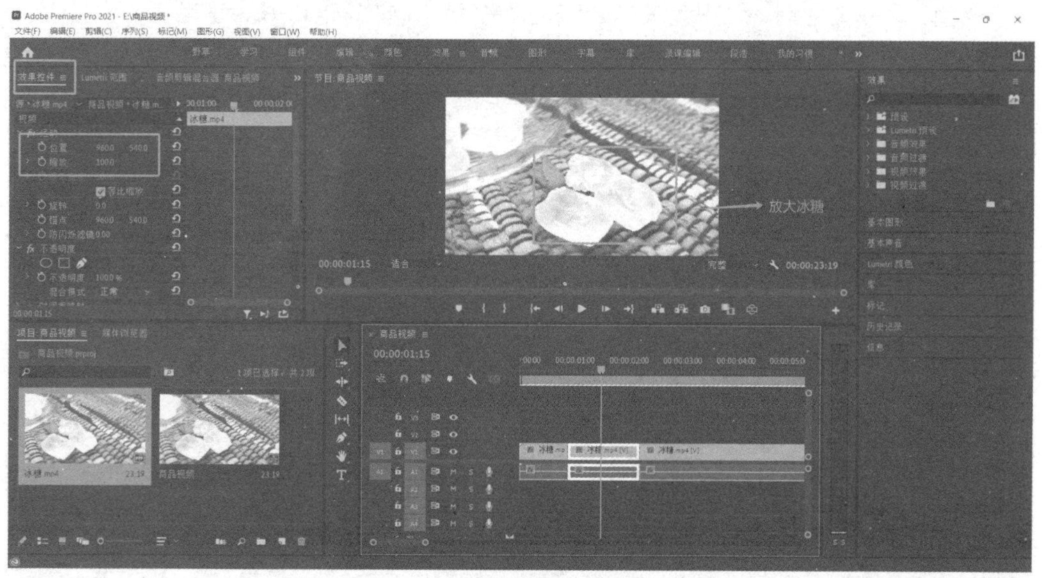

图 9-11　调整素材 1

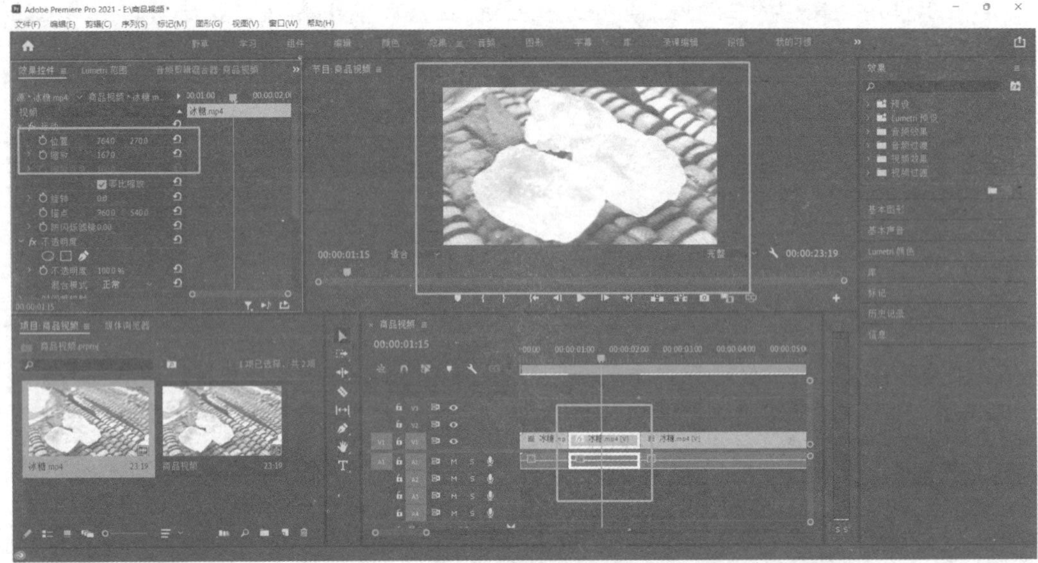

图 9-12　调整素材 2

三、调整剪切点

对剪辑出来的视频素材进行下一步剪辑，具体步骤如下。

（1）调整开头和结尾的剪切点，把剪辑开头部分往后剪辑 1 秒钟的时间，结束部分往前剪辑 1 秒钟的时间，让视频主体呈现效果更完整，如图 9-13 所示。

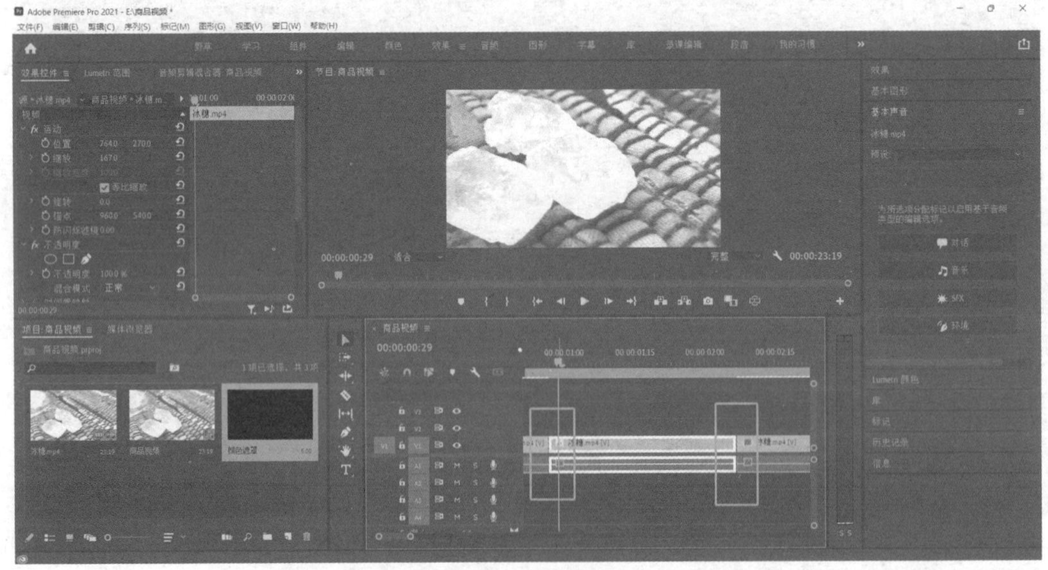

图 9-13　调整剪切点

（2）使用“移动工具”对素材进行拉伸缩放，如图 9-14 所示。

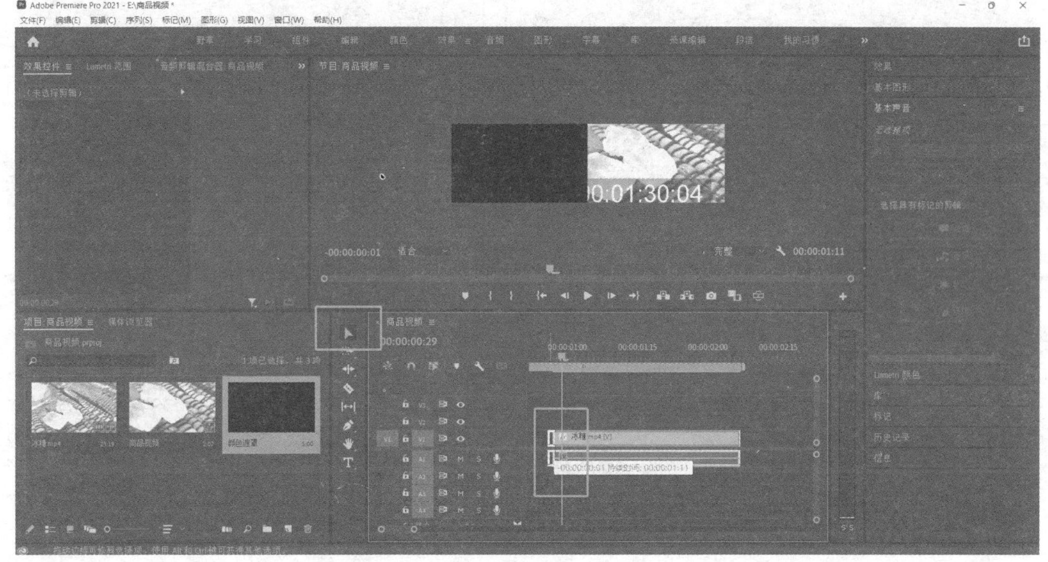

图 9-14　调整剪切点 2

（3）完成画面调整后及剪切点调整后，可以通过播放预览来查看效果，并进行必要的调整。

学有所思

根据你对剪辑网店商品短视频的学习，说一说视频剪辑的框架逻辑是怎样的。

知识点三　添加各种效果

一、添加过渡效果

（1）导入一个“葡萄”素材，在时间轴面板中将两个素材放置在相邻的位置，对两个素材进行过渡效果的添加，如图 9-15 所示。

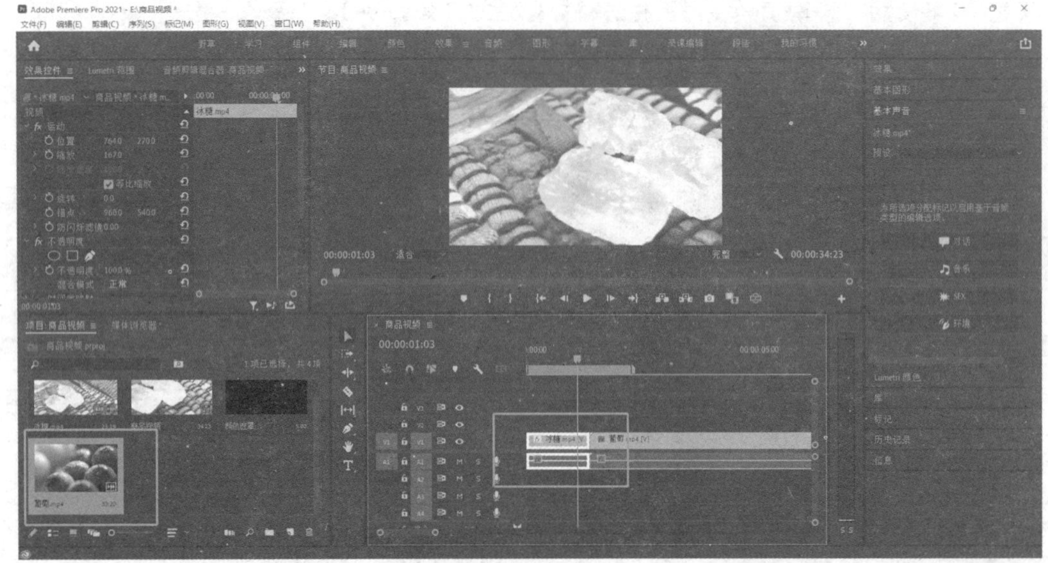

图 9-15　将葡萄素材导入项目面板，拖入时间轴

（2）在“效果”面板中，展开“视频过渡”文件夹，选择“溶解”文件夹中的“交叉溶解”命令，拖拽至两个素材中间，如图 9-16 所示。

图 9-16　添加“交叉溶解”效果

（3）调整过渡效果的持续时间为 20 帧，如图 9-17 所示。

图 9-17　调整过渡效果的持续时间

（4）对葡萄素材进行剪辑，在切换画面处添加“交叉缩放”效果，如图 9-18 所示。

图 9-18　添加“交叉缩放”过渡效果

二、制作画面分屏效果

（1）找到第一段葡萄素材，按住 Alt 键用鼠标左键拖动复制 4 段，如图 9-19 所示。

图 9-19　复制素材

（2）把 V4 轨道葡萄素材缩放值改为 50，拖动至左上角，V3、V2、V1 三个轨道按照同样的方法放置于合适的位置，如图 9-20 和图 9-21 所示。

图 9-20　调整素材

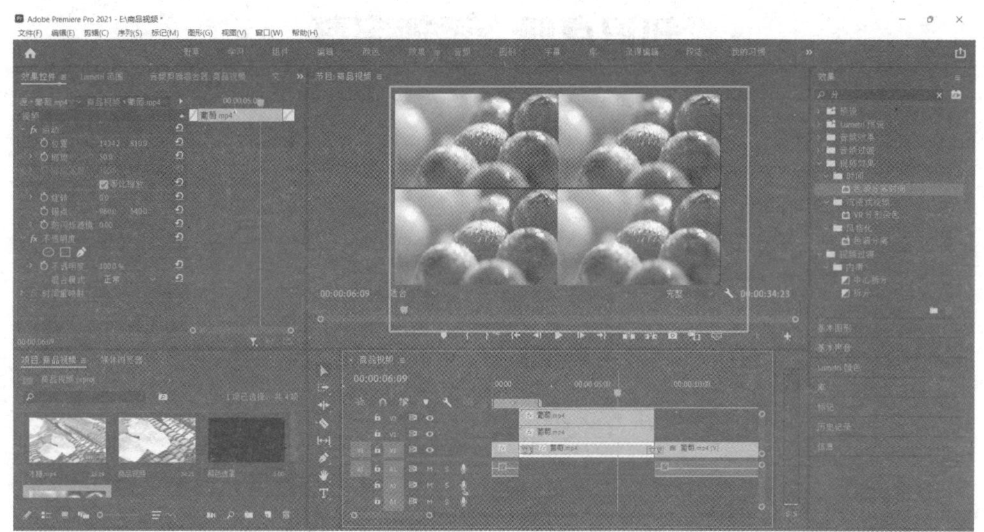

图 9-21　分屏效果

三、制作片尾动画效果

在最后一个素材结尾处添加“黑场过渡”效果，制作片尾动画效果，如图 9-22 所示。

图 9-22　添加“黑场过渡”效果

学有所思

根据你对添加各种效果的学习，请你说一说最常用的视频过渡效果是哪一种。

知识点四　添加字幕

给冰糖素材添加“晶莹剔透”字幕，具体做法如下。

（1）选择“新建”→“旧版标题”命令，如图 9-23 所示。

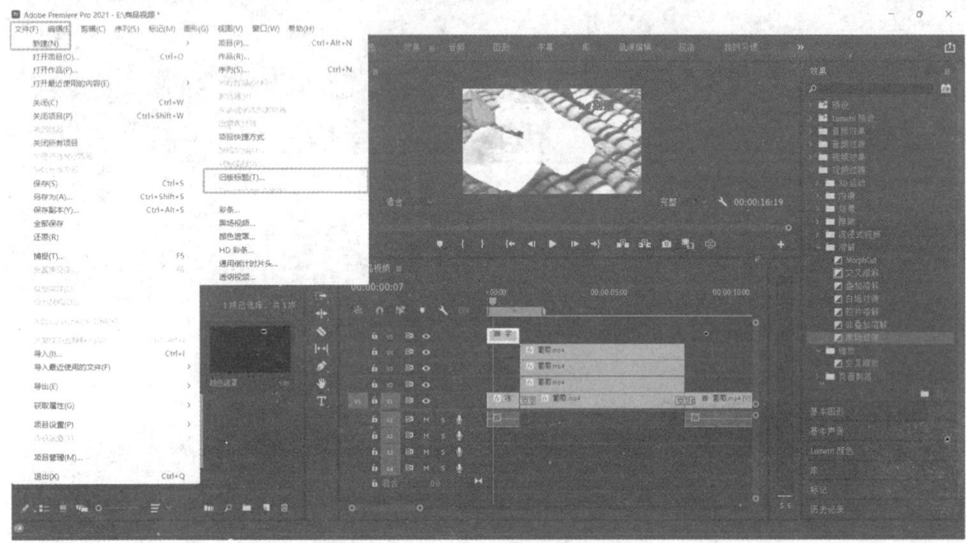

图 9-23　新建旧版标题

（2）在旧版标题中添加“晶莹剔透”文字，并调整字体大小和颜色，如图 9-24 所示。

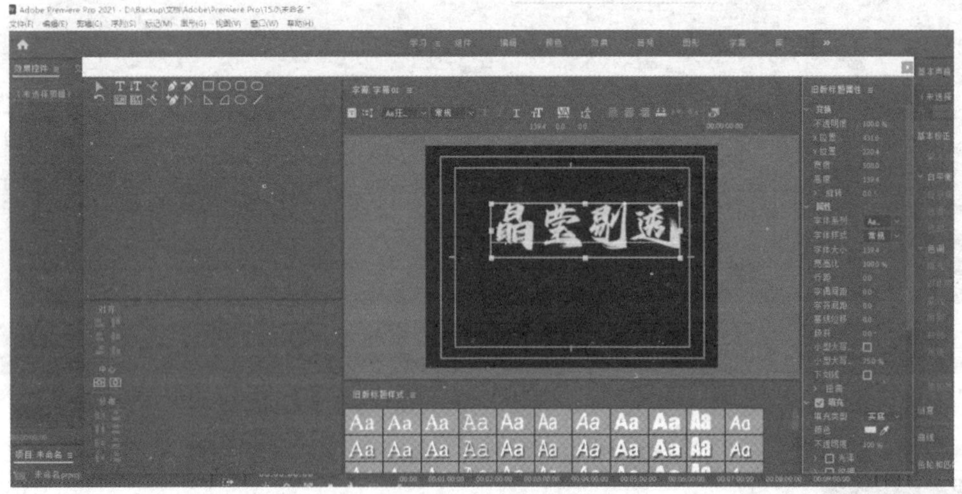

图 9-24　文字颜色

学有所思

根据你对添加字幕的学习，谈一谈你对旧版标题的理解。

知识点五　视频调色

一、新建调整图层

新建调整图层，拖拽到时间轴面板上，并放置在最上面的轨道上，覆盖下方所有素材，如图 9-25 和图 9-26 所示。

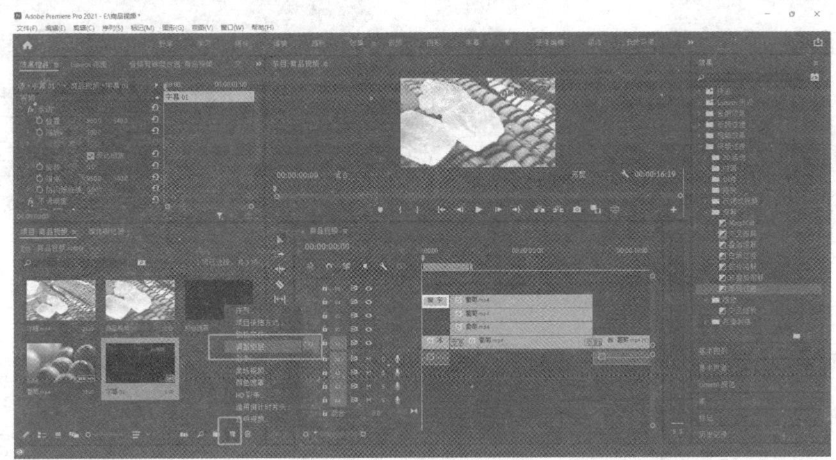

图 9-25　新建调整图层

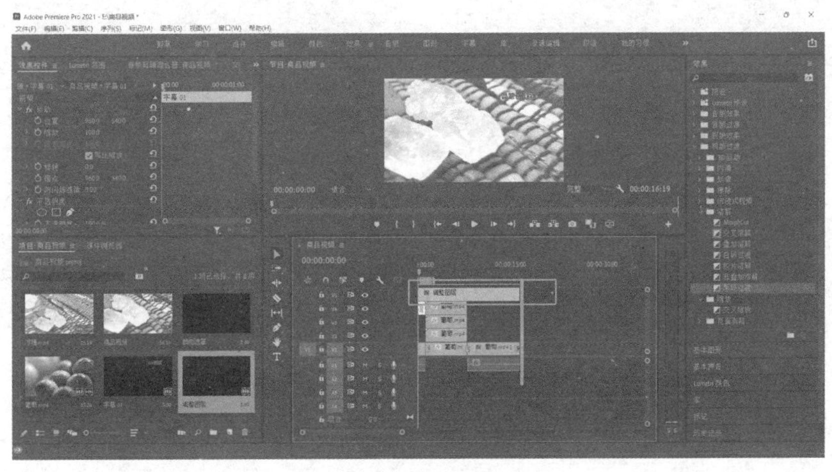

图 9-26　调整“调整图层”

二、对视频进行调色处理

（1）选择“窗口”→“Lumetri 颜色”命令，打开“Lumetri 颜色”面板，如图 9-27 所示。

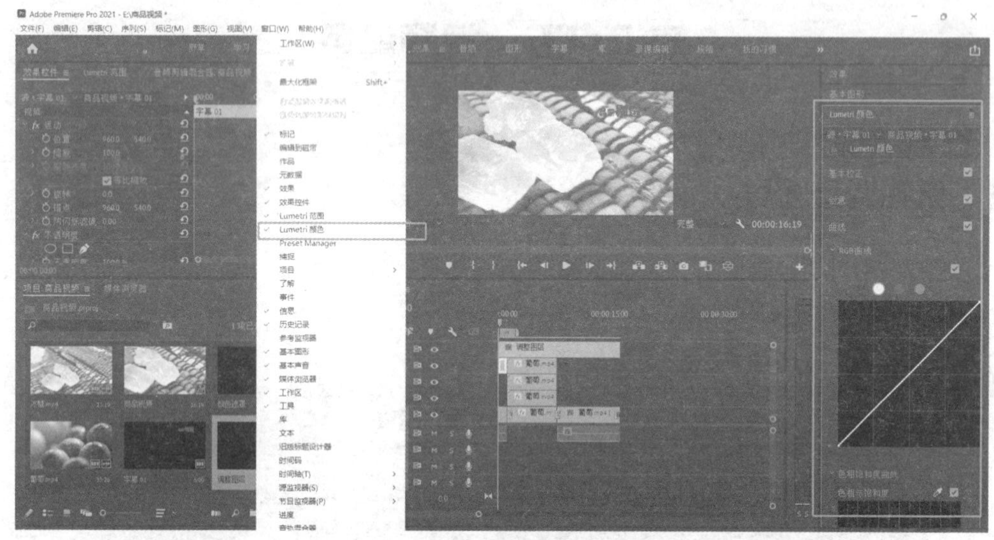

图 9-27　打开“Lumetri 颜色”面板

（2）调整“Lumetri 颜色”面板中“基本校正”属性数值，如图 9-28 所示。

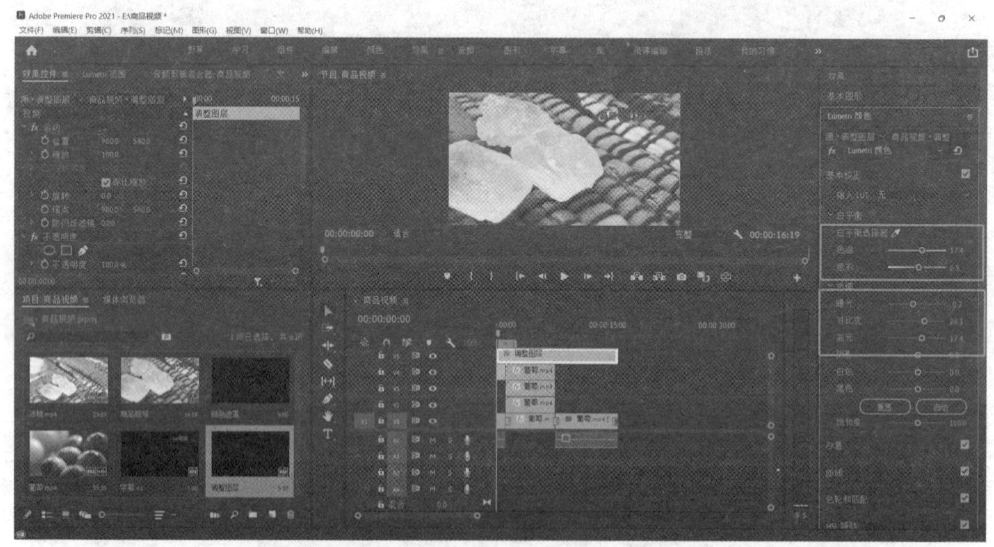

图 9-28　调整“基本校正”属性数值

（3）调整“Lumetri 颜色”面板中“曲线”属性数值，如图 9-29 所示。

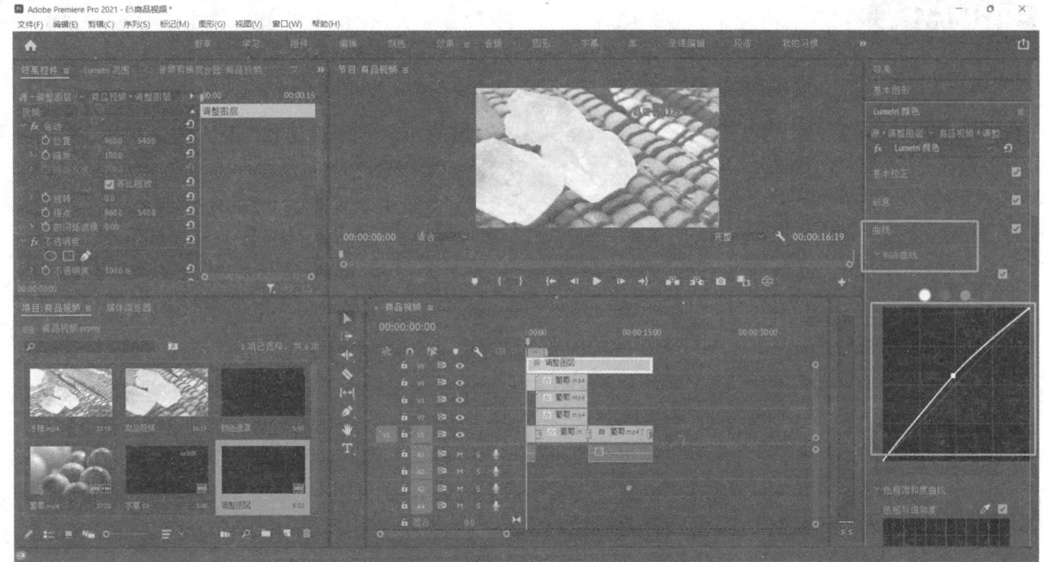

图 9-29　调整“曲线”属性数值

学有所思

根据你对视频调色的学习，说一说你对“Lumetri 颜色”面板的理解。

课堂讨论

人的眼睛视网膜上有两种感光细胞，分别是视杆细胞和视锥细胞。视杆细胞主要负责在低光环境下的视觉，而视锥细胞则主要负责颜色视觉和高分辨率的视觉。正常情况下，视锥细胞有三种类型，分别对红、绿、蓝三种不同波长的光最敏感，它们通过不同程度的兴奋组合来感知各种各样的颜色。

色弱患者是因为这些视锥细胞的功能出现了部分缺陷。比如，红色弱患者是对红色光线敏感的视锥细胞的功能降低，绿色弱患者则是对绿色光线敏感的视锥细胞功能受到影响。这使得他们在辨别颜色时，尤其是在辨别红绿色调的时候容易出现混淆。

想一想：假如你是一名教师，在讲授调色知识的时候，面对色弱的学生，应该怎么办？

学有所思

说一说“Lumetri 颜色”面板中“HLS 辅助”模块如何调整视频中的单独颜色。

知识总结

本项目致力于深度传授网店商品短视频制作的核心知识与技能。内容覆盖从剪辑的深层思路，到实操中的每一个细节，再到视觉效果的精细呈现。学生不仅能了解如何剪辑，更将掌握视频的调色艺术，以及如何为视频添加恰到好处的字幕。通过系统的学习，学生将全面把握网店商品短视频制作的精髓，从理论到实践，均能得心应手。

在知识传授上，本项目不仅停留在表面的操作层面，更深入剪辑的思维逻辑中。每一项技能都与实际工作紧密结合，确保学生学到的不仅仅是方法，更是如何灵活运用、如何赋予视频灵魂的思考方式。

项目实训

随着互联网的快速发展，越来越多的消费者通过网上购物来满足自己的需求。为了吸引更多的顾客，许多网店开始注重商品展示和推广。在此背景下，小影想为保温杯这一商品制作精美的短视频，让其成为网店宣传的重要工具。

为此，小影该怎么做？

实训任务一　保温杯商品特点分析

任务描述

小影第一步准备系统地对保温杯这一商品的特点进行分析以及了解市场对保温杯的需求。请根据小影的需求，为小影设计保温杯的商品特点流程图。

操作指南：请制作商品特点流程图，如图 9-30 所示。

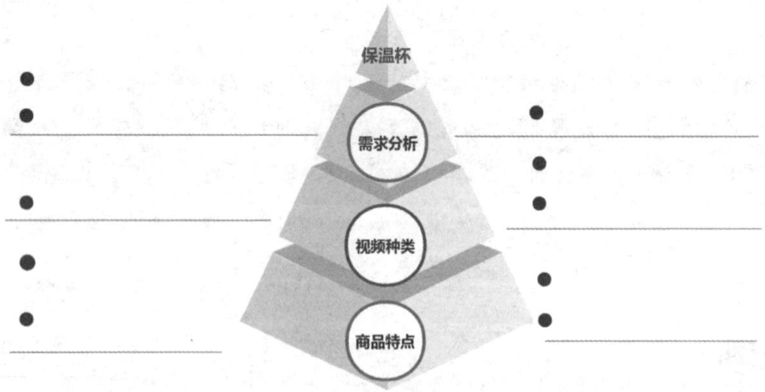

图 9-30　商品特点流程图

实训任务二　保温杯短视频内容策划

任务描述

小影第二步准备为保温杯制定视频前期的内容策划，包括视频剧本撰写、脚本撰写。请根据小影的需求，为小影写出保温杯视频的脚本。

操作指南：根据视频拍摄构思，写出保温杯视频拍摄的脚本，见表 9-1。

表 9-1　保温杯视频拍摄的脚本

镜号	景别	场景	画面内容	时间	拍摄方式	配音	备注

实训任务三　保温杯短视频制作

任务描述

小影第三步准备制作保温杯短视频。根据上面的分析和脚本，为小影制作出保温杯短视频。

步骤 1：拍摄素材。

步骤 2：视频粗剪。

步骤 3：视频精剪。

项目总结

通过对本项目内容的学习，参考项目总结模板，对本项目学习情况进行总结。

项目总结模板

项目十
产品广告短视频制作

项目介绍

本项目主要讲述产品广告短视频制作的基础知识，包括产品广告短视频的剪辑思路、如何剪辑产品广告短视频、视频调速、修补视频背景、视频调色、人物磨皮等，使学生了解、掌握产品广告短视频的剪辑知识。

通过产品广告短视频实训任务让学生对广告设计专业建立系统全面的认知，重点让学生了解短视频在实际运用过程中的制作方法，培养实际运用能力，适应岗位工作要求。

学习目标

1. 了解产品广告特点。
2. 了解产品广告目标受众和创意方案。
3. 了解产品广告短视频的剪辑思路。
4. 掌握视频调速技巧和修补视频背景的方法。
5. 掌握视频调色与人物磨皮的方法。

知识结构

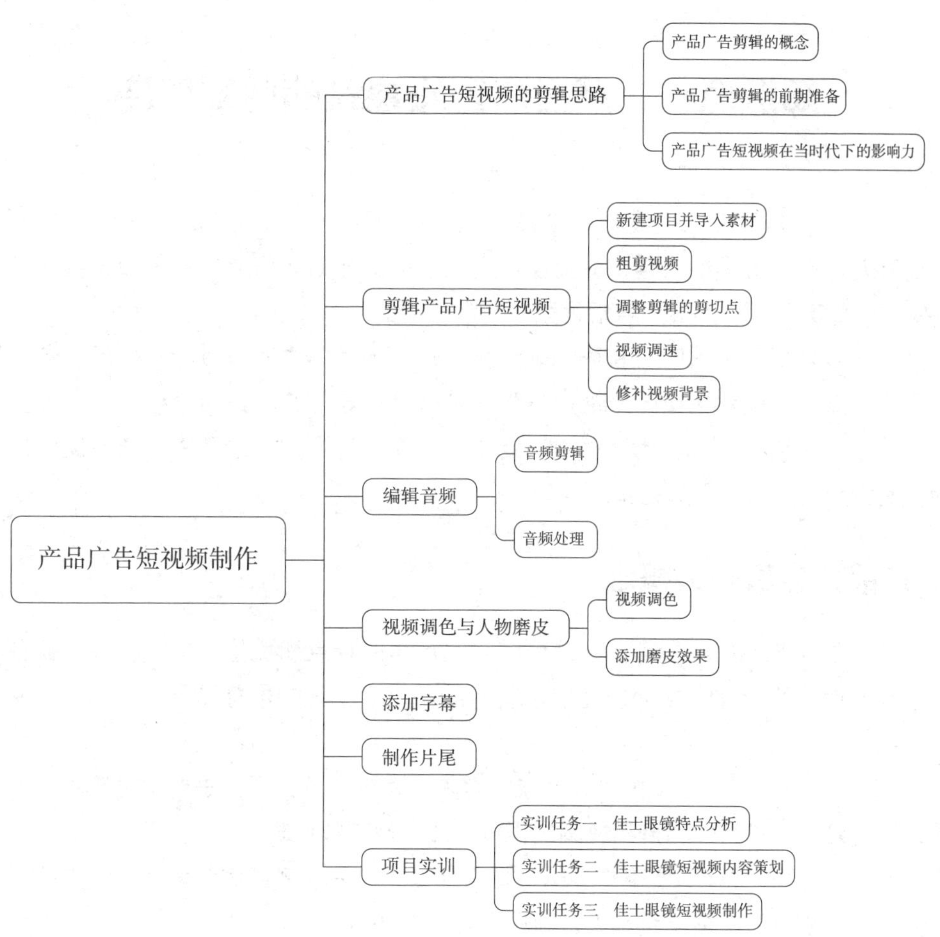

学习计划

小节内容		产品广告短视频的剪辑思路	剪辑产品广告短视频	编辑音频	视频调色与人物磨皮	添加字幕	制作片尾
课前预习	预习时间						
	预习自评	难易程度　□易　□适中　□难 问题总结：					
课后巩固	复习时间						
	复习自评	难易程度　□易　□适中　□难 问题总结：					

知识储备

知识点一　产品广告短视频的剪辑思路

产品广告是向潜在消费者展示产品特点和优势的一种有效方式。它旨在吸引消费者的注意力，激发他们的兴趣，并促使他们采取购买行动。为此，让视频内容来吸引受众，制作一部高品质的产品广告短视频是非常必要的。

产品广告短视频剪辑时，首先明确产品广告短视频的主题与目标，从而设定产品广告的目标受众，进而对拍摄的产品广告素材进行整理与筛选。然后根据产品发布和目标受众，规划视频结构，在剪辑过程中一定要对节奏进行调控。最后进行细节优化与效果添加，使整个视频变得更加完整。

一、产品广告剪辑的概念

产品广告即产品广而告之，向消费者介绍产品的特点和优势，旨在吸引消费者的注意力，激发他们的兴趣，并促使他们采取购买行动。产品广告剪辑分为以下几个关键步骤和要点。

（1）定义目标受众。了解目标受众的需求、兴趣和购买行为是非常重要的。了解目标受众的喜好、消费习惯和购买决策过程可以更好地定位广告。

（2）确定广告目标。明确广告的目标是什么（例如提高品牌知名度、促进销售、改变消费者态度或增加网站流量等），确保广告与业务目标保持一致。

（3）确定广告渠道。选择适合目标受众的广告渠道。这可能包括社交媒体、电视、广播、印刷媒体、数字广告（如搜索引擎营销、电子邮件营销、网络广告等）或其他适合产品的渠道。

（4）创造吸引人的广告内容。确保广告内容具有吸引力、简洁明了且易于理解。使用引人入胜的标题和图像来吸引潜在客户的注意力。在广告中突出显示产品的特点和优势，以及为什么它比竞争对手的产品更好。

（5）强调品牌价值。在广告中传达品牌价值，以增强消费者对品牌形象和信誉的认知。这可以通过强调品牌故事、使命和价值观来实现。

（6）提供清晰的行动召唤。在广告中提供清晰的购买或联系信息，并鼓励潜在客户采取行动。例如，提供优惠券、免费试用或特别促销活动，以增加转化率。

（7）衡量广告效果。使用各种指标（如点击率、转化率、网站流量等）来衡量广告的效果，并根据结果进行调整和优化。

（8）保持一致性。确保广告风格和信息与品牌形象和营销策略保持一致，这有助于加强消费者对品牌的认知和信任。

（9）保持创意新颖。不断尝试新的广告创意和技术，以保持广告的吸引力和效果。通过测试不同的广告版本和优化元素（如图像、文案和 CTA），找出最有效的方法来吸引潜在客户。

（10）考虑法律和道德问题。确保广告内容符合相关法律和道德标准，避免引起争议或法律问题，这包括确保拥有合适的授权和使用权，避免虚假宣传和误导性广告等。

通过遵循这些步骤和要点，可以制作出具有吸引力和影响力的产品广告，有效地向潜在客户展示产品特点和优势，提高品牌知名度并促进销售。

此外，在制作产品广告短视频剪辑时，还需要注意剪辑的技巧。第一、突出产品特点，特写镜头展示细节。第二、创造需求场景，以一个用户可能遇到的问题场景作为开头，引发观众的共鸣。比如，制作一款便携雨伞的广告，开头可以是一个人在雨中狼狈奔跑却没有伞的画面。然后引出产品，展示雨伞的小巧便携，能够轻松地从包里拿出来打开，让用户摆脱困境。第三、音效增强产品体验感，根据产品的特点添加合适的音效。

知识拓展

广告目标是指企业通过广告活动要达到的目的。其实质就是要在特定的时间对特定的受众（包括听众、观众和读者）完成特定内容的信息沟通任务。广告目标是广告策略的起点，它的确定必须与企业的市场定位、目标市场的选择以及企业的市场营销组合策略相适应。企业可以为了不同的具体目标进行广告活动，对于某一企业来说，在不同时期、不同的情况下可以确定不同的广告目标。

二、产品广告剪辑的前期准备

产品广告剪辑的前期准备包括确定视频类型和目标受众、准备参考案例视频、准备产品详细资料、确定重点宣传的文字内容、提出对产品宣传视频短片的拍摄要求、确定后期剪辑和修改意见、专人负责对接一系列流程，如图 10-1 所示，产品广告剪辑的前期准备需要全面考虑，仔细策划和准备，以确保剪辑过程顺利进行，同时也能提高视频的质量和效果。

图 10-1　产品广告剪辑前期准备

（1）确定视频类型和目标受众。根据产品特点和市场需求，确定视频的类型（如实拍、三维动画、三维结合实拍等）和目标受众，以便于后续的策划和制作。

（2）准备参考案例视频。搜集与产品相关的参考案例视频，包括竞争对手的视频，以便于了解市场和产品特点，为后续的创意和制作提供参考。

（3）准备产品详细资料。收集关于产品的详细资料，包括产品特点、功能、优势等，以便于后续的脚本撰写和拍摄。

（4）确定重点宣传的文字内容。根据产品特点和市场需求，确定重点宣传的文字内容，如产品宗旨、产品理念、产品形象等，用于配音、文字展示等。

（5）提出对产品宣传视频短片的拍摄要求。根据产品特点和市场需求，提出对产品宣传视频短片的拍摄要求，包括重点镜头、宣传内容、场景等，以及对材质、特效、音效、灯光等的要求。

（6）确定后期剪辑和修改意见。根据产品特点和市场需求，确定后期剪辑的要求和修改意见，以确保视频的质量和效果。

（7）专人负责对接。为了避免因意见不一造成视频多次修改，增加工作量，建议尽量让专人负责对接，统一协调和管理。

三、产品广告短视频在当时代下的影响力

在当前的数字化时代，产品广告短视频在社交媒体营销领域具有显著的影响力。这

些短视频以直观、生动且富有吸引力的方式呈现产品的特性与用途，能够有效地吸引潜在客户的关注，提升品牌知名度，增进客户对企业的了解，并协助企业在社交媒体上提高可见度，如图 10-2 所示。

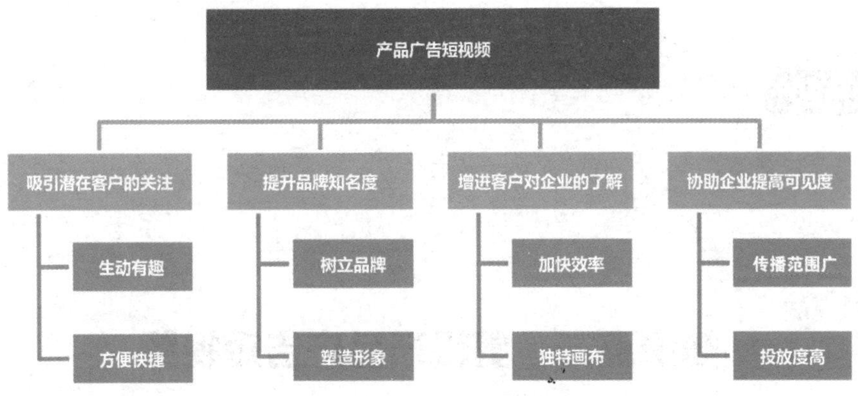

图 10-2　产品广告短视频影响力

首先，短视频广告能更容易地捕捉人们的注意力。与传统的文字广告相比，短视频广告往往更加生动有趣，能够吸引人们的目光。此外，观看一段简短的短视频相对于阅读一则文字广告更为轻松、快捷，也更易于被人们接受。

其次，短视频广告能更好地展示产品特性。通过视频，我们可以直观、生动地展示产品的特性与用途，使人们对产品有一个直观的了解。这种直观的产品展示方式能使消费者更明确地表达对产品的需求。

再者，短视频广告在促进公司形象传播方面优于文字广告。公司形象是企业发展的重要因素，而通过形象宣传片或 Logo 片进行宣传有助于企业塑造独特形象、树立品牌、扩大企业影响力。

此外，短视频在社交媒体平台上具有更广泛的影响力。在社交媒体上分享短视频能吸引更多的用户参与和互动，从而提高社交媒体的可视度和传播效果。短视频还可以在社交媒体上帮助企业提高可见度，更好地展示产品和服务，吸引更多的用户关注。

最后，短视频可协助企业更好地推广和宣传产品和服务。它们能帮助企业传播品牌信息、提高客户的参与度，从而帮助企业获得更多的客户。

课堂讨论

近年来，随着数字化和移动互联网的发展，中国的广告行业也在不断转型和升级。社交媒体、搜索引擎、电子商务等新兴平台成为广告的新载体，广告的形式和内容也在不断更新和变化。

同时，中国的广告行业也面临着一些挑战，例如，广告监管政策的加强、消费者对广告的抵触心理、广告创意的同质化等问题。因此，中国的广告行业需要不断创新和进步，以适应市场的变化和消费者的需求。

想一想：中国广告公司排名第一的是哪一家？思考在产品广告短视频中如何体现民族自豪感。

学有所思

根据你对产品广告短视频的剪辑思路的学习，请你想一想拍摄产品广告需要考虑哪些因素。

知识点二　剪辑产品广告短视频

视频实操案例素材

一、新建项目并导入素材

步骤一：打开 PR 软件，新建项目。

（1）打开 PR 软件，单击“新建项目”按钮，如图 10-3 所示。

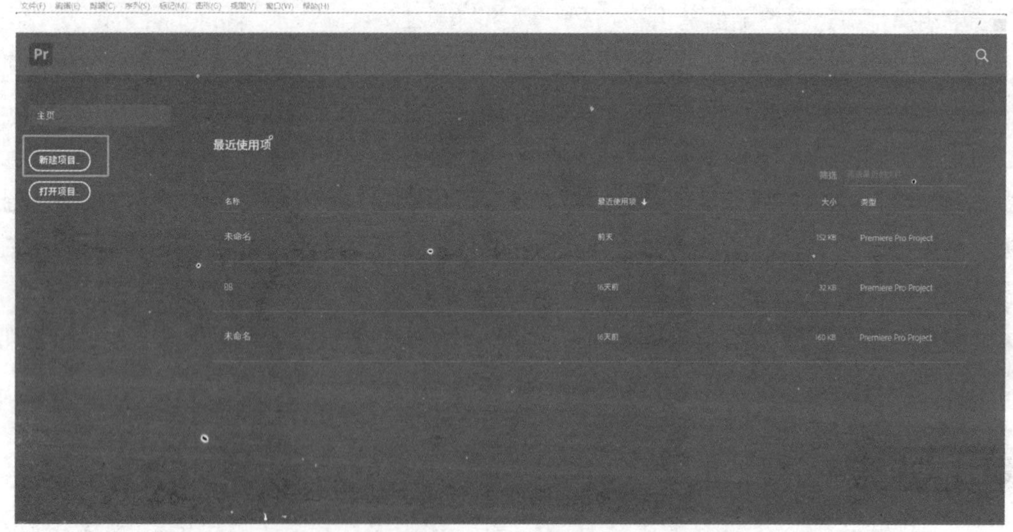

图 10-3　新建项目

（2）在弹出的“新建项目”对话框中，输入项目名称“产品广告”，选择项目保存位置，设置完成后单击“确定”按钮，如图 10-4 所示。

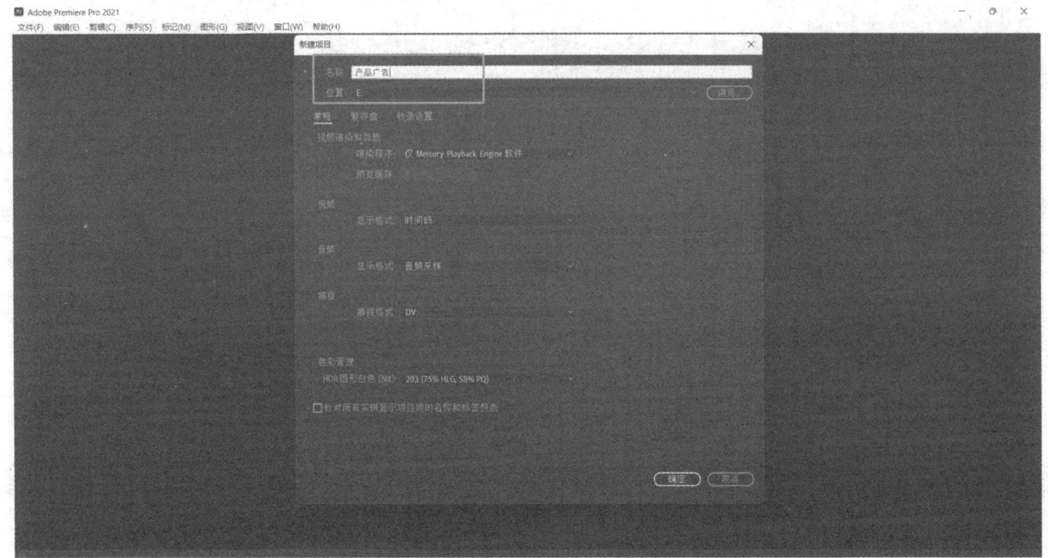

图 10-4　“新建项目”对话框

步骤二：导入素材。

（1）选择“文件”→“导入”命令，或者按 Ctrl+I 组合键导入素材，如图 10-5 所示。

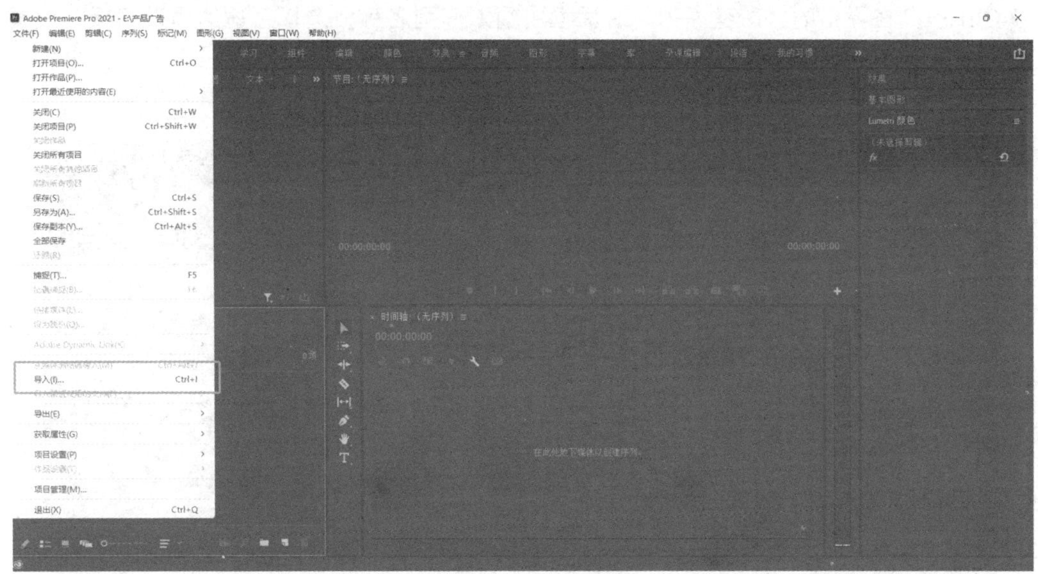

图 10-5　导入素材

（2）在弹出的“导入”对话框中，选择需要导入的素材文件，可以同时选择多个文件，如图 10-6 所示。

图 10-6 “导入”对话框

步骤三：创建序列并添加素材。

（1）在“项目”面板中，在空白处单击鼠标，选择“新建序列”命令，或者按快捷键 Ctrl+N，在弹出的“新建序列”对话框中输入序列名称，选择合适的预设模板，设置完成后单击“确定”按钮，如图 10-7 所示。

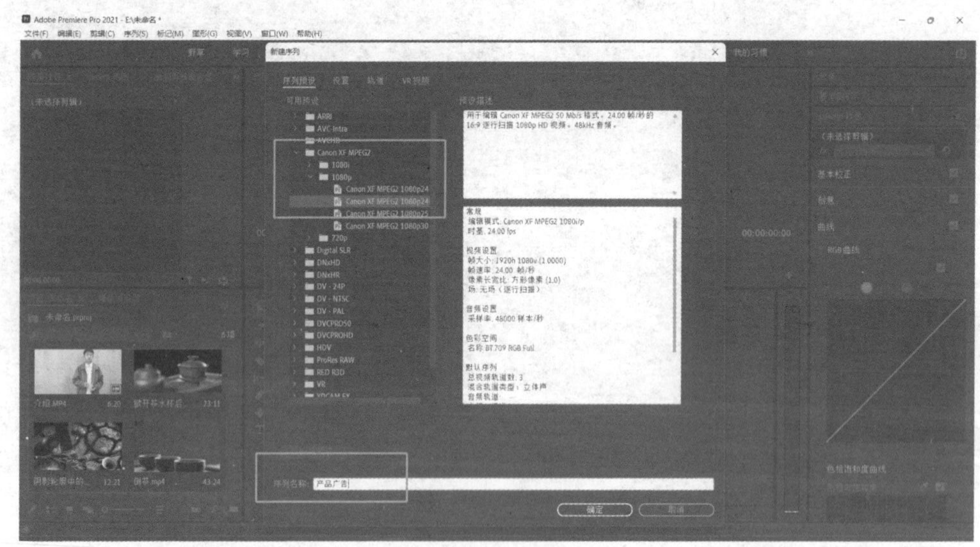

图 10-7 新建序列

（2）在“序列”面板中，将编辑的素材拖拽到时间线上，如图 10-8 所示。

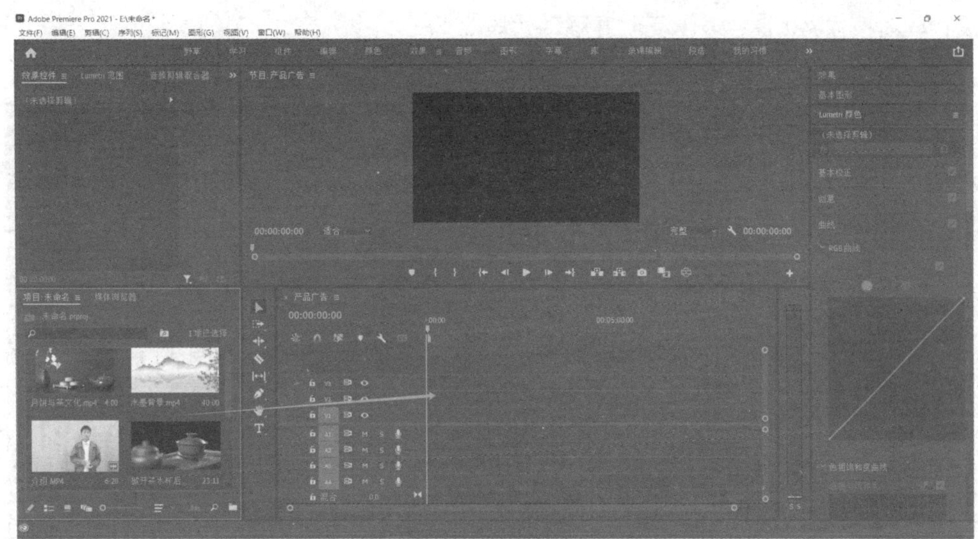

图 10-8　拖拽素材

二、粗剪视频

（1）预览和挑选素材。将鼠标放在素材框的素材上，按快捷键 I 设置入点，按快捷键 O 设置出点，拖放到时间轴上，如图 10-9 所示。

图 10-9　挑选素材

（2）调整素材顺序。选择轨道工具：一次性选择右 / 左侧全部的素材。选择工具：快捷键 V。同时按住 Ctrl 键，表示插入两个片段之间；同时按住 Shift 键，表示上下移动片段；同时按住 Alt 键，表示复制并移动片段。

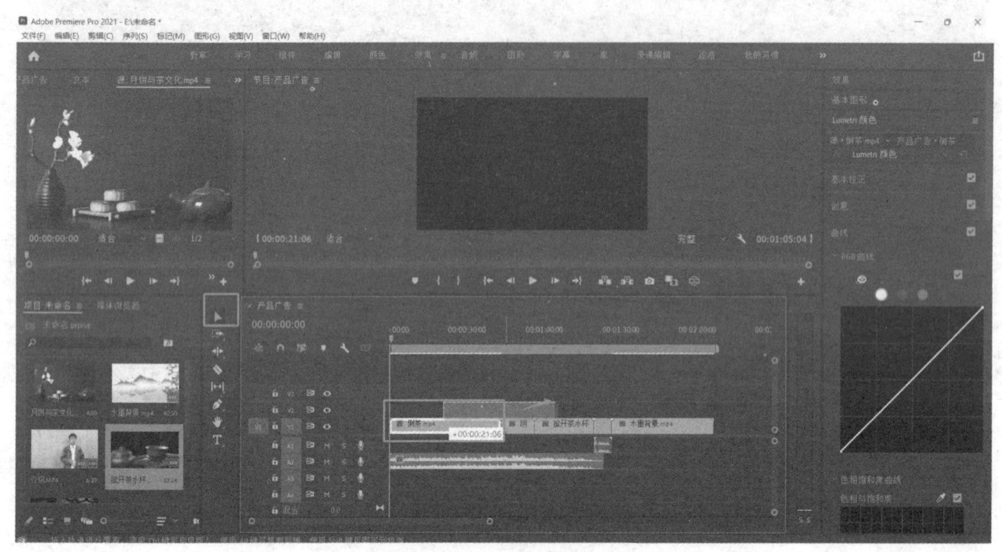

图 10-10　调整素材顺序

（3）确定素材片段和时长。顺序调整好后，对每一个素材的时间进行初步剪辑和确定，并调整背景音乐和音效，如图 10-11 所示。

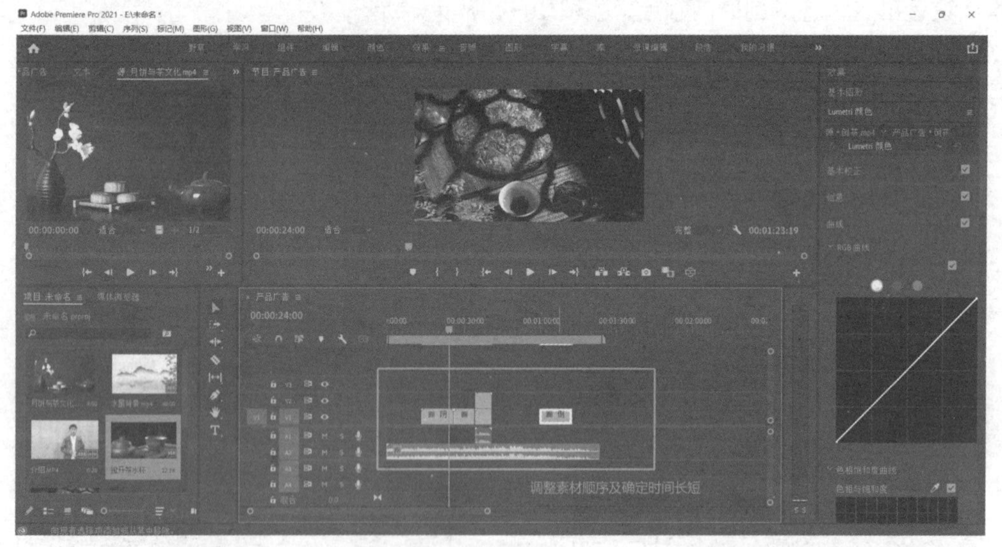

图 10-11　初步剪辑

（4）确定好素材位置，“阴影轮廓中的茶饼”放在第一，“介绍”人物拍摄放在第二，下方放“水墨背景”素材，接着放“掀开茶水杯后热气冒出”素材，最后放“倒茶”素材，如图 10-12 所示。

图 10-12　确定位置

三、调整剪辑的剪切点

对剪辑出来的视频素材进行下一步剪辑，具体步骤如下。

（1）调整“阴影轮廓中的茶饼”素材剪切点，调整至 3 秒，画面有阳光、茶杯、茶饼，如图 10-13 所示。

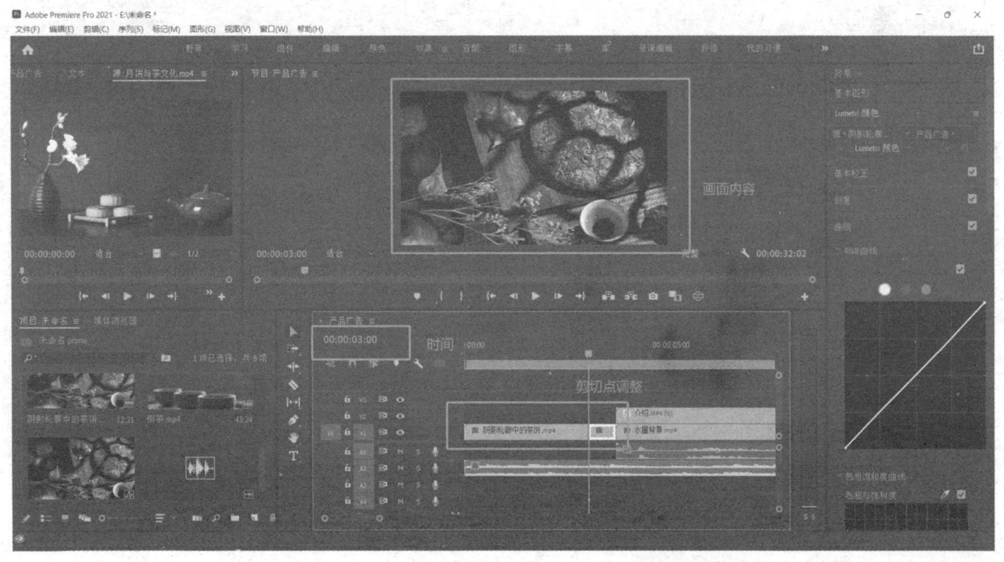

图 10-13　“阴影轮廓中的茶饼”素材剪切点调整

（2）调整“介绍”素材剪切点，开头 1 秒剪切不要，让画面不存在穿帮情况，如图 10-14 所示。

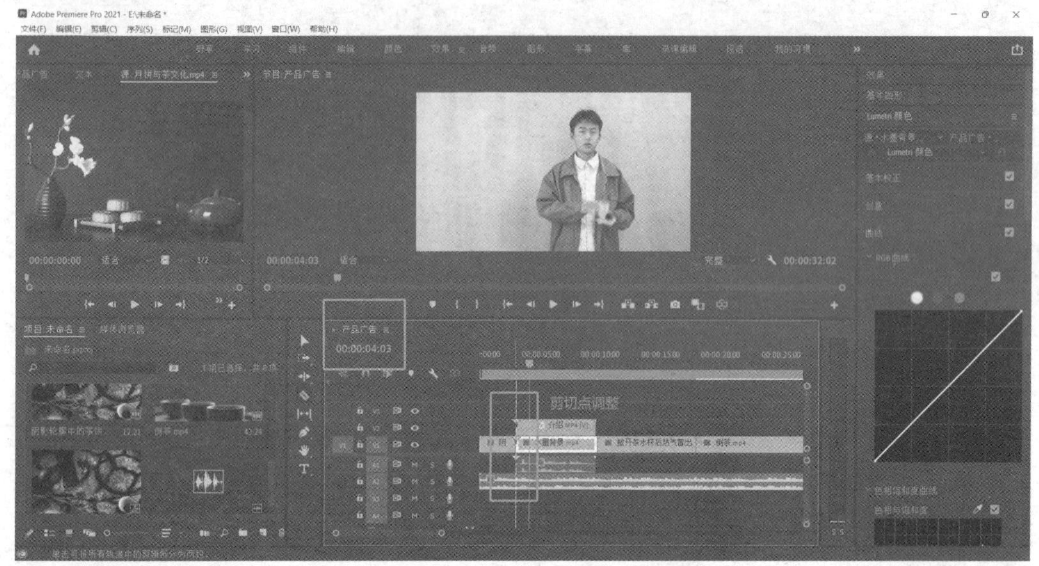

图 10-14　“介绍”素材剪切点调整

（3）调整“背景音乐”素材剪切点，使整体背景音乐时长为 16 秒，如图 10-15 所示。

图 10-15　“背景音乐”素材剪切点调整

四、视频调速

（1）选择“掀开茶水杯后热气冒出”素材，单击鼠标右键，选择“速度 / 持续时间”命令，如图 10-16 所示。对素材进行速度调整，持续时间调整为 4 秒，单击“确定”按钮，如图 10-17 所示。

图 10-16　“速度 / 持续时间”命令

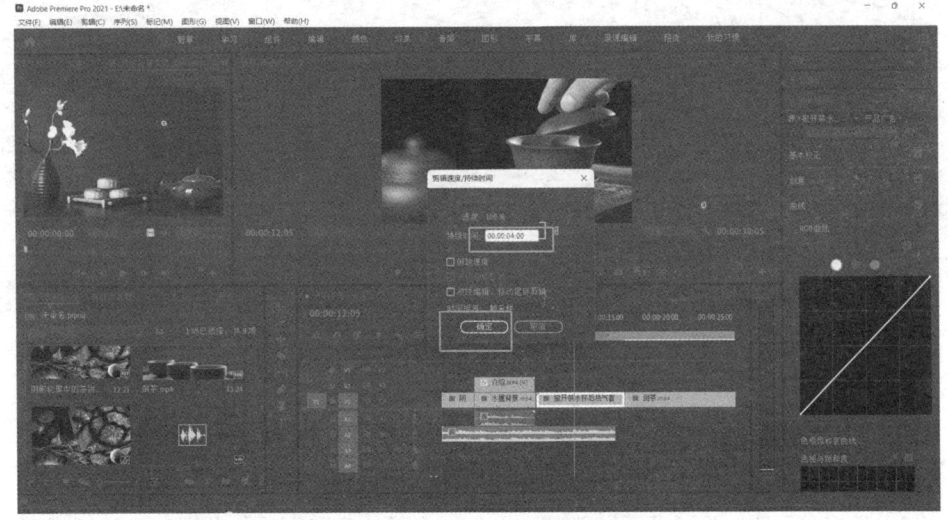

图 10-17　速度 / 持续时间调整

（2）选择“倒茶”素材，使用“比率拉伸工具”对视频进行调速处理，如图 10-18 所示，使“倒茶”素材视频速度持续时间和音乐结束时间相同，如图 10-19 所示。

图 10-18　使用“比率拉伸”工具

图 10-19　调整视频速度

五、修补视频背景

（1）替换“介绍”素材背景。选择“介绍”视频，在“效果”面板搜索栏中搜索“超级键”，将“超级键”拖拽至“介绍”素材中，如图 10-20 所示。在“效果”面板中，对“超级键”进行数值调整，调整数值如图 10-21、图 10-22 所示。

图 10-20　加“超级键”效果

图 10-21　吸取绿幕

图 10-22　调整“超级键”数值

（2）调整“水墨背景”视频亮度，在“效果”面板中搜索“亮度曲线”，将“亮度曲线”添加至“水墨背景”素材中，如图 10-23 所示。调整“亮度曲线”，如图 10-24 所示。

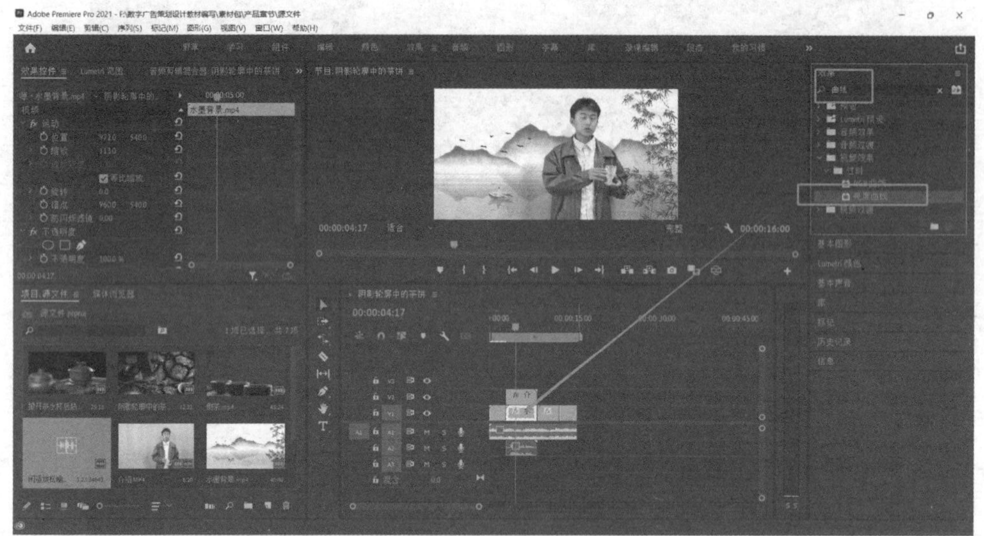

图 10-23　添加亮度曲线

图 10-24　调整亮度曲线

（3）给“水墨背景”素材添加对比度效果，在“效果”面板搜索“自动对比度”，将“自动对比度”添加至“水墨背景”素材中，如图 10-25 所示。调整“自动对比度”，如图 10-26 所示。

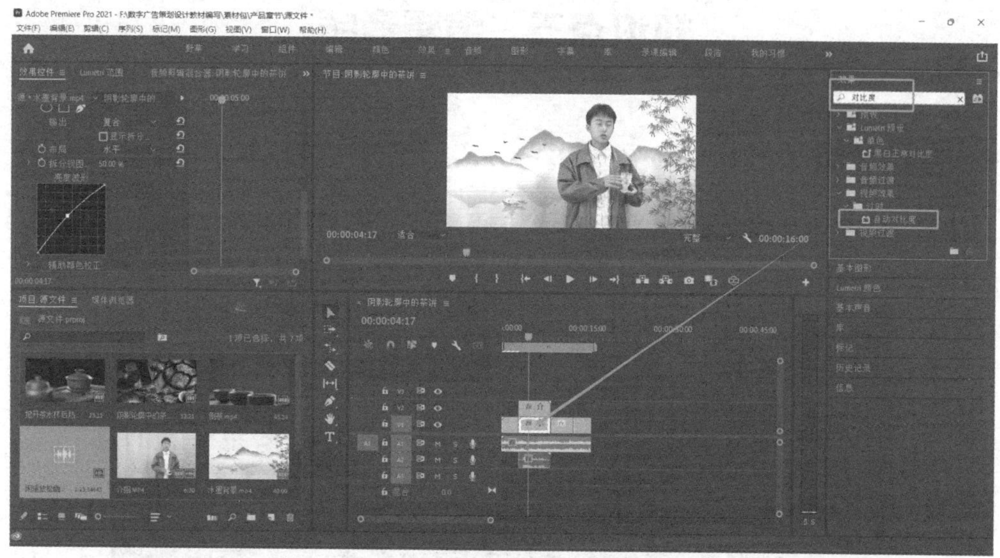

图 10-25　添加自动对比度

图 10-26　调整自动对比度

学有所思

根据你对修补视频背景的学习，请你说一说视频拍摄前期的注意事项。

知识点三　编辑音频

一、音频剪辑

对“介绍”素材音频部分进行剪辑，把多余部分用“剃刀工具”剪辑掉，如图10–27所示。

图 10–27　剪去音频多余部分

二、音频处理

（1）对“介绍”素材音频部分进行降噪处理。在“效果”面板搜索“降噪”，将“降噪”拖拽至“介绍”音频素材上，如图 10–28 所示。在“效果”面板调整“降噪”数值，如图 10–29 所示。

图 10–28　添加降噪效果

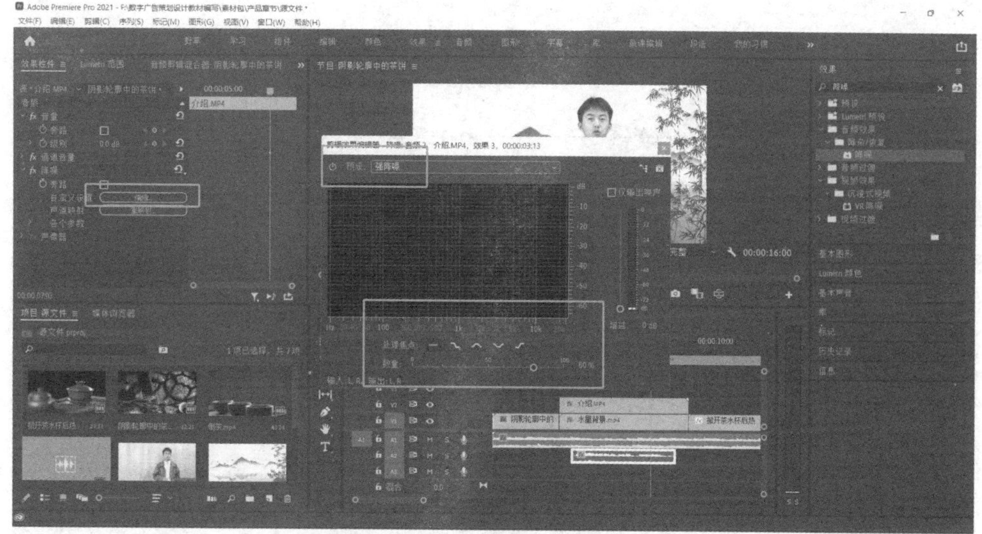

图 10-29　调整降噪数值

（2）对“介绍”素材音频部分进行增益处理。选中“介绍”音频素材，单击鼠标右键，选择“音频增益”命令，如图 10-30 所示。调整增益效果为 8db，单击“确定”按钮，如图 10-31 所示。

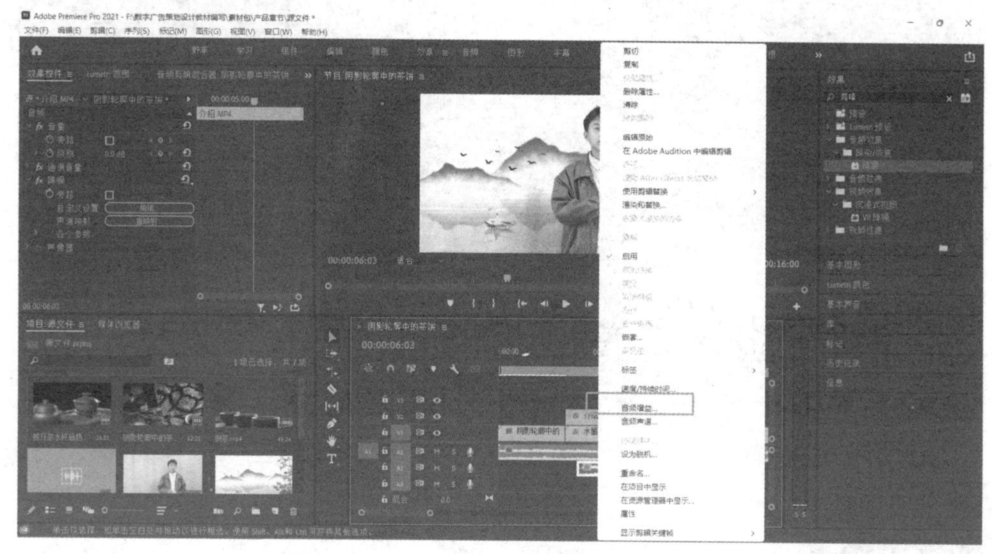

图 10-30　添加音频增益效果

（3）对背景音乐素材进行关键帧调整处理。选中“闲适放松”音频素材，添加 4 个关键帧，使其在有人声说话的时候降低，其余部分增益，如图 10-32 所示。

图 10-31　调整音频增益数值

图 10-32　背景音乐添加关键帧

学有所思

根据你对编辑音频的学习，请你说一说声音在视频中的重要性。

知识点四　视频调色与人物磨皮

一、视频调色

（1）新建“调整图层”，拖拽到时间轴面板，放置在最上面轨道，覆盖下方所有素材，如图 10-33 所示。

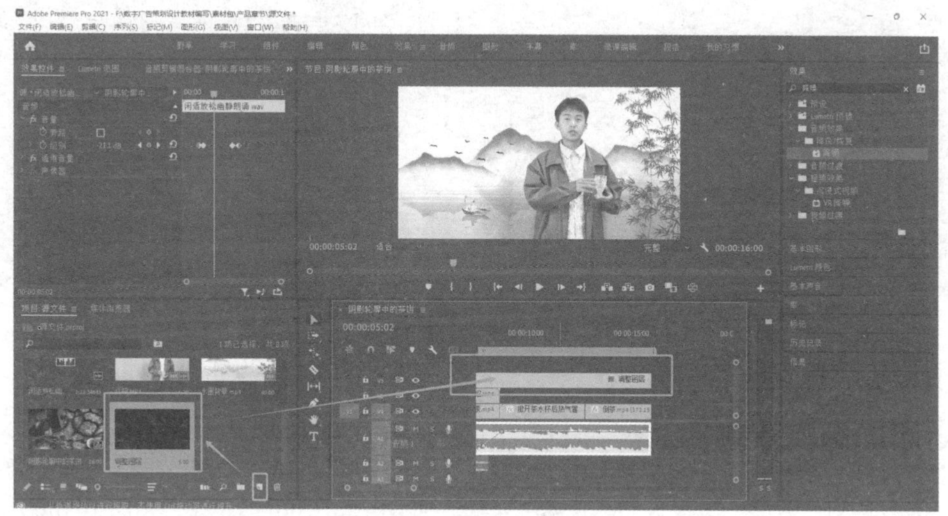

图 10-33　新建“调整图层”

（2）打开“Lumetri 颜色”面板，调整“基本校正”属性里面的数值，如图 10-34 所示。

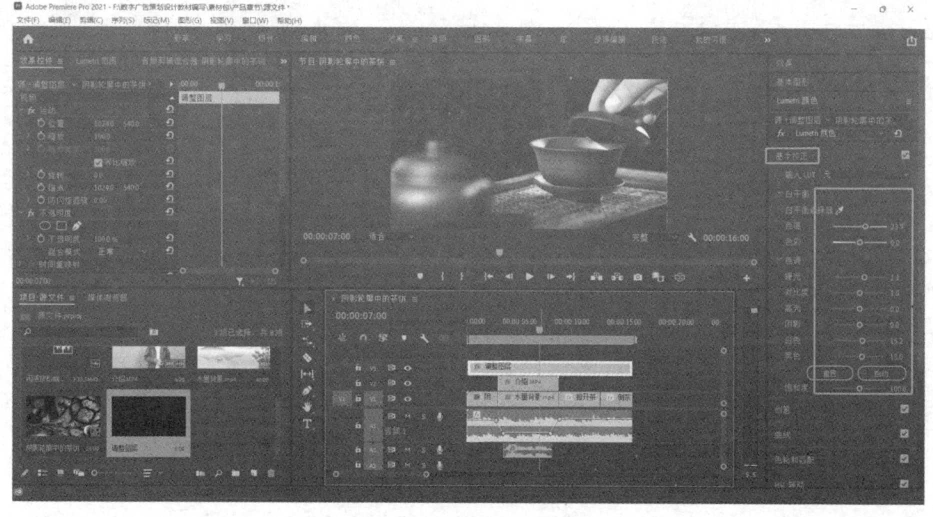

图 10-34　基本属性调色

（3）打开“Lumetri 颜色”面板中“曲线”属性，调整数值，如图 10-35 所示。

图 10-35　曲线调色

二、添加磨皮效果

（1）打开“效果”面板，给“介绍”素材添加“Beauty box”效果，如图 10-36 所示。

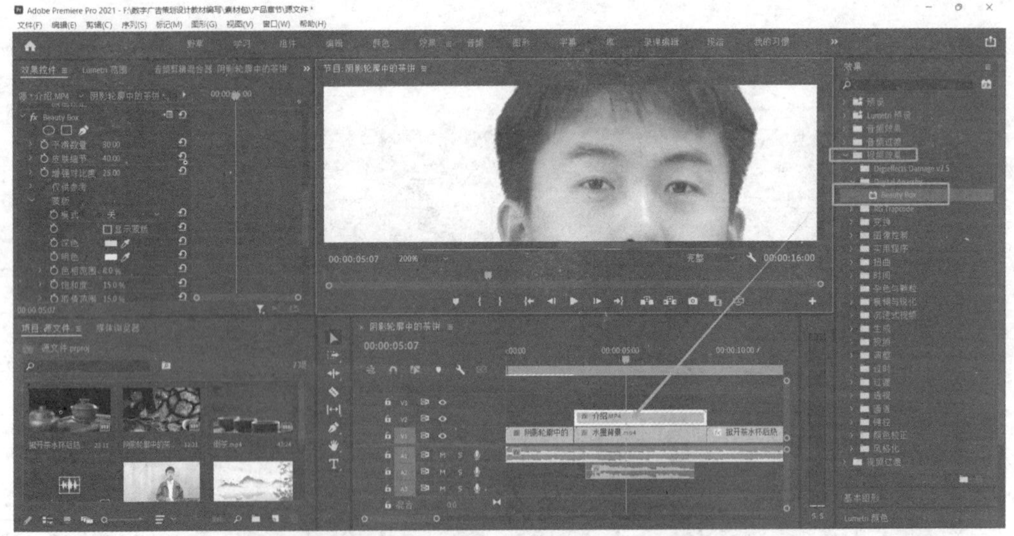

图 10-36　添加“Beauty box”效果

（2）调整“Beauty box”效果数值，让人物皮肤变得更细腻，如图 10-37 所示。

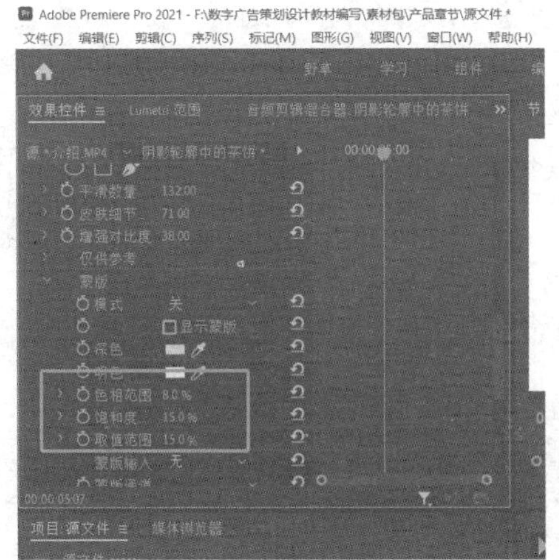

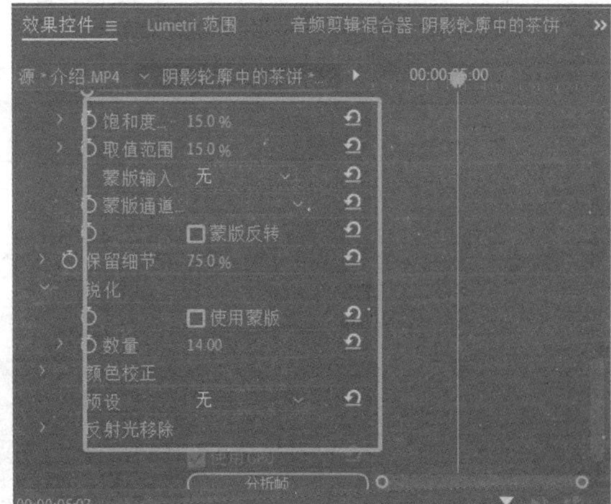

图 10-37　数值调整

学有所思

根据你对人物磨皮效果的学习，请你说一说视频与图片对人物磨皮处理的区别。

知识点五　添加字幕

（1）选择“窗口”→“文本”命令，如图 10-38 所示。

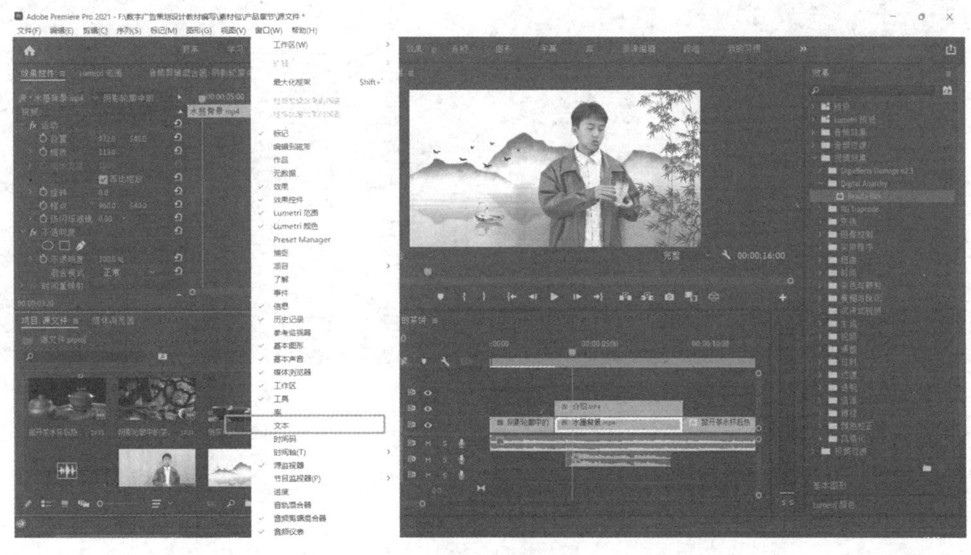

图 10-38　添加文本

（2）在“文本”面板单击“创建新字幕轨”按钮，如图 10-39 所示。

图 10-39　创建新字幕轨

（3）根据音频内容添加字幕，如图 10-40 和图 10-41 所示。

图 10-40　根据内容添加文本 1

图 10-41　根据内容添加文本 2

学有所思

根据你对添加字幕的学习，请你说一说文字在视频中的排版方式有哪些。

知识点六　制作片尾

（1）拖拽“倒茶”素材至时间轴面板，并调整缩放大小，如图 10-42 所示。

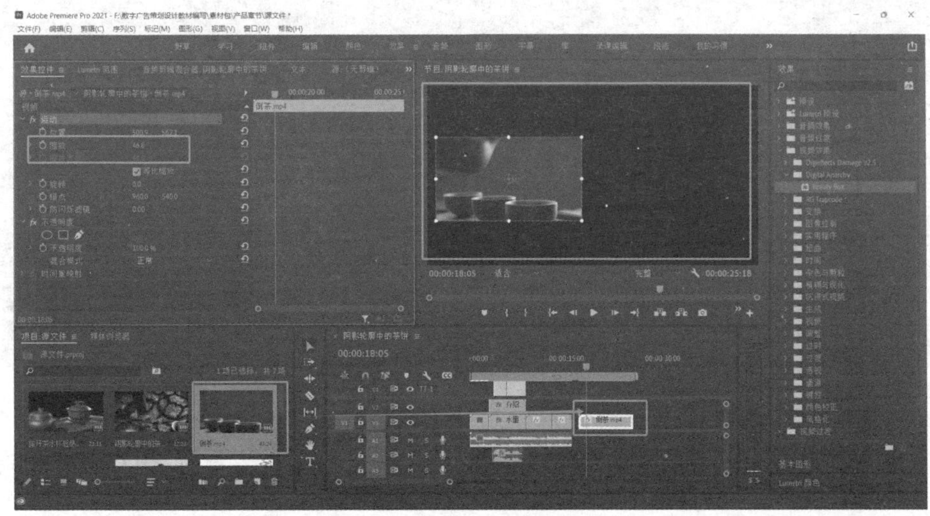

图 10-42　调整素材缩放比例

（2）选择“文件”→“新建”→“旧版标题”命令，如图 10-43 所示。

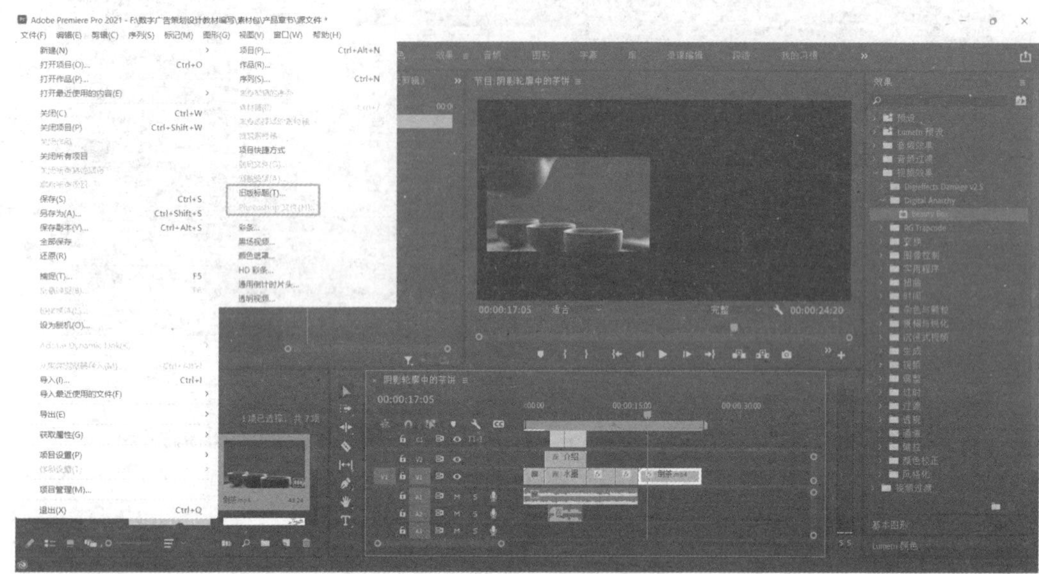

图 10-43 新建旧版标题

（3）输入文字内容，如图 10-44 和图 10-45 所示。

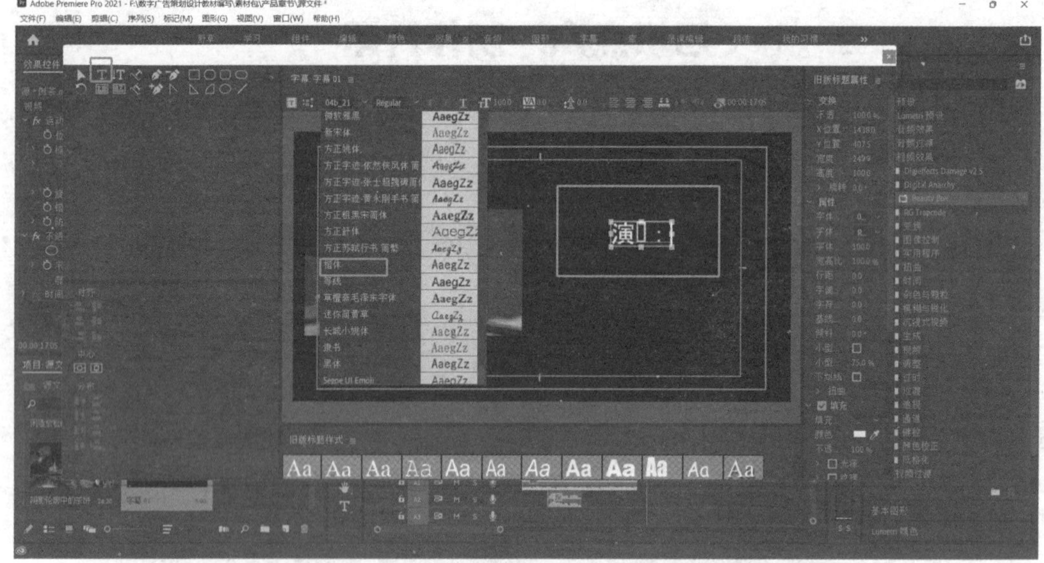

图 10-44 输入文字 1

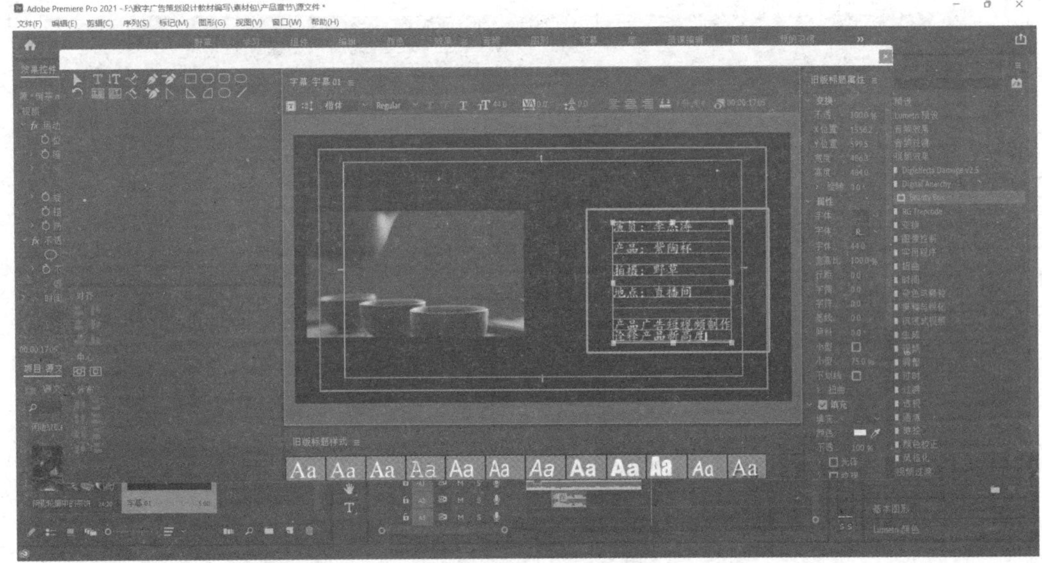

图 10-45　输入文字 2

（4）将字幕拖拽至时间轴面板，如图 10-46 所示。

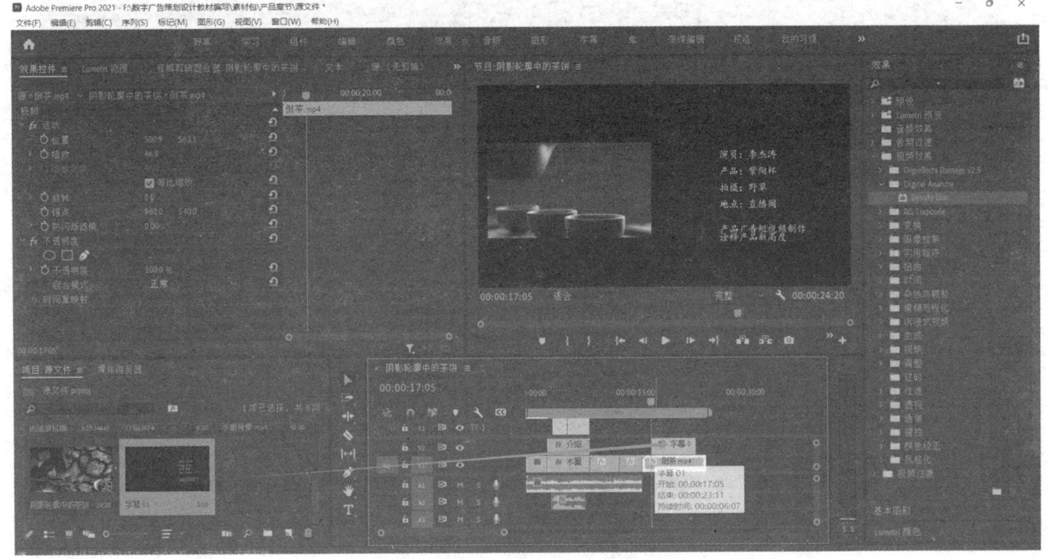

图 10-46　拖拽字幕素材至时间轴面板

（5）打开字幕旧版标题，调整文字为“滚动”，并勾选“开始于屏幕外”和“结束于屏幕外”复选框，如图 10-47 所示。

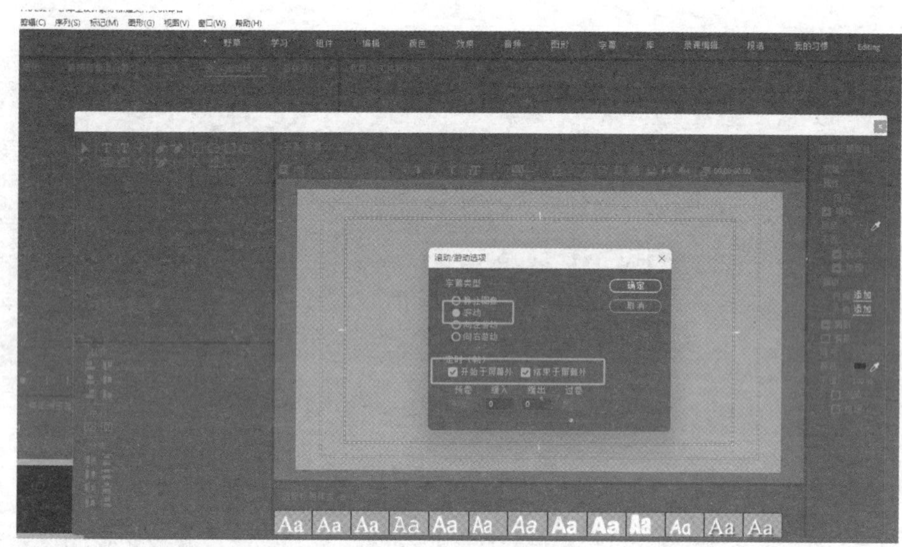

图 10-47　设置滚动字幕

（6）完成片尾制作，如图 10-48 所示。

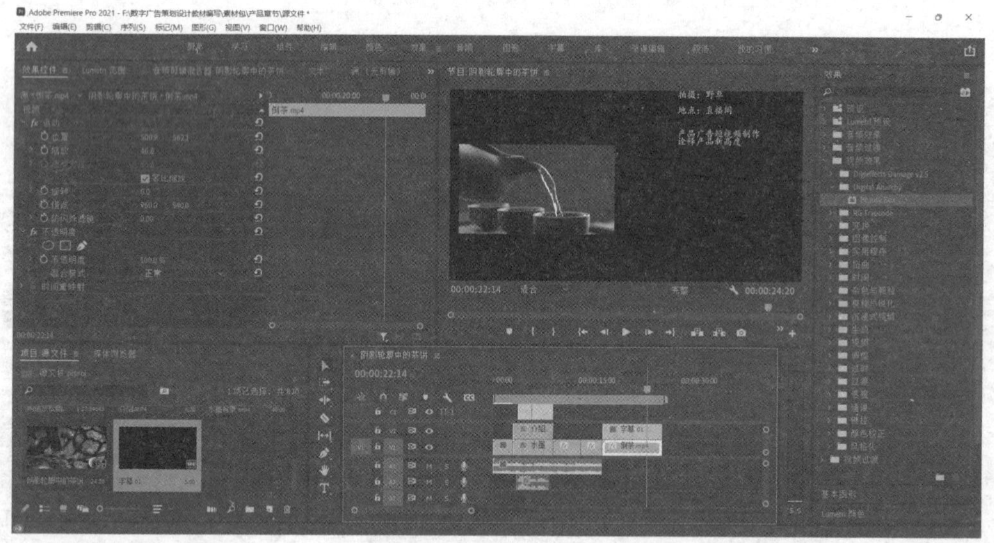

图 10-48　完成制作

课堂讨论

作为当今最重要的大众媒介之一，电影从 19 世纪末期出现到现在，已经走过了一百多年的历程。电影与我们的生活息息相关，我们的思想、行为、意识都在潜移默化中受着电影的影响，并同时接受它所赋予我们的前所未有的美学和文化体验。

想一想：电影给人们的生活水平带来了哪些影响？改变有哪些？

学有所思

根据你对制作片尾的学习，谈一谈片尾的重要性。

知识总结

产品广告短视频制作需综合多方面知识。首先要精准定位目标受众，明确产品核心卖点与独特价值，依此规划创意脚本，构建起引人入胜的故事框架或展示流程。

拍摄时注重光线运用以营造氛围、突出产品质感，合理选择拍摄角度与镜头运动方式增加视觉吸引力。剪辑环节把握节奏，巧妙衔接画面，添加适配的音乐、音效提升感染力，再配以简洁有力且富有吸引力的文案，通过色彩校正与特效处理优化画面呈现，最终打造出能在短时间内抓住受众注意力、有效传递产品信息并激发购买欲望的优质产品广告短视频。

项目实训

随着现代生活节奏的加快，人们对眼镜的需求越来越大，同时对眼镜的质量和功能要求也越来越高。为了满足消费者的需求，提高市场竞争力，在此背景下，小文计划推出佳士眼镜产品广告。

那么，小文该怎么做呢？

实训任务一　佳士眼镜特点分析

任务描述

小文第一步准备系统地对佳士牌眼镜这一产品的特点进行分析以及制作出短视频大纲。请根据小文的需求，为小文设计佳士眼镜产品特点流程图。

操作指南：请思考佳士眼镜产品特点流程图，如图 10-49 所示。

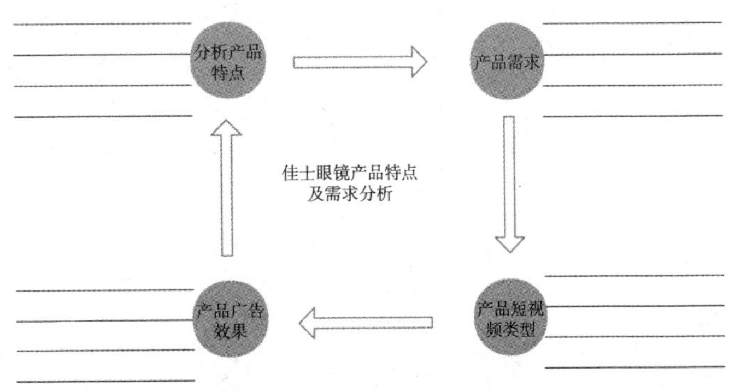

图 10-49　佳士眼镜产品特点流程图

实训任务二　佳士眼镜短视频内容策划

任务描述

小文第二步准备为佳士眼镜制定视频内容，包括拍摄素材、视频粗剪、视频精剪。请根据小文的需求，为小文制作出佳士眼镜短视频。

步骤 1：拍摄素材。

步骤 2：视频粗剪。

步骤 3：视频精剪。

实训任务三　佳士眼镜短视频制作

任务描述

小文第三步准备把制作出的佳士眼镜短视频加上基本特效。根据上面的短视频，为小文加视频特效。

步骤 1：对佳士眼镜进行抠像处理。

步骤 2：对佳士眼镜进行细节调整。

步骤 3：增加效果，达到广告宣传效果。

项目总结

通过对本项目内容的学习，参考项目总结模板，对本项目学习情况进行总结。

项目总结模板

附件：旅游宣传短视频粗剪及精剪实操案例

旅游宣传短视频粗剪

旅游宣传短视频精剪

参考文献

References

[1] 沙新美 . 电商设计（全彩慕课版）[M]. 2 版 . 北京：人民邮电出版社，2023.

[2] 梁春晶 . Photoshop 电商设计与产品精修实战（微视频版）[M]. 北京：清华大学出版社，2022.

[3] 邢悦，李婧瑶 . Premiere Pro CC 2019 核心应用案例教程（全彩慕课版）[M]. 北京：人民邮电出版社，2021.

[4] 郑龙伟，刘境奇，黄春梅 . 数字广告——新媒体广告创意、策划、执行与数字整合营销 [M]. 2 版 . 北京：人民邮电出版社，2024.